EDUCAÇÃO E TRABALHO NA DIMENSÃO HUMANA
O dilema da juventude

Flávia Soares Corrêa

Advogada. Graduada pela Faculdade de Direito Milton Campos. Especialista em Direito Social pelo Centro Universitário Newton Paiva. Mestre em Direito do Trabalho pela Pontifícia Universidade Católica de Minas Gerais.

EDUCAÇÃO E TRABALHO NA DIMENSÃO HUMANA
O dilema da juventude

LTr 75

LTr
EDITORA LTDA.
© Todos os direitos reservados

Rua Jaguaribe, 571
CEP 01224-001
São Paulo, SP — Brasil

Fone (11) 2167-1101

Produção Gráfica e Editoração Eletrônica: Estúdio DDR Comunicação Ltda.
Projeto de Capa: Fabio Giglio
Impressão: Pimenta Gráfica e Editora
LTr 4302.4
Maio, 2011

Visite nosso site:
www.ltr.com.br

Dados Internacionais de Catalogação na Publicação (CIP)
(Câmara Brasileira do Livro, SP, Brasil)

Corrêa, Flávia Soares
Educação e trabalho na dimensão humana : o dilema da juventude / Flávia Soares Corrêa. — São Paulo : LTr, 2011.

Bibliografia.

ISBN 978-85-361-1734-8

1. Adolescentes - Educação 2. Adolescentes - Trabalho 3. Crianças - Educação 4. Direito à educação 5. Direito do trabalho - Brasil 6. Direitos fundamentais 7. Direitos sociais 8. Juventude - Aspectos sociais 9. Trabalho infantil 10. Trabalho infantil - Brasil I. Título.

11-02788   CDU-34:331:362.748

Índices para catálogo sistemático:

1. Brasil : Efetivação dos direitos fundamentais à educação e ao trabalho para a construção e valorização do ser humano : Trabalho infantojuvenil : Direito trabalhista   34:331:362.748

*Aos meus pais e irmãos,
pelo amor incondicional e
pelos ensinamentos.*

*Ao Enrico,
pelo amor, carinho, paciência e apoio,
fundamentais nesta trajetória.*

*À Eliane,
pelas palavras de incentivo e pelas lições
de vida compartilhadas.*

Agradecer é uma tarefa prazerosa e ao mesmo tempo difícil e delicada. Muitos foram os colaboradores na construção deste trabalho e na trajetória de estudos que venho traçando. Assim, antes de qualquer agradecimento direto, deixo o meu "muito obrigada" a todos que, de algum modo, fizeram parte desta realização pessoal e profissional.

Ao Prof. Dr. Mauricio Godinho Delgado, pela forma sempre humanizada de ensinar, e pelo exemplo de vida, de humildade e de vitórias.

Aos Professores Doutores José Roberto Freire Pimenta, Luiz Otávio Linhares Renault e Márcio Túlio Viana, pelos valiosos ensinamentos compartilhados e pela inspiração profissional inestimável. Nesse sentido, também agradeço à Profª Drª Gabriela Neves Delgado, responsável pelo despertar de um amor pelo Direito do Trabalho. Também registro minha gratidão à Prof.ª Dr.ª Daniela Muradas, pelo apoio e por acreditar nesta vitória.

À minha família, imprescindível em minha vida.

A Deus, pela presença constante.

Sumário

Lista de siglas 11

Apresentação 13

Prefácio 15

Introdução 19

1. Educação e trabalho como dimensão da pessoa humana 21

    1.1 Educação como dimensão da pessoa humana 22

    1.2 Trabalho como dimensão da pessoa humana 29

        1.2.1 Breve resgate histórico do trabalho 31

        1.2.2 A valorização do trabalho humano 36

2. Educação e trabalho na juventude: conflito de valores na dimensão humana 40

    2.1 Princípios como normas constitucionais 41

    2.2 O princípio constitucional da proteção integral 45

        2.2.1 O princípio constitucional da proteção integral e suas dimensões 48

    2.3 A educação na legislação constitucional e infraconstitucional 52

    2.4 A evasão escolar como consequência do trabalho precoce 58

3. O direito brasileiro e a regulação do trabalho na juventude 65

    3.1 A Constituição Federal de 1988 66

    3.2 O Estatuto da Criança e do Adolescente 69

        3.2.1 O trabalho educativo 70

        3.2.2 O desvirtuamento do instituto do trabalho educativo 74

    3.3 O contrato de aprendizagem 80

    3.4 O contrato de estágio — Lei n. 11.788, de 25.09.2008 85

        3.4.1 Conceito 87

        3.4.2 Modalidades de estágio 88

        3.4.3 Requisitos para a validade do contrato de estágio 89

  3.4.4 Direitos do estudante estagiário 95

  3.4.5 O estágio realizado por adolescentes entre 16 e 18 anos de idade 97

 3.5 O contrato de emprego do adolescente entre 16 e 18 anos de idade 98

  3.5.1 A proteção ao trabalho dos adolescentes na Consolidação das Leis do Trabalho 100

 3.6 Outras formas de trabalho 107

  3.6.1 Adolescente atleta profissional de futebol 107

  3.6.2 Trabalho doméstico 112

  3.6.3 Trabalho em regime familiar 114

  3.6.4 Artistas infantojuvenis 114

4. Afirmação da educação na juventude com a erradicação e/ou restrição do trabalho 116

 4.1 A realidade brasileira: a utilização do trabalho precoce de crianças e adolescentes .. 117

 4.2 A relação entre educação e trabalho: a educação como principal mecanismo de inserção social e acesso igualitário ao mercado de trabalho 121

 4.3 O trabalho infantojuvenil: desrespeito aos direitos fundamentais à educação e ao trabalho digno 124

 4.4 Propostas de setores organizados na defesa dos direitos das crianças e adolescentes 127

  4.4.1 Programa internacional para eliminação do trabalho infantil 128

  4.4.2 Fórum Nacional de Prevenção e Erradicação do Trabalho Infantil 129

  4.4.3 Comissão Nacional de Erradicação do Trabalho Infantil 130

  4.4.4 Os Conselhos Nacional, Estaduais, Municipais e Tutelares e os Fundos dos Direitos da Criança e do Adolescente 132

  4.4.5 Programa pela Erradicação do Trabalho Infantil — Projeto PETI 133

  4.4.6 Fundação ABRINQ pelos Direitos da Criança e do Adolescente 135

  4.4.7 Fundo das Nações Unidas para a Infância 137

Conclusão 141

Referências 145

Anexos 153

Lista de siglas

ABMP	Associação Brasileira de Magistrados e Promotores de Justiça da Infância e da Juventude
ANAMATRA	Associação Nacional dos Magistrados do Trabalho
ANPT	Associação Nacional de Procuradores do Trabalho
CBO	Classificação Brasileira de Ocupações
CF/88	Constituição Federal de 1988
CLT	Consolidação das Leis do Trabalho
CONAETI	Comissão Nacional de Erradicação do Trabalho Infantil
CONANDA	Conselho Nacional dos Direitos da Criança e do Adolescente
CONDECA	Conselho Estadual dos Direitos da Criança e do Adolescente
CONTAG	Confederação Nacional dos Trabalhadores na Agricultura
COORDINFÂNCIA	Coordenadoria Nacional de Combate à Exploração do Trabalho de Crianças e Adolescentes
CTPS	Carteira de Trabalho e Previdência Social
CUT	Central Única dos Trabalhadores
DORT/LER	Distúrbios Osteomusculares Relacionados ao Trabalho e Lesões por Esforços Repetitivos
EC	Emenda Constitucional
ECA	Estatuto da Criança e do Adolescente
FGTS	Fundo de Garantia do Tempo de Serviço
FNPETI	Fórum Nacional de Prevenção e Erradicação do Trabalho Infantil
FUNDABRINQ	Fundação Abrinq pelos Direitos da Criança e do Adolescente
IBGE	Instituto Brasileiro de Geografia e Estatística
IPEC	Programa Internacional para Eliminação do Trabalho Infantil
LDB	Lei de Diretrizes e Bases da Educação
MAS	Ministério da Assistência Social
MDS	Ministério do Desenvolvimento Social e Combate à Fome
MEC	Ministério da Educação
MESA	Ministério Extraordinário de Segurança Alimentar e Combate à Fome
MPOG	Ministério do Planejamento, Orçamento e Gestão
MPT	Ministério Público do Trabalho

MTE	Ministério do Trabalho e Emprego
OIT	Organização Internacional do Trabalho
ONU	Organização das Nações Unidas
PAI	Programa de Ações Integradas
PETI	Programa pela Erradicação do Trabalho Infantil
PNAD	Pesquisa Nacional por Amostra de Domicílios
SEBRAE	Agência de Apoio ao Empreendedor e Pequeno Empresário
SENAC	Serviço Nacional de Aprendizagem Comercial
SENAD	Secretaria Nacional Antidrogas
SENAI	Serviço Nacional de Aprendizagem Industrial
SENAR	Serviço Nacional de Aprendizagem Rural
SENAT	Serviço Nacional de Aprendizagem do Transporte
SESCOOP	Serviço Nacional de Aprendizagem do Cooperativismo
SINE	Sistema Nacional de Emprego
TIP	Lista das Piores Formas de Trabalho Infantil
UNICEF	Fundo das Nações Unidas para a Infância
UNESCO	Organização das Nações Unidas para a Educação, Ciência e Cultura

Apresentação

Esta obra aborda a importância da efetivação dos direitos fundamentais à educação e ao trabalho para a construção e valorização do ser humano. Pretende-se afirmar a necessidade de erradicar o trabalho infantil e de restringir o trabalho de adolescentes em prol do direito a uma educação que os prepare de forma adequada para o ingresso no mercado de trabalho em condições dignas e de igualdade. Focalizar-se-à a legislação brasileira à luz do princípio constitucional da proteção integral, bem como as ações governamentais e não governamentais direcionadas à afirmação da educação na juventude e à erradicação do trabalho precoce. O respeito aos direitos humanos, entre eles o direito à educação e ao exercício de um trabalho digno, é o eixo principal de funcionamento de uma sociedade livre, justa e solidária.

Prefácio

A obra de Flávia Soares Corrêa, *Educação e Trabalho na Dimensão Humana: o dilema da juventude*, constitui uma das mais importantes contribuições no plano do novo Direito do Trabalho construído no Brasil, após o sopro constitucional modernizador de 1988.

Examinando com maestria o papel da educação e também do trabalho na construção da experiência humana econômica, social e cultural, a autora percebe, com clareza, uma nítida diferenciação entre dois grandes momentos vivenciais do ser humano: ao longo da vida profissional, depois dos 18 anos, com a necessária integração permanente entre as dimensões educativas e laborativas; antes disso, na fase de construção da personalidade, da própria estrutura física, emocional e intelectual do indivíduo, de sua formação e direcionamento profissionais, até completados os 18 anos de idade (ou, pelo menos, 16 anos), com a necessária prevalência da dimensão educativa, em detrimento completo ou significativo de quaisquer aspectos ou tempos laborais.

Nesta linha, a obra, partindo da doutrina da proteção integral à criança e ao adolescente, insculpida pioneiramente na Constituição de 1988, enxerga a educação como instrumento central de afirmação da efetiva proteção integral da criança e do adolescente na competitiva sociedade e economia capitalistas. Para que ocorra a futura positiva integração permanente entre educação e trabalho na vida profissional do ser humano, é imprescindível que a curta existência da infância e da adolescência — até os 18 anos, portanto — seja essencialmente dedicada à educação, em detrimento do trabalho, sob pena de se comprometer, gravemente, o sucesso decisivo da mais longa fase humana subsequente. É que o trabalho precoce concorre, de modo manifesto e perverso, com o tempo e a disponibilidade humanas para as atividades educativas, surgindo, por essa razão, como um dos mais terríveis mecanismos incentivadores da evasão escolar na realidade social. Se não rompido esse círculo de vícios, reproduz-se inevitavelmente tradicional cenário de perda de oportunidades reais por parte do segmento mais pobre entre os brasileiros.

A autora analisa os três principais veículos de presença do trabalho entre os jovens, segundo o Direito brasileiro — considerado o marco constitucional de 16 anos para início do labor. A exceção do *contrato de aprendizagem*, de natureza empregatícia, com regulação pela CLT — que, segundo a Constituição, pode se iniciar até mesmo aos 14 anos —; o *contrato de estágio*, não empregatício, sob regulação de leis especiais próprias — que somente pode se iniciar aos 16 anos; e, finalmente, a relação denominada *trabalho educativo*, criada pelo Estatuto da Criança e do Adolescente (Lei n. 8.069, de 1990) e por este diploma regulado.

Entre todas essas figuras, a mais controvertida é a do *trabalho educativo*. Curiosamente mal normatizado pelo ECA, sem maiores rigores e precisões técnicas quanto à sua configuração, tal tipo jurídico tem de merecer forte construção interpretativa, sob pena de se chocar, manifestamente, com a direção maior da Constituição da República e com o espírito humanístico e normativo do próprio Estatuto da Criança e do Adolescente. A autora, corajosamente, enfrenta esse desafio de interpretação jurídica, bem enquadrando o tipo legal anômalo nos limites da prevalência da educação sobre o trabalho no âmbito da juventude. Com isso o piso etário mínimo para esta atividade laborativa no conjunto de uma função pedagógica fixa-se no patamar de 14 anos (acima, pois, do texto formal do ECA, que fala em 12 anos), mantendo sempre a prevalência em seu interior do comando educacional mais abrangente, de modo a preservar o caráter secundário e meramente acessório — inclusive temporalmente — da atividade laborativa.

Compreende a obra, acertadamente, que os debates sobre a ampliação do conceito de *jovem* e *juventude* no Direito brasileiro não afetam, na essência, o comando constitucional maior sobre a proibição do trabalho às crianças e restrição de sua presença na formação dos adolescentes, até 16 anos (marco constitucional). O alargamento do conceito produzido pela Lei n. 11.180/2005 (que estendeu a possibilidade do contrato de aprendizagem para obreiros menores de 24 anos), também pela Lei n. 11.692/2008 (que considera *jovem* a pessoa humana até 29 anos) e pela própria Emenda Constitucional n. 56/2010 (que se refere a uma noção ampla de juventude e de jovem) não atinge a justa tese do presente livro. Tal alargamento de conceito pode produzir outras repercussões específicas e até conexas, porém não abala a proibição de qualquer trabalho ao menores de 16 anos, salvo na condição de aprendiz, ou em se tratando de atividade laboral em processo educativo (*trabalho educativo*), nem diminui as restrições ao trabalho entre 14 e 16 anos (seja como aprendizagem, seja nos casos de *trabalho educativo*).

Não obstante produzido por jovem autora, no contexto do Mestrado em Direito do Trabalho da PUC-Minas, o livro constitui obra madura de pesquisa e reflexão jurídicas, imprescindível ao acervo de todo consistente estudioso e profissional da área jurídica.

Mauricio Godinho Delgado

Ministro do Tribunal Superior do Trabalho.
Professor do Mestrado e Doutorado em Direito da PUC-Minas

"Já não creio nas belas frases nem nos mitos bem pensantes. Continuo a crer, com fé amarga e sólida, nos valores dos quais as belas frases e belos mitos não passam de caricaturas. Creio na Justiça."

José Lamartine Corrêa de Oliveira Lyra

Introdução

A exploração do trabalho infantojuvenil atinge vários países e se mostra mais evidente naqueles subdesenvolvidos, como o Brasil.

Milhares de crianças e adolescentes brasileiros, especificamente 4,5 milhões, 993 mil delas do grupo de 5 a 13 anos de idade,[1] deparam-se com uma dura realidade que os obriga a sacrificar seus valores e direitos, entre eles o direito à educação.

Vítimas de uma sociedade individualista, os menos favorecidos passam a ter o trabalho infantojuvenil como instrumento de sobrevivência. Esse trabalho, apesar de gerar um ganho imediato, importante para as necessidades mais básicas dos integrantes de diversas famílias, ocasiona perdas irreversíveis para as crianças e adolescentes, como o distanciamento do convívio familiar, o abandono da escola e o comprometimento de uma qualificação pessoal e profissional.

Aliados à desigualdade social, alguns outros fatores — a mentalidade retrógrada de empregadores que utilizam a mão de obra de crianças e adolescentes com o intuito de baratear seus custos e o enraizamento cultural incutido no pensamento de grande parte da sociedade, que insiste em edificar o trabalho precoce e colocá-lo como solução para o problema da marginalidade — contribuem perversamente para a manutenção da exploração do trabalho de jovens e crianças.

Embora possuidor de um dos corpos legislativos mais avançados direcionados à tutela dos direitos da criança e do adolescente, do qual se podem destacar, além da própria Constituição da República Federativa do Brasil, o Estatuto da Criança e do Adolescente, a Consolidação das Leis do Trabalho e a própria Lei de Diretrizes e Bases da Educação, o Brasil apresenta grande dificuldade para sanar o grave problema social em tela.

O objetivo central deste livro é analisar a realidade brasileira contemporânea, especialmente a jurídica, quanto à problemática do trabalho infantojuvenil. Propõe aqui suscitar a reflexão sobre a gravidade da realidade de milhões de crianças e adolescentes, buscando uma mobilização social.

---

(1) Instituto Brasileiro de Geografia e Estatística (IBGE) — 2008. *Pesquisa Nacional por Amostra de Domicílios — 2008*. PNAD 2008: Mercado de trabalho avança, rendimento mantém-se em alta, e mais domicílios têm computador com acesso à Internet. Comunicação Social, 18 set. 2009. Disponível em: <http://www.ibge.gov.br/home/presidencia/noticias/noticia_visualiza.php?id_noticia=1455&id_pagia=1>.

Há a necessidade de mudança: ter o ser humano como centro das políticas públicas. O respeito à dignidade humana é o postulado básico de justiça. No caso das crianças e adolescentes, isso se concretiza na acentuação do papel da educação, ao lado de uma significativa restrição ou, até mesmo, eliminação do trabalho prematuro.

Primeiramente, procurou-se traçar um perfil do trabalho infantil, bem como delinear os objetivos da obra, conteúdo que foi descrito nesta introdução.

No primeiro capítulo, abordam-se a educação e o trabalho como direitos sociais fundamentais da República Federativa do Brasil. Mostrar-se-á a importância desses dois institutos para a promoção da verdadeira cidadania e da dignidade plena da pessoa humana.

No segundo capítulo, analisam-se o princípio constitucional da proteção integral, o tratamento constitucional e infraconstitucional direcionado à educação e o fenômeno da evasão escolar, consequência direta dos conflitos e danos ocasionados pela inserção precoce da criança e do adolescente no mercado de trabalho.

No terceiro capítulo, contempla-se o trabalho infantojuvenil à luz da legislação pátria, exibindo as vedações impostas e as hipóteses de regulação do trabalho de adolescentes.

No quarto capítulo, destaca-se a importância da afirmação da educação na juventude e da erradicação do trabalho precoce como forma de valorização da vida, dos direitos constitucionais e, acima de tudo, do direito de ser criança.

Na conclusão, formulam-se as considerações finais.

1. Educação e trabalho como dimensão da pessoa humana

Educar significa enriquecer as coisas de significado.
(Jonh Dewey)

O Trabalho, com todo seu peso de exploração e tristezas, é o modo mais humano de habitar o tempo e o espaço. Pelo trabalho nos tornamos homens; por sua exploração, ameaçamos perder o gérmen mais pequeno de humanidade.

(João Paulo Cunha, Editor de cultura do Jornal *Estado de Minas*)

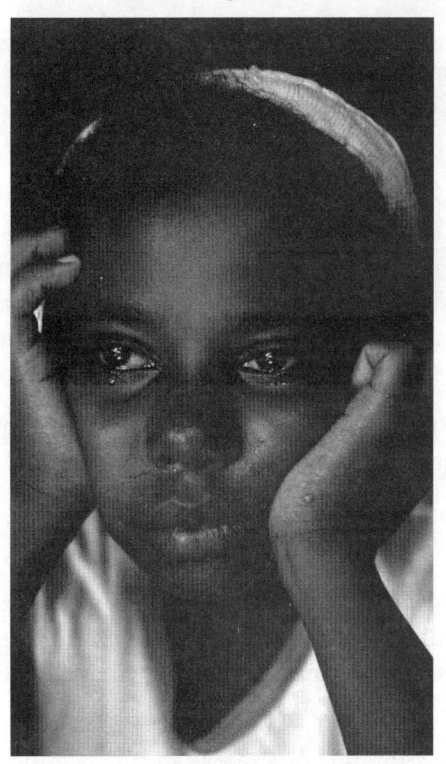

Fonte: RIPPER, João Roberto. Imagens Humanas/João Roberto Ripper. GASTALDONI, Dante; MARINHO, Mariana (Orgs.). Textos de Carlos Walter et al. Tradução de James Mulholland. Rio de Janeiro: Dona Rosa Produções Artísticas, 2009.

Fonte: Disponível em: <http://www.alagoas24horas.com.br/conteudo/?vEditoria=Macei%F3&vCod=74693>.

1.1 Educação como dimensão da pessoa humana

"Eu desconfiava: todas as histórias em quadrinhos são iguais.
Todos os filmes norte-americanos são iguais.
Todos os países são iguais.
Todos os *best-sellers* são iguais.
Todos os campeonatos nacionais e internacionais são iguais.
Todos os partidos políticos são iguais.
Todas as mulheres que andam na moda são iguais.
Todas as experiências de sexo são iguais.
Todos os sonetos, gazéis, virelais, sextinas e rondós são iguais
e todos, todos os poemas em versos livres são enfadonhamente iguais.
Todas as guerras do mundo são iguais.
Todos os amores, iguais, iguais, iguais.
Iguais todos os rompimentos.
A morte é igualíssima.
Todas as criações da natureza são iguais.
Todas as ações, cruéis, piedosas ou indiferentes, são iguais.
Contudo, o homem não é igual a outro homem, bicho ou coisa.
Não é igual a nada.
Todo ser humano é um estranho ímpar."
(Carlos Drummond de Andrade)

Como *homo plures* (pessoa polimorfa), o homem é capaz de desempenhar muitos papéis. Todos os homens em estado de latência já possuem dimensões prontas para serem desenvolvidas em conformidade com os valores morais, éticos e jurídicos a que são expostos.

O homem pode ao mesmo tempo ser individual, coletivo, social, religioso ou moral. Mas, para tanto, tem que ter estimuladas suas potencialidades.

A educação é um importante elemento para a criação, desenvolvimento e transmissão das potencialidades do ser humano.

A palavra educação deriva do latim *educatio*, de *educare* (instruir, ensinar, amestrar). Como regra geral, é empregada para indicar a ação de instruir e de desenvolver as faculdades físicas, morais e intelectuais de uma criança ou, mesmo, de qualquer ser humano.[1]

O significado do conceito de educação abrange qualquer espécie de educação (física, moral e intelectual), indicando a ação de ministrar lições que influenciem a formação do ser humano, preparando-o para a vida em coletividade, para o pleno desenvolvimento de sua personalidade, enfim, para a concreção da própria cidadania.

---
(1) SILVA, De Plácido e. *Vocabulário jurídico*. 17. ed. Rio de Janeiro: Forense, 2000. p. 294.

O direito à educação, em termos constitucionais (Constituição da República Federativa do Brasil de 1988), insere-se no Título II, que trata dos Direitos e Garantias Fundamentais, especificamente no Capítulo II, que cuida dos Direitos Sociais.

Os direitos fundamentais, tradicionalmente, são divididos em três categorias distintas,[2] a partir da construção originalmente formulada pelo pensador inglês Marshall, subsequentemente adaptada pelo italiano Norberto Bobbio e outros pensadores.

Direitos fundamentais de primeira dimensão — também chamados de "direitos individuais" ou "direitos de liberdade" — são direitos civis e políticos dirigidos aos indivíduos isoladamente considerados. Tais direitos tiveram sua origem no liberalismo clássico e, consequentemente, tendem a limitar o poder estatal e a reservar para o indivíduo, ou para os grupos particulares, uma esfera de liberdade em relação ao Estado.

Direitos fundamentais de segunda dimensão compreendem os direitos sociais, econômicos, culturais e coletivos, que traduzem, diferentemente do comando negativo imposto ao poder estatal pelos direitos fundamentais de primeira dimensão, uma prestação positiva imposta ao Estado no sentido de proporcionar a todos os indivíduos acesso a educação, saúde, mercado de trabalho, previdência social, e preservação e proteção da família, da velhice, da infância e da maternidade. A positivação dos direitos de igualdade deu origem ao que Carlos Henrique Bezerra Leite[3] chama de "constitucionalismo social", impondo aos direitos fundamentais de primeira dimensão o cumprimento de uma função social quando do seu exercício.

Direitos fundamentais de terceira dimensão, ou direitos de fraternidade, ou direitos de solidariedade, destinam-se, regra geral, a titulares indeterminados, ao próprio ser humano, referindo-se ao direito à paz, ao meio ambiente, à comunicação e ao patrimônio comum da humanidade.

Uma quarta dimensão de direitos, apontada por Paulo Bonavides,[4] consiste no direito à democracia, à informação e ao pluralismo.

Tal classificação doutrinária, contemporaneamente, deve ser analisada globalmente. Os direitos fundamentais não podem ser tratados como direitos dissociáveis. Os direitos de dimensões mais recentes devem ser tidos como imbricados na análise dos anteriores.

Como exemplo, Willis Santiago Guerra Filho ressalta que:

> [...] o direito individual de propriedade, num contexto em que se reconhece a segunda dimensão dos direitos fundamentais, só pode ser exercido observando-se sua função social, e com o aparecimento da terceira dimensão, observando-se igualmente sua função ambiental.[5]

---

(2) LEITE, Carlos Henrique Bezerra. *Ação civil pública*: nova jurisdição trabalhista metaindividual: legitimação do Ministério Público. São Paulo: LTr, 2001. p. 28-33.
(3) *Ibidem*, p. 29.
(4) BONAVIDES, Paulo. *Curso de direito constitucional*. 7. ed. São Paulo: Malheiros, 1997. p. 11.
(5) GUERRA FILHO, Willis Santiago. Direitos fundamentais, processo e princípio da proporcionalidade. In: GUERRA FILHO, Willis Santiago (Coord.). *Dos direitos humanos aos direitos fundamentais*. Porto Alegre: Livraria do Advogado, 1997. p. 13.

Portanto, os direitos fundamentais de primeira dimensão, ou direitos de liberdade (direitos civis e políticos), os direitos fundamentais de segunda dimensão, ou direitos de igualdade (direitos sociais, econômicos e culturais) e os direitos fundamentais de terceira dimensão, ou direitos de fraternidade (direitos ou interesses metaindividuais), além dos direitos fundamentais de quarta dimensão (direito à democracia, à informação e ao pluralismo), devem ser universais, indivisíveis, interdependentes e inter-relacionados.

Na abalizada lição de Carlos Henrique Bezerra Leite:

> [...] o conceito moderno de cidadania compreende os direitos fundamentais da pessoa humana, é dizer, os direitos civis e políticos, os direitos sociais, econômicos e culturais e os direitos coletivos *lato sensu*, em constante tensão com as ideias de liberdade, de justiça política, social e econômica, de igualdade, de chances e de resultados, e de solidariedade, a que se vinculam.[6]

Corroborando com tal entendimento, explica Luís Roberto Barroso:

> Modernamente, já não cabe indagar o caráter jurídico e, pois, a exigibilidade e acionabilidade dos direitos fundamentais, na sua tríplice tipologia. É puramente ideológica, e não científica, a resistência que ainda hoje se opõe à efetivação, por via coercitiva dos chamados direitos sociais. Também os direitos políticos e individuais enfrentaram, como se assinalou, a reação conservadora, até sua final consolidação. A afirmação dos direitos fundamentais como um todo, na sua exequibilidade plena, vem sendo positivada nas Cartas Políticas mais recentes, como se vê do art. 2º da Constituição portuguesa e preâmbulo da Constituição brasileira, que proclama ser o país um Estado democrático destinado a assegurar o exercício dos direitos sociais e individuais.[7]

A educação, como direito fundamental de segunda dimensão, é verdadeiro pressuposto para a análise dos direitos fundamentais de primeira dimensão. Não há como assegurar direitos individuais, ou direitos de liberdade, direitos civis e direitos políticos a quem foi negada a possibilidade de desenvolvimento das faculdades físicas, morais e intelectuais. Os direitos fundamentais são universais, indivisíveis, interdependentes e inter-relacionados. Não se pode garantir o direito à vida ou à liberdade sem oferecer a todos o acesso à saúde, à educação e ao trabalho. E, consequentemente, não há direito ao trabalho e à educação sem direito à vida e à liberdade.

O direito fundamental à educação está diretamente interligado aos fundamentos e objetivos da República Federativa do Brasil.

---
(6) LEITE, Carlos Henrique Bezerra. *Ação civil pública...*, cit., p. 33.
(7) BARROSO, Luiz Roberto. *O direito constitucional e a efetividade de suas normas*: limites e possibilidades da Constituição brasileira. 4. ed. Rio de Janeiro: Renovar, 2000. p. 106.

A concretização do direito à educação aparece como o mais importante mecanismo para que exista uma sociedade livre, justa e solidária, para que ocorra o desenvolvimento nacional, para que a pobreza e a marginalização sejam erradicadas e as desigualdades sociais sejam reduzidas, enfim, para que haja a promoção do bem de todos, sem preconceito de origem, raça, sexo, cor, idade e quaisquer outras formas de discriminação.[8]

A garantia de educação, ou melhor, de uma educação de qualidade, é direito de todos. Em uma sociedade que tem como um de seus princípios a dignidade da pessoa humana, não há espaço para discriminação. Toda e qualquer pessoa deve ter garantida a oportunidade de desenvolvimento de suas potencialidades.

A busca da identidade e a possibilidade de melhores condições de vida dependem necessariamente da educação. Este é o caminho para a cidadania, para a consciência de direitos e deveres da democracia, ou seja, direitos civis, sociais e políticos.

Nesse sentido, argumenta Robert Wong:

> A educação como prática da liberdade garante o sucesso do indivíduo estimulando-o continuamente a ter acesso às informações, à cultura e ao conhecimento. Faz de nós pessoas capazes, competentes e seguras na área profissional. Aprender, no contexto oriental, significa libertar, soltar, dar asas à imaginação, estimular a independência. É o lado prático da parábola chinesa: em vez de dar o peixe, ensina a pescar. [...] Educar é fazer a pessoa crescer, é dar condições para a pessoa desenvolver todo o seu potencial como ser humano. Educar é a forma mais nobre de amar. Pois é através desse amor que nos tornamos pessoas livres e imbuídas de autoestima.[9]

A educação de qualidade desenvolve o autoconhecimento, prepara o indivíduo para enfrentar o mundo e torna-o capaz de exercitar seu pleno potencial como ser humano.

Segundo Carlos Rodrigues Brandão,

> [...] ninguém escapa da educação. Em casa, na rua ou na escola, de um modo ou de muitos, todos nós envolvemos pedaços da vida com ela: para aprender, para ensinar, para aprender e ensinar. Para saber, para fazer, para conviver, todos os dias misturamos a vida com educação.[10]

A educação é um processo permanente, que progressivamente se incorpora ao arcabouço de experiências da pessoa humana. No entanto, a infância é o período em que o processo educativo deve ser mais intenso. É nesta fase que são firmadas as bases físicas, intelectuais, emocionais e sociais.

---

(8) BRASIL. *Constituição da República Federativa do Brasil*, de 05 dez. 1988. Texto constitucional de 5 out. 1988 com as alterações adotadas pelas Emendas Constitucionais ns. 1/92 a 64/2010 e Emendas Constitucionais de Revisão ns. 1 a 6/94. Disponível em: <http://www.planalto.gov.br/ccivil_03/Constituicao/Constituiçao67.htm>. Art. 3º.
(9) WONG, Robert. *O sucesso está no equilíbrio*. São Paulo: Campos, 2008.
(10) BRANDÃO, Carlos Rodrigues. *O que é educação*. São Paulo: Brasiliense, 1987. p. 7.

A educação é assim definida pelo sociólogo Émile Durkheim:

> A educação é a ação exercida, pelas gerações adultas, sobre as gerações que não se encontram ainda preparadas para a vida social; tem por objeto suscitar e desenvolver, na criança, certo número de estados físicos, intelectuais e morais, reclamados pela sociedade política, no seu conjunto, e pelo meio especial a que a criança, particularmente, se destine.[11]

Por meio da educação, as práticas, ideias e sentimentos de uma geração são transmitidos às novas gerações como um processo de preparação destas para a vida adulta. Assim, a herança de uma sociedade é perpetuada. É a educação que torna o homem um ser social capaz de submeter-se às regras e a uma disciplina em prol dos objetivos comuns de toda uma comunidade.

Como processo social amplo, a educação abrange a preparação escolar e aquela absorvida fora da escola. Tem como agentes a família, a sociedade e o Estado.

Por meio da educação fora da escola, o indivíduo se aproxima dos costumes e das condutas do grupo social que o cerca. A partir da convivência, absorve padrões sociais que "chegam mesmo a interferir nos processos fisiológicos do organismo, na percepção do eu, do outro, do mundo".[12]

Assim, até mesmo a alimentação e o vestuário, por exemplo, estão sujeitos às determinações socialmente impostas:

> Se a criança é alimentada somente em horas determinadas, seu organismo é forçado a adaptar-se a esse padrão. E, ao realizar o processo de adaptação, suas funções sofrem uma modificação. O que acaba acontecendo é que a criança não apenas é alimentada em horas determinadas, mas também sente fome nessas horas. Numa espécie de representação gráfica, poderíamos dizer que a sociedade não apenas impõe seus padrões ao comportamento da criança, mas estende a mão para dentro de seu organismo a fim de regular as funções de seu estômago. O mesmo se aplica à secreção, ao sono e a outros processos fisiológicos ligados ao estômago.[13]

O exemplo do que ocorre com a alimentação de uma criança estende-se a todos os outros padrões sociais. Depreende-se daí a grande importância da qualidade desta educação e de sua influência na formação do ser humano.

A educação escolar difere da educação em geral, devendo seguir em concomitância e como complementação desta. Todavia, nem sempre existiu a instituição escolar.

Nas sociedades pré-literárias, por exemplo, a educação resultou da prática e das experiências transmitidas pelos mais velhos aos mais jovens. O início do ensino

---
(11) DURKHEIM, Émile. *Educação e sociologia*. 11. ed. São Paulo: Melhoramentos, 1978. p. 41.
(12) KRUPPA, Sonia M. Portella. *Sociologia da educação*. São Paulo: Cortez, 1996. p. 23.
(13) BERGER, Peter L.; BERGER, Brigitte. Socialização: como ser um membro da sociedade. In: FORACCHI, Marialice M.; MARTINS, José de S. *Sociologia e sociedade*. Rio de Janeiro: Livros Técnicos e Científicos, 1978. p. 201.

escolar de forma especializada deu-se por volta da Idade Média (476-1453), época em que filhos de nobres recebiam lições sobre boas maneiras, a arte da cavalaria, lutas etc. Com a Revolução Industrial, a partir da metade do século XVIII, a escola da nobreza feudal foi sendo substituída pela escola mais "moderna" da burguesia. Disciplinas científicas foram sendo incorporadas à educação literária e filosófica. O desenvolvimento industrial acarretou o surgimento da classe operária, e a qualificação desta, cada vez mais exigida em função da modernização dos processos industriais, acarretou a necessidade de instrução aos filhos dos trabalhadores. Assim, aos poucos, o direito à educação foi sendo ampliado.[14]

A escola é uma instituição que tem como função a obrigatoriedade de criar e transmitir continuamente conhecimentos, por meio de atividades sistemáticas e programadas. O conhecimento produzido dentro das salas de aula deve estar atrelado à realidade social a que estão expostos os educandos, não devendo haver separação entre o saber intelectual e o saber experimental:

> Fora da escola o conhecimento é produzido a partir das necessidades imediatas da vida, na sobrevivência nas ruas dos centros urbanos, no campo — o menino na feira aprende a fazer o troco sem nunca ter ido à escola; o pedreiro, da mesma forma, calcula o número de tijolos e a quantidade de cimento e areia ao fazer a parede; o plantador de cana sabe as "braças" que deve receber na colheita etc. Já o saber escolar, embora possa e deva ter relação com a vida dos que frequentam a escola, muitas vezes se apresenta como distante dela. Se o conhecimento da escola se distancia das necessidades de vida dos alunos, impedindo que eles o assimilem, o resultado escolar será marcado necessariamente pela exclusão daqueles que deveriam dominar esse conhecimento, reproduzindo de forma conservadora a vida desigual dessa sociedade, onde poder traz saber.[15]

Deve-se enfatizar que a educação é direito de todos, mas, acima de tudo, esse direito deve revestir-se de qualidade. O processo educacional deve possibilitar, além da reprodução de conhecimentos arrolados em livros didáticos, a "transmissão do patrimônio cultural, despertar das potencialidades espirituais, reflexão do que se vive e capacidade de modificar a realidade".[16]

O processo educacional deve levar em consideração o vasto leque de potencialidades da pessoa, trabalhando a dimensão intelectual, mas também as dimensões lúdicas, artísticas e espirituais do homem.

Um último e importante questionamento deve ser, entretanto, abordado. Sabe-se que ainda hoje no Brasil a escola não se encontra democratizada. A instituição tem

---
(14) PILETTI, Nelson. *Sociologia da educação*. 14. ed. São Paulo: Ática, 1995. p. 117.
(15) KRUPPA, Sonia M. Portella. *Op. cit.*, p. 31.
(16) *Ibidem*, p. 36.

refletido as grandes dificuldades que decorrem da estrutura social vigente. Aqueles de nível social mais elevado conseguem concluir seus estudos, enquanto aqueles que não possuem condições de pagar por seus estudos, que constituem a maioria, não prosseguem até o final.[17]

Partindo dessa afirmação, questiona-se: como superar essa barreira?

Jaime Pinsky, em 1993, já apontava um caminho para a melhoria e valorização da educação:

> Nosso sistema educacional necessita de uma ampla reforma, para a qual, afirmo sem medo, temos recursos humanos potencialmente capazes. Dinheiro é necessário, mas não é tudo: muitas prefeituras chegam ao final do exercício sem conseguir, por falta de projetos, gastar toda a verba que, por lei, são obrigadas a empregar na educação. Por outro lado, professores sobrevivem no limite da miséria...
>
> Falta, antes de tudo, uma real conscientização da sociedade com relação à importância da educação no mundo moderno e da total impossibilidade de nos tornarmos uma nação de cidadãos sem uma ação conjunta e coerente no sentido da superação do nosso atraso nesse setor. Para ensinar cidadania tem de ser tratado como cidadão. E isso só vai ocorrer quando uma forte e irresistível vontade política empolgar a nação.[18]

Os passos têm sido lentos. Há a urgente necessidade de dar concretude às palavras de Pinsky. Não há mais espaço para os discursos políticos de valorização da educação. O que interessa são as ações reais e eficazes nessa direção. As vagas oferecidas em escolas públicas não atendem à demanda. Pior, a estrutura arcaica[19] leva ao fracasso do ensino escolar. Completando, a condição social da população é mais um dos fatores que contribui para que o ensino fundamental, obrigatório em termos constitucionais, não seja completado pela maior parte da população.

Falar em futuro é falar em educação para todos. Deixar para trás a classificação de país de "Terceiro Mundo" é inverter prioridades e passar a investir em política social. Não se trata apenas de investimentos financeiros, mas da necessidade de uma mudança de concepção no sentido de valorização da pessoa humana em detrimento da valorização única de políticas privatistas e elitistas.

---

(17) Recente reportagem do Jornal *Estado de Minas* relatou que "o preço para educar um filho, do maternal à faculdade, pode atingir R$ 428 mil, se considerados 23 anos de estudo no sistema privado de ensino". CASTRO, Marinella. Estudo do filho por quase meio milhão. Jornal *Estado de Minas*. 18 jan. 2010. Caderno de Economia, p. 10.
(18) PINSKY, Jaime. Professor e cidadania. *O Estado de S. Paulo*, 1-7-1993 apud PILETTI, Nelson. Op. cit., p. 121.
(19) "O acesso ao saber justifica-se por razões de ordem instrumental. Alijado da criatividade e da reflexão, transforma-se em processo de domesticação intelectual. Basta conferir os livros didáticos que já vêm com respostas às questões levantadas, como se fossem universais, neutras, sem implicações ideológicas. Daí a perplexidade quando a resposta do educando não coincide com a da editora ou a do autor. Não se admite que uma mesma questão possa ter diferentes soluções. Assim, a aprendizagem confina-se na memorização, com a mera reprodução do saber" (KRUPPA, Sonia M. Portella. Op. cit., p. 36).

Recente reportagem do Jornal *Estado de Minas* corrobora essa afirmação:

> O Brasil terá até o fim deste ano nada menos do que 51 milhões de pessoas entre 15 e 29 anos. É mais de duas vezes toda a população da Austrália (21 milhões), supera a da Espanha (45 milhões) e do Canadá (33 milhões). Para um país que pretende figurar entre as cinco maiores economias do mundo, esse deveria ser um trunfo. Mas estudos reunidos no livro Juventude e políticas sociais no Brasil, divulgado ontem por especialistas do Instituto de Pesquisas Econômicas Aplicadas (Ipea), órgão do governo federal, concluem que boa parte desse potencial está se perdendo. Os dados mostram que o País pode pagar caro pela baixa qualidade da educação oferecida aos jovens, pela deficiência da assistência à saúde e a fragilidade dos esquemas de segurança. Desinteresse pela escola, gravidez e contração precoce de doenças se somam à exposição a perigos urbanos, que, com frequência intolerável, roubam a vida de jovens promessas. Para começar, as taxas de analfabetismo ainda são um desafio não vencido, especialmente na idade de 25 a 29 anos, idade em que o jovem deveria ser mais produtivo. Apesar de todos os avanços que o País tem obtido nesse campo, em 2007, 4,1% dos brasileiros dessa faixa etária eram analfabetos, e os de 15 a 24 anos eram 2,1% desse total. [...] a Organização das Nações Unidas para a Educação, Ciência e Cultura (Unesco) divulgou relatório segundo o qual o Brasil tem índice de repetência no ensino primário de 18,7%, o mais elevado da América Latina, muito acima da média mundial, de 2,9%. [...] Trata-se da geração que, em breve, terá de garantir ao País a capacidade de continuar crescendo e proporcionar qualidade de vida aos brasileiros de todas as idades. Não há tempo a perder.[20]

1.2 Trabalho como dimensão da pessoa humana

O vocábulo *trabalho* provém

> [...] do neutro latino *tripalium*, designativo de instrumento feito de três paus aguçados, algumas vezes até munidos de pontas de ferro, no qual os agricultores batiam as espigas de trigo ou de milho e também o linho, para debulhar as espigas, rasgar ou desfiar o linho.[21]

Tripalium (*tres* "três" + *palu* "pau") também era utilizado como instrumento de tortura, por exemplo, para sujeitar os cavalos no ato de lhes aplicar a ferradura. Posteriormente, ganhou o sentido moral de sofrimento, fadiga, encargo. Por fim, adquiriu o sentido de trabalho, labuta.

---

(20) JORNAL ESTADO DE MINAS. *Editorial*. 20 jan. 2010. Caderno Opinião, p. 8.
(21) OLIVEIRA, José César de. Formação histórica do direito do trabalho. In: BARROS, Alice Monteiro de (coord.). *Curso de direito do trabalho*. Estudos em memória de Célio Goyatá. 3. ed. São Paulo: LTr, 1997. p. 30.

Em sentido amplo, pelo vocábulo *trabalho* entende-se todo esforço físico ou intelectual necessário à realização de qualquer tarefa, serviço ou empreendimento.[22]

Não obstante, desde os primeiros albores do mundo o trabalho do homem foi analisado por meio de duas concepções distintas e antitéticas.

A primeira define trabalho como "fonte de libertação, porque fator de cultura, progresso e realização pessoal, além de instrumento de paz social, de bem-estar coletivo e dominação racional do universo, tudo na linha do Gênesis".[23]

A segunda traz a visão de trabalho como sinônimo de penalidade, de castigo. O trabalho seria uma forma de punição aos erros e desobediências do homem.

Na perspectiva evangélica, essas duas concepções se entrelaçam:

> O trabalho é castigo, sim, mas purificante e libertador, ungido de dignidade e sublimado por uma dimensão transcendental e escatológica, não constituindo, por conseguinte, um fim em si mesmo, mas uma espécie de cadinho da alma, pela qual se afugenta o ócio, se exercita a criatividade e se fertiliza a solidariedade entre os homens.[24]

De acordo com a Bíblia, o homem trabalha desde a sua criação. O trabalho era alegre e sem fadigas. Entretanto, após a desobediência de Adão e Eva ao seu Criador, tornou-se penoso e sacrificante.

A conceituação do trabalho pode ser feita, também, sob os prismas econômico, filosófico e jurídico.

Sob o prisma econômico, o trabalho é realizado para satisfazer necessidades humanas, garantir a sobrevivência do homem, estando sempre ligado à finalidade lucrativa. O trabalho é "compreendido como qualquer espécie de atividade, de que se possa gerar uma utilidade, ou um bem econômico".[25]

Sob o prisma filosófico, o "trabalho é toda atividade realizada em proveito do homem. É todo empenho de energia humana voltado para acudir a realização de um fim de interesse do homem".[26]

Sob o prisma jurídico, há de ser primeiramente avaliado seu fim socialmente útil, bem como sua realização de forma voluntária e consciente pelo homem. O trabalho precisa ter um conteúdo lícito, deve ser valorável e socialmente proveitoso.

O Direito do Trabalho se ocupa do trabalho subordinado. Assim, juridicamente trabalho é considerado como:

---

(22) SILVA, De Plácido e. *Op. cit.*, p. 823.
(23) OLIVEIRA, José César de. *Op. cit.*, p. 31.
(24) *Ibidem*, p. 32.
(25) SILVA, De Plácido e. *Op. cit.*, p. 823.
(26) OLIVEIRA, José César de. *Op. cit.*, p. 34.

[...] toda atividade humana lícita que, sob dependência de outrem, é realizada com intuito de ganho. Com intuito de ganho porque a lida do trabalhador tem em vista proporcionar-lhe, pelo menos, como fim imediato, os recursos necessários ao atendimento de suas solicitações de sobrevivência, daí se vendo que o trabalho gracioso prestado por razões filantrópicas, humanitárias, a título caritativo ou por motivação espiritual, não interessa ao Direito do Trabalho. A relação jurídica por ele regulada deve ser onerosa.[27]

1.2.1 Breve resgate histórico do trabalho

Nas fases arqueológicas, o trabalho humano resumia-se basicamente à pesca, à caça e a atividades de apropriação dos recursos que a natureza oferecia. Ao longo do tempo, o homem aprendeu a aperfeiçoar suas armas de caça e pesca, criou ferramentas de trabalho e domesticou animais, utilizando-os para a realização de tarefas. Segundo Evaristo de Moraes Filho, o trabalho "se caracterizava por uma cooperação simples, sem divisão ou profissionalização das atividades realizadas. Todos sabiam fazer tudo e cada um era capaz de executar a mesma operação econômica dos outros".[28]

As pessoas viviam em pequenos agrupamentos e trabalhavam conjuntamente: os homens dedicavam-se aos trabalhos de maior risco, como a caça, enquanto às mulheres eram designadas tarefas como a colheita de frutos da natureza.

Posteriormente, houve o desenvolvimento das atividades de pastoreio e das atividades de agricultura. A terra tornou-se o elemento de fixação do homem, até então nômade.

O grupo social passou a organizar-se em comunidades. Surge a figura do chefe (patriarca), indicando uma hierarquização.

Finalmente, o homem entra na era dos metais. Segundo José César de Oliveira, "foi inventada a roda, e a fusão de metais já não constituía segredo para o homem, que, agora, avança rumo à civilização, fechando sua fase arqueológica".[29]

Na Antiguidade clássica, a prática escravagista foi um fenômeno universal, assumindo proporções absurdas entre os egípcios, gregos e romanos.

A prática da escravidão teve origem nas guerras. Nas lutas entre grupos rivais, os adversários vencidos eram mortos, servindo como alimento, ou não. Posteriormente, o homem percebeu que seus adversários poderiam ser mais úteis vivos do que mortos. Assim, começou a escravizá-los, utilizando sua força para a realização de serviços e atividades. Surge um mercado escravagista. Pessoas eram vendidas, trocadas ou alugadas — o escravo (*a res*) era propriedade de um sujeito (*o dominus*).

O trabalho manual nessa época era tratado como atividade aviltante e desonrosa, somente destinado aos escravos. De acordo com Manuel Alonso Olea:

---
(27) OLIVEIRA, José César de. *Op. cit.*, p. 35.
(28) MORAES FILHO, Evaristo. *Tratado elementar de direito do trabalho*. 1960, p. 231-234, apud OLIVEIRA, José César de. *Op. cit.*, p. 35.
(29) OLIVEIRA, José César de. *Op. cit.*, p. 36.

> [...] era exigido do escravo, fundamentalmente, um trabalho produtivo, vale dizer, destinado à geração de bens e serviços economicamente utilizáveis. Produtivo no sentido também de que era dele que o escravo obtinha os meios necessários à sua sobrevivência, não porque fizesse seus os resultados do trabalho, mas porque do fato de trabalhar derivava o interesse do dono de que continuasse vivendo, impondo-se, destarte, a necessidade de atender tal subsistência.[30]

A escravidão foi a primeira forma de trabalho por conta alheia. Tal atividade atravessou séculos e fez com que o trabalho permanecesse por muito tempo com uma conotação de carga, fadiga, ônus, penalidade.

Foi também na época da Antiguidade romana que surgiram os Colégios Romanos, ou *Collegia Officium*. Traduziam-se no agrupamento de artesãos (sapateiros, ourives, curtidores etc.), que se reuniam para exercer uma mesma função. Leciona Antônio Álvares da Silva que:

> [...] inicialmente, os *Collegia* tiveram fundo religioso, depois ampliado para uma assistência de cunho imediatista a seus membros, sendo certo que não havia consciência "do coletivo". A única atuação efetivamente profissional dos *Collegia* diz respeito à regulamentação do trabalho, visto que necessária a distinção entre a atividade servil, dos escravos, e o trabalho independente, realizado pelos artesãos.[31] (grifos do autor)

Não se pode deixar de mencionar também a existência, no Direito romano, da *locatio conductio* — contrato de arrendamento ou locação de empreitada —, que designava três diferentes operações: a *locatio rei*, a *locatio operarum* e a *locatio operis faciendi*.[32]

A *locatio rei* era o contrato pelo qual o *locator* se obrigava a proporcionar ao *conductor* (chamado *inquilinus* quando o imóvel alugado era urbano ou *colonus* quando o imóvel era rural), mediante pagamento, o desfrute ou uso de determinada coisa corpórea não consumível. O aluguel devia ser certo e determinado, e gerava direitos e deveres tanto para o *locador* quanto para o *conductor*. Assim, por exemplo, ao primeiro era obrigatória a entrega da coisa em condições adequadas de uso, enquanto ao segundo cumpria o dever de zelar pela conservação da coisa e pela sua entrega ao término do estipulado.

A *locatio operarum* era o contrato pelo qual o *locator* se comprometia a prestar determinados serviços ao *conductor*, mediante pagamento. Tinha por objeto serviços triviais de homens livres. Tais serviços não supunham conhecimentos ou capacidade especial. Esse tipo de atividade:

---

(30) OLEA, Manuel Afonso. *Introdução ao direito do trabalho*. São Paulo: LTr, 1984. p. 70.
(31) SILVA, Antônio Álvares da. *Direito coletivo do trabalho*. Rio de Janeiro: Forense, 1979. p. 12.
(32) OLIVEIRA, José César de. *Op. cit.*, p. 41-43.

> [...] nunca teve em Roma grande desenvolvimento, por causa da abundância do trabalho escravo, da dependência em que se achavam os membros livres da *domus*, sujeitos ao *pater*, bem como da existência de grande número de libertos que prestavam *operae* ao *dominus*.⁽³³⁾

A *locatio operis faciendi* (locação de obra ou empreitada) era o contrato pelo qual o *conductor* se comprometia a trabalhar sobre uma coisa que lhe confiava o *locator*, mediante promessa de retribuição. Era a empreitada ajustada entre *conductor* e *locator*. São exemplos de serviços ajustados por meio dessa modalidade de contrato a construção de casas com materiais fornecidos ao *conductor*, o transporte de mercadorias e o conserto de roupas.

Com o cristianismo, a prática da escravidão passa por algumas atenuações. Por influência principalmente de Santo Agostinho e São Tomás de Aquino, embora não condenassem a prática escravagista, é defendido um tratamento digno e caridoso para os escravos, baseado na verdade cristã de que todos os homens são iguais e constituem a imagem viva do Criador.

Em contraponto à filosofia pagã, que imputava a escravidão à natureza, para a filosofia cristã "a escravidão seria consequência do pecado original, não podendo, porque corrompida a natureza humana, ser superada de modo natural, mas apenas sobrenatural, com a resignação cristã de quem é escravo e a caridade fraterna de quem é amo".[34]

Inaugurou-se uma nova postura do trabalho humano, baseada nos ensinamentos de Cristo. Nas palavras de Segadas Vianna:

> Foi a palavra de Cristo que deu ao trabalho um alto sentido de valorização, não tendo consistência as alegações dos que afirmam que Jesus condenava o trabalho material [...] Nas palavras de Cristo existe um outro sentido: o de que as preocupações materiais não deveriam sobrepor-se às espirituais [...] Neste mundo terreno, o homem teria de ganhar o pão com o suor de suas próprias mãos e seria com o seu esforço que ele deveria viver para ser digno, não bastando, para ter dignidade, a posse de bens materiais que lhe dessem direito ao ócio.[35]

À escravidão seguiu-se a servidão, ou servilismo. Cabe ressaltar que não houve o fim da prática escravagista, porém esta foi aos poucos cedendo lugar a outra prática de exploração do trabalho humano.

No trabalho servil, o indivíduo, embora sem ter a condição jurídica de escravo, não dispunha de liberdade. A economia era baseada na agricultura e na pecuária. Os senhores eram os donos da terra e de todos os direitos dela decorrentes. Os servos, submetidos a um regime de estrita dependência ao senhor feudal, sujeitavam-se a abusivas restrições, inclusive de deslocamento.

---

(33) CRETELLA JR., José. *Enciclopédia Saraiva do direito*. São Paulo: Saraiva, v. 50, 1977. p. 382 *apud* OLIVEIRA, José César de. *Op. cit.*, p. 43.
(34) OLIVEIRA, José César de. *Op. cit.*, p. 54.
(35) VIANNA, Segadas. A valorização do trabalho humano. In: SÜSSEKIND, Arnaldo; MARANHÃO, Délio; VIANNA, Segadas; TEIXEIRA, Lima. *Instituições de direito do trabalho*. v. 1. 19. ed. São Paulo: LTr, 2000. p. 85.

Nesta esteira, leciona Cretella Júnior:

> A figura do servo da gleba remonta ao direito romano, no qual existia o colonato, instituição pela qual uma pessoa — colono — ficava vinculada perpetuamente à terra para cultivá-la, mediante a percepção de quantia módica em dinheiro. Diferia, em Roma, o colono do escravo, porque aquele tinha personalidade jurídica completa e podia, pois, contrair casamento, ter filhos sob seu pátrio poder, ser proprietário, tornar-se credor ou devedor... Era um semilivre, não tendo, porém, o direito de abandonar a terra. Se fugia, o senhor podia persegui-lo, obrigando-o a voltar como escravo fugitivo. Se a terra era vendida pelo senhor, o colono era vendido junto, porque prevalecia a regra do direito de propriedade, aplicada aos imóveis: o acessório segue o principal. E o colono era acessório da gleba. Pois bem, o servo da gleba da Idade Média era precisamente a continuação do colono do antigo direito romano, apenas com algumas atenuações trazidas pelo cristianismo.[36]

O fenômeno da servidão extinguiu-se na França com a Revolução Francesa de 1789, persistindo ainda por um bom tempo no restante do continente europeu, inclusive na Rússia.

Ao longo da Idade Média e da Idade Moderna, um novo sistema de opressão e espoliação do trabalhador apareceu como resultado do êxodo rural dos servos para as cidades e da ativação do movimento comercial da Idade Média. Suas raízes mais remotas estão nos colégios romanos e nas guildas germânicas.

Ocorreu, então, o aparecimento das Corporações de Mestres e Ofícios, ou Associações de Artes e Misteres, que eram associações formadas por artesãos, organizados rigidamente e de forma hierárquica para controlar o mercado e a concorrência e garantir os privilégios dos mestres.

O sistema, embora oferecesse melhores oportunidades que a escravidão ou o servilismo, e representasse o início de uma experiência associativa entre os trabalhadores, significou mais uma forma de exploração do labor humano.

Os trabalhadores não podiam exercer seu ofício livremente. Para tal, era necessário que estivessem inscritos em uma corporação, na qual havia três categorias de membros: o mestre, os companheiros e os aprendizes.

O mestre era a figura principal do sistema e o proprietário das oficinas e dos meios de produção (ferramentas e matérias-primas), equivalendo aos empregadores de hoje.

Os aprendizes se subordinavam ao mestre, que lhes fornecia os meios materiais e o conhecimento necessário para uma formação profissional. Aos aprendizes era imposto um duro sistema de trabalho, inclusive castigos corporais. Os pais dos

---

(36) CRETELLA JR., José. Op. cit., p. 475-476 apud OLIVEIRA, José César de. Op. cit., p. 54-55.

aprendizes pagavam taxas, muitas vezes elevadas, para que o mestre passasse a seus filhos conhecimentos profissionais. Na fase avançada do aprendizado, os jovens aprendizes se transformavam em "companheiros", para depois alcançarem o *status* de mestre.

Os companheiros eram trabalhadores "livres", qualificados e assalariados. Só passavam à categoria de mestre se fossem aprovados no exame de "obra mestra", o que era dificílimo. A jornada de trabalho era extensa, chegando até a 18 horas no verão.[37]

Com o advento do modo de produção capitalista, houve a ruína das Corporações de Ofício, seja por sua incompatibilidade concorrencial com o capitalismo, seja por sua incompatibilidade jurídica com as novas ordens jurídicas liberais emergentes.

Por fim, com a Revolução Industrial[38] inaugura-se a sociedade industrial, com suas grandes cidades, centros de produção e comércio. O mundo industrial aparece como símbolo da riqueza e também da miséria. Mais uma vez, a imensa maioria da população é submetida a uma exploração sem tamanho e colocada no patamar mais ínfimo da vida social.

> [...] o surgimento da máquina e sua crescente utilização na indústria desencadeou uma profunda reviravolta na textura social de então. É que ao lado da otimização do sistema produtivo o maquinismo trouxe desemprego, acentuou contrastes sociais, destruiu o artesanato independente, desorganizou a sociedade camponesa, ensejou o surgimento de moléstias profissionais e entupiu as grandes cidades com legiões de homens, mulheres e crianças obrigadas a trabalhar até a exaustão.[39]

Na sociedade, passam a destacar-se duas classes sociais: a capitalista e a proletária. A primeira, privilegiada pelo progresso material oriundo da indústria; a segunda, oprimida e sacrificada por longas jornadas de trabalho em condições aviltantes e subumanas, pelos salários vis e pela miséria.

Nesse cenário, não havia um direito regulamentando o problema em questão e tampouco liberdade para o trabalhador contratar com o seu patrão. As condições eram simplesmente impostas. A excessiva oferta de mão de obra aliada à voracidade de lucro dos patrões compunha um triste panorama:

> [...] um trabalhador que presta serviços em jornadas de duração que vai a 14 e a 16 horas não tem oportunidades de desenvolvimento intelectual, habita em condições subumanas, em geral nas adjacências do próprio local da atividade, tem prole numerosa e ganha salário em troca disso tudo.[40]

---

(37) OLIVEIRA, José César de. *Op. cit.*, p. 60.
(38) Fenômeno de crescente mecanização em importantes setores produtivos de países europeus, como a extração de carvão mineral, a metalurgia, a fiação e a construção naval.
(39) OLIVEIRA, José César de. *Op. cit.*, p. 61.
(40) NASCIMENTO, Amauri Mascaro. *Direito processual do trabalho*. 4. ed. São Paulo: LTr, p. 23 *apud* OLIVEIRA, José César de. *Op. cit.*, p. 62.

Começaram a eclodir movimentos de protesto e, até mesmo, verdadeiras rebeliões, com a destruição das máquinas.

O liberalismo que reinava à época, baseado na posição inerte do Estado e na sua subordinação ao paradigma do *laissez-faire laissez-passer*, "fora tão longe em sua saga de males"[41] que não restava ao Estado outra opção senão a criação de um direito que balanceasse a relação entre o capital e o trabalho:

> A esta altura, os sindicatos já forçavam a substituição do famigerado conceito de liberdade contratual pelo de justiça social, a fim de que os trabalhadores, em patético estado de abandono e miserabilidade, não ficassem continuamente a braços com os horrores da miséria, conforme alertava o papa Leão XIII, em sua Encíclica *Rerum Novarum*, publicada em 1981.[42]

A partir de então, inicia-se uma legislação do trabalho, que buscava, ao menos teoricamente, o equilíbrio entre a hipossuficiência do trabalhador e o poder do empregador, passando o Estado de mero espectador do grave problema social a legislador de regras que se impusessem à vontade dos contratantes.

O estudo histórico da utilização do trabalho do homem demonstra a importância do Direito do Trabalho como mecanismo de defesa e preservação da dignidade do trabalho humano e do próprio homem, extirpando de vez todo entendimento que trate o trabalho como simples mercadoria.

Embora exista hoje toda uma legislação e esforços para a afirmação da dignidade do trabalho humano, ainda há muito pelo que lutar. Em inúmeros casos, como no objeto de nosso estudo (exploração do trabalho de crianças e de adolescentes), o labor humano é concebido como simples mercadoria.

1.2.2 A valorização do trabalho humano

O direito ao trabalho, assim como o direito à educação, é tratado pela Constituição da República Federativa do Brasil de 1988 como Direito Social Fundamental. A Carta Magna consagra como um de seus fundamentos "os valores sociais do trabalho e da livre iniciativa".

Leciona Maria Zuila Lima Dutra:

> Urge salvaguardar o princípio do primado da pessoa sobre as coisas e do seu trabalho sobre o capital, como um postulado que pertence à ordem moral social. O trabalho é o maior de todos os fatores de produção da sociedade, elevado a nível constitucional no art. 170 da Constituição Federal de 1988, que estatui que "a ordem econômica é fundada na valorização do trabalho humano".[43] (grifo do autor)

---

(41) OLIVEIRA, José César de. *Op. cit.*, p. 67.
(42) *Idem.*
(43) DUTRA, Maria Zuila Lima. *Meninas domésticas, infâncias destruídas*: legislação e realidade social. São Paulo: LTr, 2007. p. 55.

Para Gabriela Neves Delgado, o trabalho deve ser entendido como elemento que concretiza a identidade social do homem, possibilitando-lhe autoconhecimento e plena socialização.[44]

A Igreja Católica exerceu forte influência na construção da concepção atual de humanização do trabalho. A partir do final do século XIX, mais precisamente em 1891, o papa Leão XIII, em sua Encíclica *Rerum Novarum*, alertava: "quanto aos ricos e patrões, não devem tratar o operário como escravo, mas respeitar nele a dignidade do homem, realçada ainda pela do cristão".[45]

São Paulo advertia incisivamente em sua segunda epístola aos cristãos de Tessalonica, numa clara exaltação da importância e dignificação do trabalho, que se alguém não quisesse trabalhar, que também se abstivesse de comer.[46]

Também a Encíclica de João Paulo II afirmou o valor social do trabalho:

> O trabalho humano é uma das características que distingue o homem das demais criaturas, cuja atividade, relacionada com a manutenção da vida, não pode chamar-se trabalho; só o homem é capaz de trabalhar, só ele o pode levar a cabo, enchendo com o trabalho sua existência sobre a terra. Desse modo, o trabalho traz em si um sinal particular do homem e da humanidade, o sinal da pessoa ativa no meio de uma comunidade de pessoas; esse sinal determina sua característica interior e constitui, num certo sentido, sua própria natureza. [...] o fundamento para determinar o valor do trabalho humano não é, em primeiro lugar, o tipo de trabalho que se realiza, mas o direito de que quem executa é uma pessoa.[47]

Na cultura ocidental, a partir da segunda metade do século XIX e, principalmente, ao longo do século XX, com a generalização da democracia e com as políticas públicas de bem-estar social, firmou-se concepção filosófica, política e, até mesmo, concepção econômica de valorização do trabalho.

Aponta Mauricio Godinho Delgado:

> A matriz cultural então consolidada — com o correlato critério de exame da realidade — tinha como um de seus postulados fundamentais o primado do trabalho na sociedade capitalista. A centralidade do trabalho — e, em especial, sua forma mais articulada e comum no capitalismo, o emprego — torna-se o epicentro de organização da vida social e da economia. Percebe tal matriz a essencialidade da conduta laborativa como um dos instrumentos mais relevantes de afirmação do ser humano, quer no plano de sua própria

---

(44) DELGADO, Gabriela Neves. *Direito fundamental ao trabalho digno*. São Paulo: LTr, 2006. p. 26.
(45) CERVO, Socal Karina. *O direito fundamental ao trabalho na Constituição Federal de 1988*. Dissertação (Mestrado) — Universidade Caxias do Sul, Programa de Pós-Graduação em Direito, 2008, p. 101. Disponível em: <http://tede.ucs.br>.
(46) OLIVEIRA, José César de. *Op. cit.*, p. 55.
(47) RUPRECHT, Alfredo J. *Os princípios do direito do trabalho*. São Paulo: LTr, 1995. p. 104.

individualidade, quer no plano de sua inserção familiar, social e econômica. A centralidade do trabalho em todos os níveis da vida da ampla maioria das pessoas é percebida por esta matriz cultural, com notável sensibilidade social e ética, erigindo-se como um dos pilares principais de estruturação da ordem econômica, social e cultural de qualquer sociedade capitalista que se queira minimamente democrática.[48]

Embora nas últimas décadas do século XX essa matriz cultural tenha sido afrontada pelo pensamento ultraliberalista então emergente, jamais deixou de ter relevância no imaginário ocidental.

Em verdade, a valorização do trabalho, antes de tudo, parte da valorização do ser humano. A ampliação das condições de emprego, o oferecimento de ferramentas para que o homem se instrua e esteja qualificado para as exigências do mercado de trabalho e a adoção de medidas que deem a todos a possibilidade de viver dignamente do próprio esforço são os passos para a "afirmação socioeconômica da ampla maioria das pessoas humanas na desigual sociedade capitalista".[49]

É por meio do trabalho que o ser humano se torna útil à sociedade, à sua família e a si mesmo. Exercendo atividade produtiva, o homem proporciona a si e à sua família a necessária subsistência, liberdade e dignidade.

É insustentável que mesmo após a constatação histórica da importância do labor humano e da necessidade de valorização do homem — que é a essência do valor-trabalho, visto que o trabalho está em função do homem, e não o inverso[50] — ainda existam muitos de nós inertes diante da exploração do trabalho humano, da miséria e da desigualdade a que poucos homens submetem todos os demais.

De acordo com João Paulo II, para que haja justiça social é preciso solidariedade que identifique a "degradação social do homem-sujeito do trabalho, a exploração dos trabalhadores e as zonas crescentes de miséria e mesmo de fome".[51] Ainda nas palavras de João Paulo II,

> [...] os "pobres" aparecem sob variados aspectos; aparecem em diversos lugares e em diferentes momentos; aparecem, em muitos casos, como resultado da violação da dignidade do trabalho humano: e isso, quer porque as possibilidades do trabalho humano são limitadas — e há a chaga do desemprego —, quer porque são depreciados o valor do mesmo trabalho e os direitos que dele derivam, especialmente o direito ao justo salário e à segurança da pessoa do trabalhador e da sua família.[52] (grifo do autor)

---

(48) DELGADO, Mauricio Godinho. *Capitalismo, trabalho e emprego:* entre o paradigma da destruição e os caminhos da reconstrução. São Paulo: LTr, 2006. p. 29.
(49) DELGADO, Mauricio Godinho. *Princípios de direito individual e coletivo do trabalho.* 2. ed. São Paulo: LTr, 2004. p. 36.
(50) RUPRECHT, Alfredo J. *Op. cit.,* p. 104.
(51) JOÃO PAULO II. *O trabalho humano.* Carta Encíclica de João Paulo II. 10. ed. São Paulo: Paulinas, 1990. p. 31.
(52) *Ibidem,* p. 31-32.

Como ironiza Aldacy Rachid Coutinho, "estamos muito bem acompanhados de *leis para inglês ver*".[53]

Diante da constatação dessa realidade só resta uma alternativa: a afirmação de que "o respeito aos direitos humanos será sempre o eixo principal de qualquer modelo de sociedade que deseje a liberdade e igualdade de todos".[54]

O mundo só resistirá fundamentando-se nos direitos humanos, entre eles, o direito à educação e o direito ao exercício de um trabalho digno:

> [...] a concentração do gênero humano sobre si mesmo, como resultado da evolução tecnológica no limitado espaço terrestre, se não for completada pela harmonização ética, fundada nos direitos humanos, tende à desagregação social, em razão da fatal prevalência dos mais fortes sobre os mais fracos.[55]

Conforme assevera Paulo Freire, "a nossa utopia, a nossa sã insanidade é a criação de um mundo em que o poder se assente de tal maneira na ética que, sem ela, se esfacele e não sobreviva".[56]

O investimento mais rentável para a sociedade é, sem dúvida, aquele direcionado à ampliação e melhoramento da educação, à consequente valorização do homem e ao desenvolvimento de suas potencialidades, entre elas o trabalho.

Neste quadro de valorização da educação *para todos*, desde a idade mais tenra, ao lado da valorização do trabalho para o *ser humano já integralmente constituído*, situa-se o trabalho relativamente à criança a ao adolescente. Um conflito de valores naturalmente desponta nesse quadro.

Desse conflito é que tratará o capítulo seguinte.

---

(53) COUTINHO, Aldacy Rachid. Direito constitucional ao salário mínimo. *Revista LTr*, v. 67, n. 1, jan. 2003, p. 1.
(54) DUTRA, Maria Zuila Lima. *Op. cit.*, p. 45.
(55) *Ibidem*, p. 51.
(56) FREIRE, Paulo. *Pedagogia da indignação*. 5ª reimp. São Paulo: Editora UNESP, 2000, p. 131 *apud* DUTRA, Maria Zuila Lima. *Op. cit.*, p. 54.

2. Educação e trabalho na juventude: conflito de valores na dimensão humana

> Educação é um direito humano com imenso poder de transformação. Sobre suas fundações estruturam-se a liberdade, a democracia e o desenvolvimento humano sustentável.
> (Kofi A. Annan)

Fonte: RIPPER, João Roberto. *Imagens humanas/João Roberto Ripper.* GASTALDONI, Dante; MARINHO, Mariana (Orgs.). Textos de Carlos Walter et al. Tradução de James Mulholland. Rio de Janeiro: Dona Rosa Produções Artísticas, 2009.

A Constituição da República Federativa do Brasil de 1988 adotou a Doutrina Internacional da Proteção Integral, cuja origem remonta à Declaração dos Direitos da Criança, de 1959. A partir de então, a referida doutrina transformou-se no Princípio da Proteção Integral, ingressando no ordenamento jurídico brasileiro como norma constitucional.[1]

O princípio está presente também no plano infraconstitucional. O Estatuto da Criança e do Adolescente (Lei n. 8.069/1990), por exemplo, esboça os ditames da Convenção da Assembleia Geral das Nações Unidas sobre os Direitos da Criança,[2] trazendo a importante visão da proteção integral à criança e ao adolescente.

Antes de tratar do princípio em análise, faz-se necessário analisar a concepção e o alcance do termo *princípio*.

2.1 Princípios como normas constitucionais

Introduzindo brevemente o tema, utilizamo-nos das palavras precisas de José Roberto Dantas:

> [...] os princípios, especialmente os positivados na Constituição Federal, têm caráter obrigatório, vinculando não apenas o legislador, como também os governantes e governados e o próprio judiciário, quando da solução dos casos concretos. É superada a ideia de que os princípios servem apenas de diretrizes, tendo conteúdo meramente programático. Na nova concepção, princípios e regras são espécies do gênero norma.[3]

De fato, na atual fase do Direito os princípios gerais assumem o caráter de autênticas normas constitucionais. Alcançam o mais alto grau de efetividade das normas jurídicas, sendo prescindível sua incorporação explícita no corpo constitucional. Tantos os princípios explícitos quantos os implícitos são normas constitucionais que vinculam o legislador, os governantes e governados e o próprio Judiciário.

Em razão do escopo fundamental deste trabalho — a proteção integral à criança e ao adolescente, principalmente quanto ao direito à educação, à profissionalização e à proteção no trabalho —, este tópico reportar-se-á de forma breve à evolução dos princípios até a afirmação de sua normatividade constitucional. Será priorizado o conceito moderno do termo *princípio* em sua concepção pós-positivista.

O Direito pode ser definido como o conjunto de institutos, princípios e regras que regula as relações dos homens em sociedade em determinado momento histórico.

---

(1) OLIVA, José Roberto Dantas. *O princípio da proteção integral e o trabalho da criança e do adolescente no Brasil*: com as alterações promovidas pela Lei n. 11.180, de 23 set. 2005, que ampliou o limite de idade nos contratos de aprendizagem para 24 anos. São Paulo: LTr, 2006. p. 89.
(2) No trigésimo aniversário da Declaração dos Direitos da Criança, proclamada em 1959, foi aprovada a Convenção da Assembleia Geral das Nações Unidas sobre os Direitos da Criança, em 1989, que consagrou a Doutrina da Proteção Integral, tornando-se o principal documento internacional de proteção aos direitos das crianças. O Brasil é um dos signatários da Convenção.
(3) OLIVA, José Roberto Dantas. *Op. cit.*, p. 89.

Na lição de Maurício Godinho Delgado:

> Direito é o conjunto de princípios, regras e institutos voltados a organizar relações, situações ou instituições, criando vantagens, obrigações e deveres no contexto social. [...] Incorporando e concretizando valores, o Direito desponta como essencialmente finalístico, isto é, dirigido a realizar metas e fins considerados relevantes em sua origem e reprodução sociais. [...] Em sua relação com a dinâmica social, o Direito tende a atuar, essencialmente, de duas maneiras (que podem, obviamente, combinar-se): ou antecipa fórmulas de organização e conduta para serem seguidas na comunidade ou absorve práticas organizacionais e de conduta já existentes na convivência social, adequando-as às regras e princípios fundamentais do sistema jurídico circundante.[4]

Ensina Jorge Miranda:

> O Direito não é mero somatório de regras avulsas, produto de atos de vontade ou mera concatenação de fórmulas verbais articuladas entre si. O Direito é ordenamento ou conjunto significativo e não conjunção resultante de vigência simultânea; é coerência ou, talvez mais rigorosamente, consistência; é unidade de sentido, é valor incorporado em regra. E esse ordenamento, esse conjunto, essa unidade, esse valor projeta-se ou traduz-se em princípios, logicamente anteriores aos preceitos. Os princípios não se colocam, pois, além ou acima do Direito (ou do próprio Direito positivo); também eles — numa visão ampla, superadora de concepções positivistas, literalistas e absolutizantes das fontes legais — fazem parte do complexo ordenamental.[5]

O Direito, portanto, como um sistema, necessita da harmonização de suas regras, princípios e institutos. Suas normas assumem um caráter instrumental, na busca de valores idealizados por uma sociedade.[6]

Os princípios — como parte integrante desse sistema — assumem diversas funções. É por meio deles que os valores inerentes a determinada sociedade são incorporados ao ordenamento jurídico de forma dinâmica. Segundo Maurício Godinho Delgado, os princípios atuam "na fase de construção da regra de direito — fase pré-jurídica ou política. Mas será na fase jurídica típica, depois de consumada a elaboração da regra, que os princípios cumprirão sua atuação mais relevante".[7] Assim,

---

(4) DELGADO, Maurício Godinho. *Princípios... cit.*, p. 13.
(5) MIRANDA, Jorge. *Manual de direito constitucional.* 2. ed. Portugal: Coimbra, 1998. Tomo II, p. 197.
(6) LEITE, Carlos Henrique Bezerra. *Curso de direito processual do trabalho.* 6. ed. São Paulo: LTr, 2008. p. 57.
(7) Segundo o ilustre doutrinador, "Na fase pré-jurídica [...] os princípios atuam como verdadeiras fontes materiais do Direito, na medida em que se postam como fatores que influenciam na produção da ordem jurídica. [...] Na fase propriamente jurídica, os princípios desempenham funções diferenciadas e combinadas, classificando-se segundo a função específica assumida. Surgem, nesse caso, em um plano, os princípios descritivos (ou informativos), que cumprem papel relevante na interpretação do Direito. A seu lado, os princípios normativos subsidiários, que cumprem papel destacado no processo de integração jurídica (normas supletivas). Por fim, os princípios

podem-se vislumbrar duas de suas feições: a de "ideias jurídicas norteadoras" do ordenamento; e a de "regras jurídicas de aplicação imediata".[8]

No entanto, nem sempre as definições de princípios abarcavam seu caráter normativo.

Segundo Bonavides,[9] a juridicidade dos princípios passa por três fases: jusnaturalista, positivista e pós-positivista.

Na fase jusnaturalista, os princípios eram desprovidos de normatividade; eram concebidos como "axiomas jurídicos", como "dimensão ético-valorativa de ideia que inspirava os postulados de justiça".[10]

Com o positivismo, houve o ingresso dos princípios em códigos e na legislação infraconstitucional, como fontes normativas subsidiárias. No entanto, o juspositivismo, na visão de Bonavides, relegou os princípios a "meras pautas programáticas supralegais, assinalando, via de regra, a sua carência de normatividade, estabelecendo, portanto, a sua irrelevância jurídica".[11]

Por fim, com a terceira fase pós-positivista, que se afirmou com o encerrar da Segunda Guerra Mundial, os princípios passam a "ser tratados como direito".[12] Para Bonavides, "as novas Constituições promulgadas acentuam a hegemonia axiológica dos princípios, convertidos em pedestal normativo sobre o qual assenta todo o edifício jurídico dos novos sistemas constitucionais".[13] Nesta fase, o mero caráter supletório dos princípios é absorvido pela "valoração normativa suprema" que adquirem.

Corroborando com a acepção pós-positivista, argumenta Espínola que:

> [...] os princípios têm positividade, vinculatividade, são normas, obrigam, têm eficácia positiva e negativa sobre comportamentos públicos ou privados, bem como sobre a interpretação e a aplicação de outras normas, como as regras e outros princípios derivados de princípios de generalização mais abstratas.[14]

Indispensáveis as conclusões de Paulo Bonavides quanto aos princípios gerais de outrora e os de agora:

---

normativos concorrentes, que atuam com natureza de norma jurídica, independentemente da necessidade de ocorrência da integração jurídica". DELGADO, Mauricio Godinho. *Curso de direito do trabalho*. 7. ed. São Paulo: LTr, 2008. p. 187-188.
(8) BONAVIDES, Paulo. *Curso de direito constitucional*. 20. ed. São Paulo: Malheiros, 2007. p. 272.
(9) *Ibidem*, p. 256-262.
(10) *Ibidem*, p. 256-262
(11) *Ibidem*, p. 262.
(12) OLIVA, José Roberto Dantas. *Op. cit.*, p. 97.
(13) BONAVIDES, Paulo. *Curso... cit.*, 20. ed. p. 264.
(14) ESPÍNOLA, Ruy Samuel. *Conceito de princípios constitucionais*: elementos teóricos para uma formulação dogmática constitucionalmente adequada. São Paulo: Revista dos Tribunais, 1999. p. 55.

Em resumo, a teoria dos princípios chega à presente fase do pós-positivismo com os seguintes resultados já consolidados: a passagem dos princípios da especulação metafísica e abstrata para o campo concreto e positivo do Direito, com baixíssimo teor de densidade normativa; a transição crucial da ordem jusprivatista (sua antiga inserção nos Códigos) para a órbita juspublicística (seu ingresso nas Constituições); a suspensão da distinção clássica entre normas e princípios; o deslocamento dos princípios da esfera da jusfilosofia para o domínio da Ciência Jurídica; a proclamação de sua normatividade; a perda de seu caráter de normas programáticas; o reconhecimento definitivo de sua positividade e concretude por obra sobretudo das Constituições; a distinção entre regras e princípios, como espécies diversificadas do gênero norma, e, finalmente, por expressão máxima de todo esse desdobramento doutrinário, o mais significativo de seus efeitos: a total hegemonia e preeminência dos princípios.[15]

É importante dimensionar, todavia, a ressalva feita por Mauricio Godinho Delgado ao dispor que a prevalência dos princípios, defendida por diversos autores,[16] deve ser entendida com certo grau de relatividade, sob pena de intaurar-se uma insegurança na ordem jurídica e social. Assim, leciona o ilustre doutrinador que aos princípios é concedido "um papel normativo concorrente, mas não autônomo, apartado do conjunto jurídico geral e a ele contraposto".[17]

Reafirmando o posicionamento, hoje hegemônico, de que as normas constitucionais são o gênero que tem como espécies os princípios e as regras, finaliza-se este tópico trazendo à colação alguns critérios de diferenciação qualitativa entre as duas espécies citadas, sem a pretensão de esgotar o tema, tendo em vista a complexidade da tarefa:

> Os princípios são normas jurídicas impositivas de uma *optimização*, compatíveis com vários graus de concretização, consoante os condicionalismos fáticos e jurídicos; as *regras* são normas que prescrevem imperativamente uma exigência (impõem, permitem ou proíbem) que é ou não é cumprida (nos termos de Dworkin: *applicable in all-or-nothing fashion*); a convivência dos princípios é conflitual (Zagrebelsky); a convivência de regras é antinômica. Os princípios coexistem; as regras antinômicas excluem-se;
>
> Consequentemente, os princípios, ao constituírem *exigências de optimização*, permitem o balanceamento de valores e interesses (não obedecem, como as regras, à "lógica do tudo ou nada"), consoante o seu *peso* e a ponderação de outros princípios eventualmente conflitantes; as regras não deixam espaço para qualquer outra solução, pois se uma regra *vale* (tem validade), deve cumprir-se na exata medida das suas prescrições, nem mais nem menos;

---

(15) OLIVA, José Roberto Dantas. *Op. cit.*, p. 294.
(16) "[...] Normas-chaves de todo o sistema jurídico" (Paulo Bonavides); "Fundamento da ordem jurídica" (Frederico de Castro); "superfonte" (Flórez-Valdez) [...] (DELGADO, Mauricio Godinho. *Curso... cit.*, 7. ed., p. 190).
(17) DELGADO, Mauricio Godinho. *Curso... cit.*, 7. ed., p. 190.

Em caso de *conflito entre princípios*, estes podem ser objeto de ponderação, de harmonização, pois eles contêm apenas "exigências" ou "standards" que, em "primeira linha" (*prima facie*), devem ser realizados; as regras contêm "fixações normativas" *definitivas*, sendo insustentável a *validade* simultânea de regras contraditórias;

Os princípios suscitam problemas de *validade e peso* (importância, ponderação, valia); as regras colocam apenas questões de *validade* (se elas não são corretas, devem ser alteradas).[18]

O grau de abstração e generalidade é colocado por diversos autores como critério distintivo entre princípios e regras, possuindo aqueles alta generalidade em contraponto à baixa generalidade destas. Registre-se, todavia, nessa linha de pensamento que "reduzida a abstração e ampliada a densidade normativa, as normas de concreção passam a ser regras, o que não faz, porém, com que os princípios que as inspiraram deixem de existir".[19]

2.2 O princípio constitucional da proteção integral

Ao ser alçado ao patamar constitucional, o princípio da proteção integral — como valor positivado — orienta, define e vincula o direito perquirido pela sociedade que regula. Assim, conduz a construção da ordem jurídica, seu entendimento e sua aplicação. Ademais, ultrapassa as barreiras dos Estados para abarcar toda a comunidade que o adere por meio de seus ordenamentos internos.

Como dito alhures, tem caráter obrigatório, vinculando o legislador, o Estado-juiz e seus destinatários finais: os governantes e os governados.

O princípio da proteção integral está positivado de forma expressa e escrita na Constituição Federal, em seu art. 227.[20] Também se incorpora a todos os ditames

---

(18) CANOTILHO, José Joaquim Gomes. *Direito constitucional*. 6. ed. Coimbra: Almedina, 1993. p. 167-168.
(19) OLIVA, José Roberto Dantas. *Op. cit.*, p. 111.
(20) Art. 227. É dever da família, da sociedade e do Estado assegurar à criança, ao adolescente e ao jovem, com absoluta prioridade, o direito à vida, à saúde, à alimentação, à educação, ao lazer, à profissionalização, à cultura, à dignidade, ao respeito, à liberdade e a convivência familiar e comunitária, além de colocá-los a salvo de toda forma de negligência, discriminação, exploração, violência, crueldade e opressão. (*Redação determinada pelo EC n. 65/2010*)
§ 1º O Estado promoverá programas de assistência integral à saúde da criança, do adolescente e do jovem, admitida a participação de entidades não governamentais, mediante políticas específicas e obedecendo aos seguintes preceitos: (*Redação determinada pela EC n. 65/2010*)
I — aplicação de percentual dos recursos públicos destinados à saúde na assistência materno-infantil;
II — criação de programas de prevenção e atendimento especializado para as pessoas portadoras de deficiência física, sensorial ou mental, bem como de integração social do adolescente e do jovem portador de deficiência, mediante o treinamento para o trabalho e a convivência, e a facilitação do acesso aos bens e serviços coletivos, com a eliminação de obstáculos arquitetônicos e de todas as formas de discriminação. (*Redação determinada pela EC n. 65/2010*)
§ 2º A lei disporá sobre normas de construção dos logradouros e dos edifícios de uso público e de fabricação de veículos de transporte coletivo, a fim de garantir acesso adequado às pessoas portadoras de deficiência.
§ 3º O direito a proteção especial abrangerá os seguintes aspectos:
I — idade mínima de quatorze anos para admissão ao trabalho, observando o disposto no art. 7º, XXXIII;

do Estatuto da Criança e do Adolescente (ECA, Lei n. 8.069/1990), que, em seu art. 1º, prescreve de forma explícita: "Esta Lei dispõe sobre a proteção integral à criança e ao adolescente".[21]

O Estatuto, cumprindo o comando constitucional da proteção integral, disciplina em seus artigos os direitos fundamentais direcionados pela Carta Magna às crianças e aos adolescentes brasileiros. Assim, estabelece em seu Título II (Dos Direitos Fundamentais): Capítulo I — Do direito à vida e à saúde; Capítulo II — Do direito à liberdade, ao respeito e à dignidade; Capítulo III — Do direito à convivência familiar e comunitária; Capítulo IV — Do direito à educação, à cultura, ao esporte e ao lazer; e Capítulo V — Do direito à profissionalização e à proteção no trabalho.

A proteção há de ser INTEGRAL, como o próprio nome dado ao princípio denota. Às crianças e aos adolescentes deve ser garantida absoluta prioridade quanto à consecução de seus direitos fundamentais.

A garantia de prioridade traduz-se na primazia de receber proteção e socorro em quaisquer circunstâncias, na precedência de atendimento nos serviços públicos ou de relevância pública, na preferência na formulação e execução das políticas sociais públicas e na destinação privilegiada de recursos públicos nas áreas relacionadas com a proteção à infância e juventude.[22]

Eis o significado da expressão *proteção integral*, segundo José Roberto Dantas Oliva:

> Quer dizer amparo completo, não só da criança e do adolescente, sob o ponto de vista material e espiritual, como também a sua salvaguarda desde

---

II — garantia de direitos previdenciários e trabalhistas;
III — garantia de acesso do trabalhador adolescente e jovem à escola; (*Redação determinada pela EC n. 65/2010*)
IV — garantia de pleno e formal conhecimento da atribuição de ato infracional, igualdade na relação processual e defesa técnica por profissional habilitado, segundo dispuser a legislação tutelar específica;
V — obediência aos princípios de brevidade, excepcionalidade e respeito à condição peculiar de pessoa em desenvolvimento, quando da aplicação de qualquer medida privativa da liberdade;
VI — estímulo do Poder Público, através de assistência jurídica, incentivos fiscais e subsídios, nos termos da lei, ao acolhimento, sob a forma de guarda, de criança ou adolescente órfão ou abandonado;
VII — programas de prevenção e atendimento especializado à criança, ao adolescente e ao jovem dependente de entorpecentes e drogas afins. (*Redação determinada pela EC n. 65/2010*)
§ 4º A lei punirá severamente o abuso, a violência e a exploração sexual da criança e do adolescente.
§ 5º A adoção será assistida pelo Poder Público, na forma de lei, que estabelecerá casos e condições de sua efetivação por parte de estrangeiros.
§ 6º Os filhos, havidos ou não da relação do casamento, ou por adoção, terão os mesmos direitos e qualificações, proibidas quaisquer designações discriminatórias relativas à filiação.
§ 7º No atendimento dos direitos da criança e do adolescente levar-se-á em consideração o disposto no art. 204.
§ 8º A lei estabelecerá: (*§ 8º acrescentado pela EC n. 65/2010*)
I — o estatuto da juventude, destinado a regular os direitos dos jovens;
II — o plano nacional de juventude, de duração decenal, visando à articulação das várias esferas do Poder Público para a execução de políticas públicas.
(21) BRASIL. Presidência da República. Casa Civil. Subchefia para Assuntos Jurídicos. Lei n. 8.069, de 13 jul. 1990. Dispõe sobre o Estatuto da Criança e do Adolescente e dá outras providências. Disponível em: <http://www.planalto.gov.br/ccivil/LEIS/L8069.htm>.
(22) Lei n. 8.069/1990 (ECA).

o momento da concepção, zelando pela assistência à saúde e bem-estar da gestante e da família, natural ou substituta da qual irá fazer parte.[23]

Ademais, o Estatuto enfatiza a responsabilidade do Estado, da sociedade e da família na persecução dos direitos e garantias das crianças e adolescentes como prioridade absoluta, em conformidade com a Constituição Federal.

As "crianças e adolescentes reclamam proteção jurídica frente à família, à sociedade e ao Estado, entidades que não raras vezes, a pretexto de protegê-los, negam seus interesses, entre os quais os mais básicos".[24]

A família tem o dever moral de zelar pela integridade física, pela formação psíquica e espiritual e pelo desenvolvimento sadio de suas crianças e adolescentes. A sociedade deve buscar a integração e o desenvolvimento das potencialidades dos menores, participando, inclusive, de programas governamentais ou não governamentais de apoio e atendimento infantojuvenil. O Estado tem o dever de dirigir suas políticas prioritariamente ao atendimento e à proteção das crianças e adolescentes; deve programar ações direcionadas a educação, bem-estar, saúde e progresso de nossos pequenos cidadãos.

O princípio da proteção estabelece um amparo preferencial a uma parcela da sociedade desprovida de força perante os demais componentes do sistema. Baseia-se na concepção aristotélica de que *igualdade significa tratar os iguais de forma igual e os desiguais de forma desigual, na exata medida de suas desigualdades. Crianças e adolescentes não podem ser equiparados a adultos* e, por isso mesmo, têm de ter ressalvada sua condição peculiar de *pessoas em desenvolvimento*. É aqui que se inserem os adultos, com suas obrigações comissivas e, às vezes, omissivas, no afã de respeitar e concretizar medidas reais de efetivação do progresso moral, social, material e espiritual de nossos jovens.

> O Princípio da Proteção, específico do Direito do Trabalho, consagra a desigualdade jurídica, tornando possível, a partir dessa preocupação central, "alcançar-se uma igualdade substancial e verdadeira entre as partes".[25] Implica, conforme *Ruprecht*, "uma violação do tradicional princípio da igualdade jurídica das partes, inclinando-se a favor de uma delas para compensar certas vantagens" (sociais e econômicas, acrescenta-se para completar a ideia do consagrado jurista argentino).[26] (grifos do autor)

Assim, quando se coloca o princípio da proteção como inerente ao Direito do Trabalho, considerando o trabalhador como ser hipossuficiente perante o sistema capitalista, o que dizer então de sua aplicação quanto à pessoa infantojuvenil? A

---
(23) OLIVA, José Roberto Dantas. Op. cit., p. 103.
(24) Idem.
(25) PLÁ RODRIGUEZ, Américo. *Princípios do direito do trabalho*. Trad. Wagner D. Giglio. 3. ed. São Paulo: LTr, 2000 apud OLIVA, José Roberto Dantas. Op. cit., p. 104.
(26) RUPRECHT, Alfredo J. *Os princípios do direito do trabalho*. São Paulo: LTr, 1995 apud OLIVA, José Roberto Dantas. Op. cit., p. 104.

resposta vem de José Roberto Dantas Oliva: "[...] é de obviedade ululante: referida proteção deve, necessariamente, ser reforçada. É por isto que a proteção conferida a esses seres humanos [...] tem um *plus:* ela é integral e absolutamente prioritária".[27]

À criança deve vir primeiro o direito à educação. O trabalho é tarefa para os mais velhos. Quando autorizado aos adolescentes, deve-se realizar com restrições e limites que respeitem sua condição física, moral e social.

O princípio da proteção abarca, pois, os mais amplos direitos fundamentais. Entretanto, restringe-se aqui aos aspectos educacionais e trabalhistas por ele estipulados. Analisar-se-á a garantia à criança e ao adolescente do direito à educação, ao preparo para o exercício da cidadania e qualificação para o trabalho, bem como a proteção ao trabalho de adolescentes e a *proibição* do trabalho infantil. Ambos os direitos — educação e trabalho — são indissociáveis. A garantia de acesso ao primeiro é pressuposto para, posteriormente, a seu tempo, o ingresso no segundo.

2.2.1 O princípio constitucional da proteção integral e suas dimensões

O princípio da proteção integral é de tamanha extensão que pode ser desdobrado nas seguintes dimensões: cidadania, bem comum, condição peculiar de pessoa em desenvolvimento, atendimento prioritário, ação paritária e proteção especial à educação e, quando permitido, ao trabalho, entre outras dimensões.

As crianças e os adolescentes, hoje sujeitos de direitos, são detentores de normas específicas tratadas em uma das legislações mais avançadas do mundo na área da proteção infantojuvenil. São pequenos cidadãos a quem são estendidas garantias, mas de quem também são exigidos deveres.

A cidadania, aqui concebida de forma mais ampla, não se materializa apenas com a aquisição do direito à participação política — com a obtenção da qualidade de eleitor —, mas também com a afirmação de que "cidadão é todo aquele do povo, a quem deve o Estado estender as benesses inerentes ao pleno desenvolvimento do potencial humano".[28]

O conceito de *cidadania,* que aqui se incorpora ao princípio da proteção integral, é aquele que respeita a condição humana presente de maneira diversificada em todos: crianças, adolescentes, adultos e idosos.

Não restam dúvidas de que, embora não seja conferido o poder de voto (excetuando-se a faculdade de votar conferida aos adolescentes de 16 anos) e tampouco a capacidade civil plena aos menores de 18 anos, são eles detentores do *direito à preparação para o exercício pleno da cidadania.* As crianças e os adolescentes de hoje serão os trabalhadores de amanhã, serão os futuros eleitores e candidatos do País. Para tanto, devem ser preparados mediante a aplicação do conceito em tela.

---
(27) OLIVA, José Roberto Dantas. *Op. cit.,* p. 107.
(28) *Ibidem,* p. 112.

Nessa esteira, o bem comum, previsto em sede constitucional como objetivo fundamental da República,[29] deve assegurar às crianças *o direito de brincar e estudar, ao lado do direito ao não trabalho* para aqueles que não ultrapassaram a etapa educacional de preparo para o ingresso na vida adulta e no mercado laborativo. A escolarização e a qualificação são as bases que sustentam as relações sociais do homem com o mundo. Uma educação, a mais completa possível para todos, é o primeiro passo para o caminho do bem comum de toda a sociedade.

Os direitos deferidos tanto às crianças quanto aos adolescentes — direito à educação, proibição do trabalho a menores de 16 anos e proibição de trabalho perigoso, insalubre e noturno a qualquer adolescente — têm como norte sua "peculiar condição de pessoas em desenvolvimento". Em razão de suas condições especiais, a eles são estendidas normas especiais. Segundo José Roberto Dantas Oliva, "a ênfase dada para a condição peculiar de pessoas em desenvolvimento de crianças e adolescentes tem o fito de realçar as desigualdades existentes entre estes e os adultos, como razão de ser de uma tutela jurídica diferenciada, tuitiva".[30]

A prioridade de atendimento também é inerente ao princípio da proteção integral, sendo assegurada pela Constituição e pela legislação ordinária. O direito de precedência traduz-se na primazia de receber proteção e socorro em quaisquer circunstâncias, na precedência de atendimento nos serviços públicos ou de relevância pública, na preferência na formulação e execução das políticas sociais públicas e na destinação privilegiada de recursos públicos nas áreas relacionadas com a proteção à infância e juventude (art. 4º, parágrafo único, ECA, rol exemplificativo).

Toda essa gama de elementos que compõem o princípio constitucional da proteção integral exige, obviamente, concreção. Para tanto, a ação paritária — uma política de ação conjunta entre o Estado e a iniciativa privada — é essencial. No quarto capítulo deste estudo será abordada, especificamente, a importância da parceria entre governo e sociedade para a aplicação e fiscalização das normas de proteção infantojuvenis. A união de organizações internacionais, como a ONU, de órgãos públicos, como os Conselhos (municipais, estaduais e nacional) dos Direitos da Criança e do Adolescente, de programas governamentais, como o Programa pela Erradicação do Trabalho Infantil, e de entidades não governamentais, como o Fundo das Nações Unidas para a Infância, é que faz a força.

A proteção especial ao trabalho e à educação de crianças e adolescentes é mais uma das importantes dimensões do princípio da proteção integral e ponto central da abordagem aqui formulada.

A educação, como processo de conhecimento e qualificação, mede as dimensões de cidadania e de formação de uma sociedade que será "participativa e igualitária

---

(29) Art. 3º Constituem objetivos fundamentais da República Federativa do Brasil: [...] IV — promover o bem de todos, sem preconceitos de origem, raça, sexo, cor, idade e quaisquer outras formas de discriminação.
(30) OLIVA, José Roberto Dantas. *Op. cit.*, p. 117.

ou tímida e excluída".[31] Sua ausência pode ser catastrófica para o homem e para a comunidade em que se insere, acarretando a inversão de valores, o desconhecimento de direitos básicos e, em consequência, a exclusão social, a falta de cidadania e o desrespeito à democracia.

Importante salientar que o direito fundamental à educação não se limita a conhecimentos técnicos ou acadêmicos. Sua amplitude abrange a moral, a ética, a religião e a inserção social, com a construção de valores como respeito ao próximo e a si mesmo, solidariedade e dignidade.

Aqueles que são privados do saber básico são privados também de sua identidade como cidadãos. É por meio do papel socializador e pedagógico da educação que o homem torna-se apto a reconhecer suas capacidades e a inserir-se na sociedade da qual faz parte, buscando as possibilidades e oportunidades oferecidas.

O convívio escolar é o primeiro passo para "a efetivação das relações de respeito, identidade e dignidade".[32] A escola estimula os processos de inovação, de aprendizagem e de criatividade e atribui sentido aos sonhos de crianças e adolescentes. Educação traduz-se em igualdade de condições e respeito ao ser humano.

Transcreve-se a seguir parte da entrevista realizada com um pequeno trabalhador do Vale do Jequitinhonha, Norte Mineiro,[33] por meio da qual se pode perceber a triste realidade daquele que teve negado seu direito à educação, à profissionalização, ao trabalho digno, ou melhor, a uma vida digna.

> [...] Apesar de "A" estar envolvido com o trabalho desde cedo, ele admite não ter parado para pensar sobre o que quer ser na vida em termos de profissão e quando indagado a respeito da existência de algum sonho de vida, retrucou que "não tenho nenhum sonho não, de ser nada não" e completou "nunca pensei em ser nada. Sem leitura ninguém pode fazer nada e eu parei na 5ª". Com essa fala, o adolescente percebe que o seu trabalho não lhe oferece perspectiva alguma de futuro. A escola é vista como essa possibilidade. Pode-se inferir que essa rotina o impede de ser criativo, não o estimula a processos de inovação, de aprendizagem, o que acaba por desinteressá-lo. Essa falta de perspectiva é indicativo de que nesse caso não se pode atribuir o sentido do trabalho como ato de criação, de autonomia e capaz de tornar "A" um ser desejante. Esta situação emblemática nos revela a realidade de centenas de crianças e adolescentes que se encontram em situação semelhante a esta.[34] (grifo do autor)

---

(31) MEDEIROS, Benizete Ramos de. *Trabalho com dignidade*: educação e qualificação é um caminho? São Paulo: LTr, 2008. p. 60.
(32) BRASIL. Presidência da República. Casa Civil. Subchefia para Assuntos Jurídicos. Lei n. 9.394, de 20 dez. 1996. Publicado no DOU de 23.12.1996. Estabelece as diretrizes e bases da educação nacional. Disponível em: <http://www.planalto.gov.br/ccivil_03/LEIS/l9394.htm>. Parecer CNE/CEB n. 17, de 2001. p. 75.
(33) A transcrição completa da entrevista encontra-se no capítulo 4.
(34) MARQUES, Maria Elizabeth; NEVES, Magda de Almeida; CARVALHO NETO, Antonio. *Trabalho infantil*: a infância roubada. Belo Horizonte: PUC Minas, Instituto de Relações do Trabalho, 2002. p. 184-185.

Assim como a educação, o trabalho é direito fundamental do ser humano. Destacando seu papel enquanto instrumento de constituição do homem e instrumento de inserção social, explica Bataglia:

> O trabalho é, portanto, moralidade. Por seu intermédio, o impulso instintivo das necessidades se converte numa ação para um fim. Em vez de submeter-se às coisas, o homem as domina, vence-as, transforma-as, dá-lhes preço e as utiliza, numa atividade que é libertação, alforria, fixando-se numa meta que é o valor. De outro lado, acrescentamos, tal trabalho é a oportunidade exclusiva, através da qual o homem adquire consciência de si como inteligente e como vontade, constitui-se e se eleva verdadeiramente à ordem moral.[35]

Continua:

> No trabalho, ou melhor, na atividade, o homem sai de si próprio; a satisfação das necessidades o induz a invadir a solidão e a procurar, pois, as coisas, e, mais do que as coisas, os outros. Os outros ele reconhece na mesma dignidade de que se encontra investido, reconhece-os como sujeitos na ordem ética. Se reconhece os outros, exige ser reconhecido conforme a uma exigência de paridade e de reciprocidade. Sente, em conclusão, e reconhece a si e aos outros associados, dá sentido, numa relação que é forma transcendental, ao mesmo tempo de convivência e colaboração.[36]

A educação, a qualificação e a capacitação serão as chaves para o ingresso do homem de forma igualitária, competitiva e participativa no atual mundo do trabalho. O mercado torna-se cada vez mais exigente. A necessidade de capacitação — "de identificar e solucionar problemas, de tomar decisões, de enfrentar mudanças, de uma participação mais ativa na realização dos objetivos do capital"[37] — é recorrente. A educação é palavra de ordem no contexto do mercado de trabalho atual.

Nesse compasso, aduz Pochmann:

> Os novos requisitos profissionais, indispensáveis ao ingresso e à permanência no mercado de trabalho em transformação, seriam passíveis de atendimento somente por meio de um maior nível educacional dos trabalhadores. Ao mesmo tempo, a formação e o constante treinamento profissional se transformariam em uma das poucas alternativas passíveis de ação do Estado para conter o avanço do desemprego e da precarização do uso da força de trabalho.[38]

---

(35) BATAGLIA, Felice. *Filosofia do trabalho*. Trad. Luiz Washington Vita e Antônio D'Elia. São Paulo: Saraiva, 1958, p. 294-295 apud DELGADO, Gabriela Neves. *Op. cit.*, p. 138.
(36) *Ibidem*, p. 297 apud DELGADO, Gabriela Neves. *Op. cit.*, p. 138.
(37) MEDEIROS, Benizete Ramos de. *Op. cit.*, p. 61.
(38) POCHMANN, Márcio; ANTUNES, Ricardo (Orgs.). O emprego na globalização, a nova divisão internacional do trabalho e os caminhos que o Brasil escolheu. In: *Mundo do trabalho*. São Paulo: Boitempo Editorial, 2001. p. 41.

Sem dúvida, o progresso da sociedade está correlacionado ao processo educacional e cultural que aquela oferece a seus integrantes; assim como o desenvolvimento da economia consiste em investimentos na melhoria da capacidade laborativa e na valorização do potencial de cada brasileiro individual e coletivamente.

2.3 A educação na legislação constitucional e infraconstitucional

O direito à educação é direito social fundamental elencado pela Constituição da República Federativa do Brasil de 1988.

De acordo com Carlos Henrique Bezerra Leite, o principal objetivo a ser atingido pelos direitos fundamentais é "a manutenção dos pressupostos elementares de uma vida na liberdade e na dignidade humana".[39]

A Carta de 1988, além de enquadrar a educação como direito social fundamental, dedica toda uma seção à sua regulação.

Hoje, a educação, como um direito assegurado constitucionalmente, é dever do Estado e da família, devendo ser preocupação e responsabilidade de todos os brasileiros.

Art. 205. A educação, direito de todos e dever do Estado e da família, será promovida e incentivada com a colaboração da sociedade, visando ao pleno desenvolvimento da pessoa, seu preparo para o exercício da cidadania e sua qualificação para o trabalho.[40]

Enfatizando a importância da garantia de efetividade à educação, em seu art. 227, a Constituição assegura às crianças, aos adolescentes e aos jovens, como prioridade absoluta, o gozo de diversos direitos, entre os quais está o direito à educação.

Os deveres do Estado em busca da concretização do direito à educação estão elencados no art. 208 da CF/88:

Art. 208. O dever do Estado com a educação será efetivado mediante a garantia de:

I — educação básica obrigatória e gratuita dos 4 (quatro) aos 17 (dezessete) anos de idade, assegurada inclusive sua oferta gratuita para todos os que a ela não tiveram acesso na idade própria; (Redação determinada pela EC n. 59/2009)

II — progressiva universalização do ensino médio gratuito; (Redação determinada pela EC n. 14/1996)

III — atendimento educacional especializado aos portadores de deficiência, preferencialmente na rede regular de ensino;

IV — educação infantil, em creche e pré-escola, às crianças até 5 (cinco) anos de idade; (Redação determinada pela EC n. 53/2006)

V — acesso aos níveis mais elevados do ensino, da pesquisa e da criação artística, segundo a capacidade de cada um;

---

(39) LEITE, Carlos Henrique Bezerra. *Ação Civil Pública... cit.*, p. 28.
(40) CF 1988. Art. 205.

VI — oferta de ensino noturno regular, adequado às condições do educando;

VII — atendimento ao educando, em todas as etapas da educação básica, por meio de programas suplementares de material didático-escolar, transporte, alimentação e assistência à saúde. (Redação determinada pela EC n. 59/2009.)

§ 1º O acesso ao ensino obrigatório e gratuito é direito público subjetivo.

§ 2º O não oferecimento do ensino obrigatório pelo Poder Público, ou sua oferta irregular, importa responsabilidade da autoridade competente.

§ 3º Compete ao Poder Público recensear os educandos no ensino fundamental, fazer-lhes a chamada e zelar, junto aos pais ou responsáveis, pela frequência à escola.[41]

O constituinte elevou o direito à educação básica à condição de direito público subjetivo, afirmando ser exigível sua ampla e irrestrita efetividade como garantia de uma existência digna.[42]

Às autoridades e à sociedade brasileira cabe a obrigatoriedade de efetivação dessa política, fazendo com que recursos materiais e humanos sejam direcionados para a educação e, é claro, atinjam o propósito esperado em todo o território nacional.

Corroborando tal entendimento, o Estatuto da Criança e do Adolescente (Lei n. 8.069, de 13 de julho de 1990) enfatiza o direito de crianças e adolescentes ao acesso a uma educação que proporcione pleno desenvolvimento, preparo para a cidadania e capacitação para o trabalho. Ademais, reforça o dever do Estado, dos pais ou responsáveis e de toda a sociedade quanto à efetivação dos direitos estabelecidos. Em seu art. 208, o ECA assegura a exigibilidade dos direitos elencados.[43]

Art. 208. Regem-se pelas disposições desta Lei as ações de responsabilidade por ofensa aos direitos assegurados à criança e ao adolescente, referentes ao não oferecimento ou oferta irregular:

---

(41) CF 1988. Art. 208.
(42) Através da Emenda Constitucional n. 59, de 11.11.2009, o constituinte estabeleceu uma implementação progressiva, até o ano de 2016, da obrigatoriedade de fornecimento da educação básica gratuita, dos 4 aos 17 anos, nos termos do Plano Nacional de Educação, com apoio técnico e financeiro da União.
(43) A garantia de acesso ao Poder Judiciário também é reforçada pela Lei de Diretrizes e Bases da Educação Nacional, Lei n. 9.394, de 20 dez. 1996, em seu art. 5º: "O acesso ao ensino fundamental é direito público subjetivo, podendo qualquer cidadão, grupo de cidadãos, associação comunitária, organização sindical, entidade de classe ou outra legalmente constituída, e, ainda, o Ministério Público, acionar o Poder Público para exigi-lo. § 1º Compete aos Estados e aos Municípios, em regime de colaboração, e com a assistência da União: I — recensear a população em idade escolar para o ensino fundamental, e os jovens e adultos que a ele não tiveram acesso; II — fazer-lhes a chamada pública; III — zelar, junto aos pais ou responsáveis, pela frequência à escola. § 2º Em todas as esferas administrativas, o Poder Público assegurará em primeiro lugar o acesso ao ensino obrigatório, nos termos deste artigo, contemplando em seguida os demais níveis e modalidades de ensino, conforme as prioridades constitucionais e legais. § 3º Qualquer das partes mencionadas no *caput* deste artigo tem legitimidade para peticionar no Poder Judiciário, na hipótese do § 2º do art. 208 da Constituição Federal, sendo gratuita e de rito sumário a ação judicial correspondente. § 4º Comprovada a negligência da autoridade competente para garantir o oferecimento do ensino obrigatório, poderá ela ser imputada por crime de responsabilidade. § 5º Para garantir o cumprimento da obrigatoriedade de ensino, o Poder Público criará formas alternativas de acesso aos diferentes níveis de ensino, independentemente da escolarização anterior".

I — do ensino obrigatório;

II — de atendimento educacional especializado aos portadores de deficiência;

III — de atendimento em creche e pré-escola às crianças de zero a seis anos de idade;

IV — de ensino noturno regular, adequado às condições do educando;

V — de programas suplementares de oferta de material didático-escolar, transporte e assistência à saúde do educando do ensino fundamental;

VI — de serviço de assistência social visando à proteção, à família, à maternidade, à infância e à adolescência, bem como ao amparo às crianças e adolescentes que dele necessitem;

VII — de acesso às ações e serviços de saúde;

VIII — de escolarização e profissionalização dos adolescentes privados de liberdade;

IX — de ações, serviços e programas de orientação, apoio e promoção social de famílias e destinados ao pleno exercício do direito à convivência familiar por crianças e adolescentes. (Acrescentado pela Lei n. 12.010/2009.)

§ 1º As hipóteses previstas neste artigo não excluem da proteção judicial outros interesses individuais, difusos ou coletivos, próprios da infância e da adolescência, protegidos pela Constituição e pela Lei. (Parágrafo único renumerado pela Lei n. 11.259/2005.)

§ 2º A investigação do desaparecimento de crianças ou adolescentes será realizada imediatamente após notificação aos órgãos competentes, que deverão comunicar o fato aos portos, aeroportos, Polícia Rodoviária e companhias de transporte interestaduais e internacionais, fornecendo-lhes todos os dados necessários à identificação do desaparecido. (Acrescentado pela Lei n. 11.259/2005.)[44]

Importante ressaltar que é garantida não só a educação básica — obrigatória e gratuita[45] — como também programas suplementares de apoio. Nesse ínterim, é imprescindível que ao educando sejam ofertados material didático-escolar, transporte, alimentação e assistência à saúde. Não há como dissociarem-se tais direitos fundamentais.

Por meio da Lei n. 9.394, de 1996, denominada "Lei Darcy Ribeiro",[46] foram estabelecidas diretrizes e bases para a educação nacional. Seus princípios revelam a

---

(44) Lei n. 8.069/1990. Art. 208.
(45) Já lido o texto em conformidade com a Emenda Constitucional n. 59/2009.
(46) Darcy Ribeiro criou, planejou e dirigiu a implantação dos Centros Integrados de Ensino Público (CIEP), um projeto pedagógico visionário e revolucionário no Brasil de assistência em tempo integral a crianças, incluindo atividades recreativas e culturais para além do ensino formal, dando concretude aos projetos idealizados décadas antes por Anísio Teixeira. Muito antes de os políticos de direita incorporarem o discurso referente à importância da educação para o desenvolvimento brasileiro, Darcy já divulgava estas ideias. Disponível em: <http://pt.wikipedia.Org/wiki/Darcy_Ribeiro>.

preocupação abrangente com o processo educacional da sociedade brasileira, o que se depreende da leitura de alguns de seus dispositivos:[47]

> Art. 1º A educação abrange os processos formativos que se desenvolvem na vida familiar, na convivência humana, no trabalho, nas instituições de ensino e pesquisa, nos movimentos sociais e organizações da sociedade civil e nas manifestações culturais.
>
> [...]
>
> Art. 2º A educação, dever da família e do Estado, inspirada nos princípios de liberdade e nos ideais de solidariedade humana, tem por finalidade o pleno desenvolvimento do educando, seu preparo para o exercício da cidadania e sua qualificação para o trabalho.
>
> Art. 22. A educação básica tem por finalidades desenvolver o educando, assegurar-lhe a formação comum indispensável para o exercício da cidadania e fornecer-lhe meios para progredir no trabalho e em estudos posteriores.

A Lei de Diretrizes e Bases da Educação (LDB — Lei n. 9.394/1996) consolidou a preocupação primordial com o bem-estar e com o crescimento do homem. Afirma a importância do estudo como meio de valorização do jovem em sua formação para o trabalho, bem como garante o acesso à escola ao trabalhador. A LDB também estimula a educação de jovens e adultos que não tiveram acesso ou continuidade de estudos no ensino fundamental e médio em idade própria.

Todo esse arcabouço legislativo representa um avanço e a conscientização de que:

> [...] a educação voltada para a construção de um projeto de desenvolvimento sustentável [...] exige a inclusão de novos conteúdos, a mudança teórico-pedagógica na forma de tratá-los, possibilitando, assim, práticas pedagógicas que auxiliem o desenvolvimento da autonomia dos sujeitos.[48]

Para complementar este tópico, apresenta-se a estrutura do sistema educacional brasileiro, com base nas diretrizes fixadas pela LDB.

O sistema é composto pela *educação básica* — formada pela educação infantil, ensino fundamental e ensino médio — e pela *educação superior*.

A *educação infantil* é destinada a crianças de 0 a 6 anos de idade. Compreende a creche e a pré-escola. Tem por finalidade auxiliar a família e a comunidade no desenvolvimento integral da criança em seus aspectos físico, psicológico, social e intelectual.

O *ensino fundamental* visa ao desenvolvimento básico do homem. Tem duração de nove anos, iniciando-se aos 6 anos de idade. A garantia de universalidade da educação neste nível de ensino é obrigação do Estado. Ou seja, o ensino fundamental deve

---
(47) Lei n. 9.394/1996.
(48) MEDEIROS, Benizete Ramos de. *Op. cit.*, p. 66.

ser obrigatoriamente ofertado pelas escolas públicas. Ressalte-se que a oferta gratuita estende-se àqueles que não tiveram acesso ao ensino fundamental em idade própria.

O *ensino médio* objetiva promover a consolidação e o aprofundamento dos conhecimentos adquiridos no ensino fundamental. Tem duração mínima de três anos. A Constituição Federal determina a "progressiva universalização do ensino médio gratuito".[49]

A LDB também estabelece a educação profissional técnica de nível médio, com a finalidade de preparar o educando para o exercício de profissões técnicas. A educação profissional técnica de nível médio será desenvolvida de forma articulada com o ensino médio ou, subsequentemente, em cursos destinados a quem já o tenha concluído.

O *ensino superior* compreende cursos de graduação, de pós-graduação e de extensão. O acesso ocorre, regra geral, a partir dos 18 anos de idade e a duração varia de acordo com os cursos e com o grau de complexidade que atingem. A educação superior tem como finalidades, entre outras:

> [...] o estímulo à criação cultural e o desenvolvimento do espírito científico e do pensamento reflexivo; incentivar o trabalho de pesquisa e investigação científica, visando ao desenvolvimento da ciência e da tecnologia e da criação e difusão da cultura, e, desse modo, desenvolver o entendimento do homem e do meio em que vive; suscitar o desejo permanente de aperfeiçoamento cultural e profissional e possibilitar a correspondente concretização, integrando os conhecimentos que vão sendo adquiridos numa estrutura intelectual sistematizadora do conhecimento de cada geração.[50]

Além desses níveis, o sistema educacional atende os alunos portadores de necessidades específicas, preferencialmente, na rede regular de ensino. Esse atendimento ocorre desde a educação infantil até os níveis mais elevados de ensino. Atende também o jovem e o adulto que não tenham seguido ou concluído a escolarização regular, na idade própria, por meio dos cursos e exames supletivos. Os exames realizar-se-ão no nível de conclusão do ensino fundamental para os maiores de 15 anos e no nível de conclusão do ensino médio para os maiores de 18 anos.

Estabelece, por fim, a educação profissional que "integra-se aos diferentes níveis e modalidades de educação e às dimensões do trabalho, da ciência e da tecnologia".[51] Abrange os cursos de "formação inicial e continuada ou qualificação profissional; de educação profissional técnica de nível médio; de educação profissional tecnológica de graduação e pós-graduação".[52]

---
(49) CF 1988. Art. 208.
(50) Lei n. 9.394/1996. Art. 43.
(51) Lei n. 9.394/1996. Art. 39, *caput*.
(52) Lei n. 9.394/1996. Art. 39, § 2º.

A figura 1 ilustra o formato da organização e estrutura da educação brasileira.

| PÓS-GRADUAÇÃO | STRICTO SENSU | DOUTORADO | | | PÓS-DOUTORADO | |
| | | MESTRADO | | | LATO SENSU | ESPECIALIZAÇÃO; APERFEIÇOAMENTO; OUTROS |

| GRADUAÇÃO | EDUCAÇÃO SUPERIOR | Duração variável | cursos e grau de complexidade | CURSOS SEQUENCIAIS | CURSOS DE EXTENSÃO |

PROCESSOS SELETIVOS — EDUCAÇÃO PROFISSIONAL

EDUCAÇÃO BÁSICA	ENSINO MÉDIO	Anos de estudo	Mínimo de 3 anos	Educação profissional técnica de nível médio
	ENSINO FUNDAMENTAL	A partir de 6 anos / Idade	Anos de estudo / 9 anos	EDUCAÇÃO DE JOVENS E ADULTOS — Cursos e exames supletivos
	EDUCAÇÃO INFANTIL	4 a 6 / Idade — Pré-escola	0 a 3 — Creche	EDUCAÇÃO ESPECIAL — Integrada, preferencialmente, na rede regular de ensino; atendimento em classes, escolas e serviços especializados; educação para o trabalho

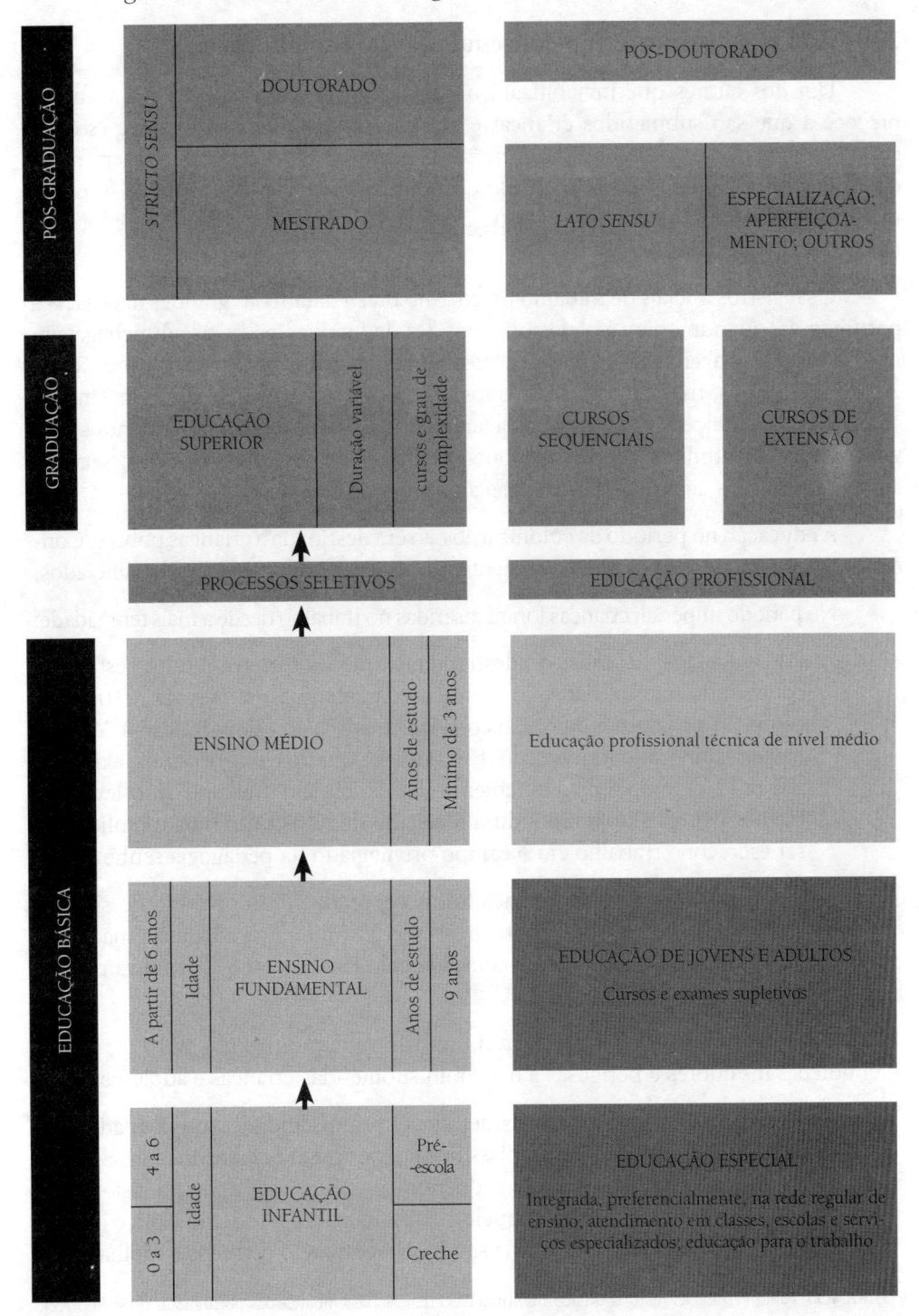

Figura 1: Organização e estrutura da educação brasileira.
Fonte: Lei de Diretrizes e Bases da Educação.

2.4 A evasão escolar como consequência do trabalho precoce

Um dos fatores que inviabilizam o direito universal à *educação* é o trabalho precoce a que são submetidos crianças e adolescentes. No concurso entre *escola* e *trabalho*, considerada a juventude, a inserção prematura do ser humano em atividades laborativas e no próprio mercado econômico, formal ou informal, é uma das mais graves causas conspiratórias contra a concretização real do direito à educação na sociedade brasileira.

Os registros iniciais de trabalho precoce no Brasil datam das grandes navegações portuguesas, quando crianças órfãs ou advindas de famílias pedintes aqui chegavam na condição de pagens ou grumetes.[53] Os pequenos grumetes, meninos com idade entre 9 e 15 anos, tiveram a infância substituída pela terrível vida do mar. Tinham como funções a limpeza dos conveses, a faxina nos porões e a costura (remendos) das velas. Os pagens tinham rotina um pouco melhor do que a dos grumetes: serviam apenas aos oficiais, arrumando suas refeições, quartos e camas.

A educação no período da colonização não era destinada a crianças pobres. Conquanto existissem escolas jesuítas, somente filhos de portugueses eram beneficiados.

No período imperial, crianças foram inseridas no trabalho desde a mais tenra idade:

> Por volta dos 12 anos, o adestramento que os tornava adultos estava se concluindo. Nesta idade, os meninos e as meninas começavam a trazer a profissão por sobrenome: Chico Roça, João Pastor, Ana Mucama. Alguns haviam começado muito cedo. [...] Entre os quatro e os onze anos, a criança ia tendo o tempo paulatinamente ocupado pelo trabalho que levava o melhor e o mais do tempo, diria Machado de Assis. Aprendia um ofício e a ser escravo: o trabalho era o campo privilegiado da pedagogia senhorial.[54]

Por volta do século XIX, a criança foi incorporada como operária no sistema capitalista, que se estabelecia no Brasil. No século XX, foi consolidada a situação de exploração do trabalho infantojuvenil, colocada pelo Estado como alternativa para os filhos das camadas populares.

Deodato Maia, em relatos acerca do trabalho infantojuvenil em 1912, ilustra as condições insalubres e perigosas a que eram submetidas crianças e adolescentes:

> As crianças ali vivem na mais detestável promiscuidade; são ocupadas nas indústrias insalubres e nas classificadas perigosas; faltam-lhes ar e luz; o menino operário, raquítico e doentinho, deixa estampar na fisionomia aquela palidez cadavérica e aquele olhar sem brilho que denunciam o grande cansaço e a perda gradativa da saúde. No comércio de secos e molhados, a

---

(53) RAMOS, Fábio Pestana. A história trágico-marítima das crianças nas embarcações portuguesas do século XVI. In: PRIORE, Mary Del (org.). *História das crianças no Brasil*. São Paulo: Contexto, 1999. p. 22-30.
(54) GÓES, José Roberto de; FLORENTINO, Manolo. Crianças escravas, crianças dos escravos. In: PRIORE, Mary Del (org.). *História das crianças no Brasil*. São Paulo: Contexto, 1999. p. 184-185.

impressão não é menos desoladora: meninos de oito a dez anos carregam pesos enormes e são mal alimentados; dormem promiscuamente no mesmo compartimento estreito dos adultos; sobre as tábuas do balcão e sobre esteiras também estendidas no soalho infecto das vendas. Eles começam a faina às cinco horas da manhã e trabalham, continuamente, até as dez horas ou meia-noite, sem intervalo para descansos.[55]

Os relatos de Francisco Foot Hardman revelam a inexistência de preocupação com o trabalho da criança e do adolescente no século XIX e, mesmo, no início do século XX:

A partir de 1840, à medida que aumentava o número de fábricas de tecido, era cada vez maior o número de mulheres e de menores na indústria, ganhando salários inferiores aos dos homens. Muitos dos menores eram recrutados dos asilos de órfãos e nas instituições de caridade. Muitas dessas crianças não tinham mais de dez anos e trabalhavam o mesmo número de horas diárias que os adultos. Havia inúmeros casos de meninos e meninas de cinco ou seis anos trabalhando doze horas diárias na indústria têxtil. Na fábrica denominada Todos os Santos, de Valença (BA), a maioria dos operários, na década de 1850, era recrutada nos orfanatos e nos abrigos para menores abandonados. Em 1869, quando a tecelagem São Luiz, de Itu, foi fundada, um jornal local se felicitou com esse acontecimento prevendo para os menores uma "ocupação mais útil" do que a vagabundagem em que viviam nessa cidade do interior de São Paulo.[56] (grifo do autor)

Esmeralda Moura relata:

Em meados da década de 1870, anúncios de estabelecimentos industriais solicitando crianças e adolescentes para trabalharem, principalmente no setor têxtil, começavam a multiplicar-se na imprensa paulistana. Em princípios do século XX os termos usados para caracterizar minimamente a mão de obra requerida — meninos, meninas, assim como crianças e aprendizes — enfatizavam a inserção precoce na atividade produtiva.[57]

Ao longo do século XX, a ordem jurídica começou a tratar mais sistematicamente do trabalho de crianças e de adolescentes, embora sob a perspectiva da efetiva permissão desse trabalho, ainda que com modestas restrições.

O trabalho do menor foi incorporado pelo Código de Menores de 1927; regulado pela Consolidação das Leis do Trabalho de 1943; adotado pela Política Nacional do Bem-Estar do Menor, em 1964, como alternativa de assistência social; e, por fim,

---

(55) MAIA, Deodato. *Apontamentos do direito operário*. 4. ed. São Paulo: LTr, 1998. p. 32-33 apud MARTINS, Adalberto. *A proteção constitucional ao trabalho de crianças e adolescentes*. São Paulo: LTr, 2002. p. 29.
(56) HARDMAN, Francisco Foot. *História da indústria e do trabalho no Brasil* (das origens aos anos vinte). São Paulo: Global, 1982, p. 116 apud MARTINS, Adalberto. *Op. cit.,* p. 28.
(57) MOURA, Esmeralda Blanco Bolsonaro de. Crianças operárias na recém-industrializada. São Paulo. In: PRIORE, Mary Del (org.). *História das crianças no Brasil*. São Paulo: Contexto, 1999. p. 262.

em 1979, um "arcabouço ideológico de normas meramente assistenciais",[58] também denominado "Código de Menores", inseriu crianças e adolescentes no mercado de trabalho, sem lhes garantir os direitos trabalhistas, além de preterir direitos, como educação, cultura e profissionalização.

> Com o surgimento do Código de Menores de 1979, surge uma nova categoria: "menor em situação irregular", isto é, o menor de 18 anos abandonado materialmente, vítima de maus-tratos, em perigo moral, desassistido juridicamente, com desvio de conduta ou autor de infração penal.[59] (grifo do autor)

A Constituição Federal de 1988 produziu verdadeira mudança de paradigma jurídico no tocante a esta matéria. Pela primeira vez na história, foi incorporada a doutrina da proteção integral ao ordenamento normativo brasileiro (art. 227, CF/88).

Logo em seguida à Carta Magna — e por indução normativa desta —, foi elaborado e aprovado o Estatuto da Criança e do Adolescente (Lei n. 8.069, de 1990), consolidando um sistema de proteção à criança e ao jovem brasileiro.

Neste quadro inovador, a exploração do trabalho infantojuvenil passa a ser objeto da atenção pública. Ao Estado e à sociedade, ao menos, é vedada a possibilidade de continuar sustentando a "doutrina da situação irregular", que estigmatizava e discriminava os meninos e meninas pobres do País.

Hoje, a legislação brasileira proíbe o trabalho noturno, perigoso ou insalubre aos menores de 18 anos, vedando o trabalho aos menores de 16 anos, salvo na condição de aprendiz, a partir dos 14 anos.[60] O trabalho dos adolescentes, embora permitido, é cercado por regulamentações especiais. O instituto da aprendizagem garante aos adolescentes direitos trabalhistas, previdenciários e qualificação profissional em determinado ofício, sem descuidar de sua formação educacional. A legislação volta-se para o grave problema do trabalho precoce, ganhando mais força a partir de ações articuladas pelo Governo e pela sociedade, como a implantação de fóruns para a prevenção e erradicação do trabalho infantil e para a proteção ao trabalho de adolescentes.

Conforme já assentado, trabalho *versus* escola é o "[...] dilema proposto, inevitavelmente, neste debate. Os padrões internacionais vigorantes indicam que o trabalho precoce consolida e reproduz a miséria, *inviabilizando que a criança e o adolescente suplantem suas deficiências estruturais através do estudo*".[61]

---

(58) FONSECA, Ricardo Tadeu Marques da. *O direito à profissionalização*. Corolário da proteção integral das crianças e adolescentes. Resenha da dissertação de mestrado apresentada pelo autor em 1966. Faculdade de Direito da Universidade de São Paulo apud COLUCCI, Viviane. Os programas de trabalho educativo à luz da doutrina da proteção integral preconizada pelo Estatuto da Criança e do Adolescente. *Revista do Ministério do Trabalho*, v. 9, n. 17, mar. 1999. p. 96.
(59) VERONESE, Josiane Rose Petry. *Temas de direito da criança e do adolescente*. São Paulo: LTr, 1997. p. 12.
(60) Os marcos etários de dezesseis anos para o trabalho em geral, excetuado o do aprendiz aos catorze anos, foram fixados pela EC n. 20, de 1998. No texto constitucional original de 1988, esses marcos eram de catorze e doze anos.
(61) DELGADO, Mauricio Godinho. *Curso de direito do trabalho*. 8. ed. São Paulo: LTr, 2009. p. 731.

No entanto, mesmo com uma legislação expressiva de proteção à criança e ao adolescente, não só nacional, como internacional[62], a Pesquisa Nacional por Amostra de Domicílios revela:

> Em 2008, 4,5 milhões de crianças e adolescentes trabalhavam, sendo 993 mil delas do grupo de 5 a 13 anos de idade. Esses trabalhadores eram, sobretudo, meninos, que estavam principalmente em atividades agrícolas e sem registro.
>
> A região Nordeste apresentava a maior proporção de pessoas de 5 a 17 anos de idade ocupadas (1,7 milhão); e a Sudeste, a menor (1,3 milhão). A proporção de homens de 5 a 17 anos de idade ocupados (2,9 milhões de pessoas) era maior do que entre as mulheres (1,5 milhão), fato percebido em todas as regiões.
>
> Das pessoas de 5 a 17 anos de idade ocupadas em 2008, 32,2% eram trabalhadoras não remuneradas, percentual que chegava a 60,9% entre as crianças de 5 a 13 anos de idade. Das pessoas de 14 ou 15 anos de idade ocupadas, 34,0% eram trabalhadoras não remuneradas e, dentre as pessoas ocupadas de 16 ou 17 anos de idade, esse percentual era de 19,1%.
>
> O rendimento médio mensal de todos os trabalhos das pessoas de 5 a 17 anos de idade ocupadas aumentou de R$ 262, em 2007, para R$ 269, em 2008. As pessoas de 5 a 13 anos de idade recebiam em média R$ 100; as de 14 ou 15 anos de idade, R$ 190; e as de 16 ou 17 anos, R$ 319.
>
> No Brasil, em 2008, 865 mil pessoas de 5 a 17 anos de idade ocupadas residiam em domicílios cujo rendimento mensal domiciliar *per capita* era menor que ¼ do salário mínimo ou sem rendimentos, o que representa 10,8% das pessoas desse grupo de idade. O rendimento médio mensal domiciliar *per capita* das pessoas de 5 a 9 anos de idade que estavam ocupadas era de R$ 186, ao passo que das pessoas com 16 ou 17 anos de idade era de R$ 394.
>
> Em 2008, 57,1% das pessoas de 5 a 17 anos de idade que estavam ocupadas também exerciam afazeres domésticos. Na faixa etária de 5 a 13 anos, esse percentual era de 61,2%; e entre 14 e 17 anos de idade, a proporção era de 56,0%. Entre as mulheres de 5 a 17 anos ocupadas, o percentual era de 83,2%; enquanto, entre os homens, 43,6% dos ocupados nessa faixa etária realizavam afazeres domésticos.
>
> Entre as pessoas de 5 a 17 anos de idade não ocupadas, 42,0% exerciam afazeres domésticos, percentual que era de 54,6% entre as mulheres e de 29,2% entre os homens.[63]

---

(62) Importante relembrar que há 88 anos a educação gratuita e obrigatória foi vinculada à eliminação do trabalho infantil pela OIT. A Convenção n. 10 da OIT estabeleceu, em 1921, a proibição de empregos que prejudiquem a frequência escolar, estabelecendo a idade mínima de 14 anos. A Convenção n. 138 da OIT fortaleceu a correspondência entre a idade de deixar a escola e a idade mínima para o trabalho, elevando-a para 15 anos.
(63) IBGE, 2008.

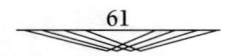

Ademais, crianças e adolescentes que trabalham estudam menos. A constatação também é da Pesquisa Nacional por Amostra de Domicílios. O estudo do IBGE indica que no conjunto de indivíduos com idade de 5 a 17 anos o percentual de estudantes entre aqueles que não trabalham é maior do que entre os que exercem algum tipo de atividade laboral: 94% e 80%, respectivamente.[64]

Segundo a OIT, grande parte dos jovens em idade escolar interrompe os estudos para realizar uma atividade remunerada. Analisa Renato Mendes, coordenador da OIT, que "precisamos de crescimento local sustentável para que os adultos tenham emprego e não usem a força de trabalho dos filhos".[65]

No entanto, a simples criação de programas de transferência de renda para a população carente (como o Bolsa Família, que busca incentivar os pais a manter os filhos na sala de aula mediante uma ajuda financeira para crianças devidamente matriculadas e com frequência escolar) não é suficiente. Números do IBGE revelam que nos domicílios que não recebem o benefício, 2,1% das crianças estão fora da rede de ensino, e esse número chega a 2,8% entre os que começaram o ano recebendo o dinheiro.[66] Vê-se, assim, que a transformação deve ultrapassar a concepção meramente assistencialista e empenhar-se na conscientização de que "se a educação sozinha não transforma a sociedade, sem ela tampouco a sociedade muda".[67]

A exploração do trabalho infantojuvenil é inaceitável, mas para retirar crianças e adolescentes do trabalho proibido ou irregular é preciso oferecer uma escola e assistir as famílias por meio de programas de geração de renda e de promoção humana, assim como possibilitar condições de crescimento e de confiança para que se abra uma perspectiva de futuro.

Ao lado da legislação de proteção integral à criança e ao adolescente, são necessárias ações diretas de combate ao trabalho infantojuvenil e de inserção escolar daqueles que tiveram seu direito negado. Um dos exemplos a ser seguido por todo o País:

> Em Arapiraca, a 140 quilômetros de Maceió, a indústria do fumo é forte e marcada pelo emprego do trabalho infantil. Meninos como Rafael da Silva, 14 anos, ganhavam para "destalar" as folhas (arrancar os talos) e "desolhar" os pés de fumo (tirar os brotos para garantir o crescimento normal da planta). Na primeira metade do ano, a mão de obra infantil era requisitada no contraturno, em casa ou na fábrica. No segundo semestre, porém, havia debandada geral, pois parte dos estudantes seguia com os parentes para o interior a fim de ajudar na colheita.

---

(64) VIEIRA, Isabela. Ecodebate, 19 set. 2008. *PNAD*: Trabalho infantil diminui, mas aumenta jornada. Trabalho prejudica o estudo das crianças. Disponível em: <http://www.ecodebate.com.br/2008/09/19/pnad-trabalho-infantil-diminui-mas-aumenta-jornada-trabalho-prejudica-o-estudo-das-criancas>.
(65) GUIMARÃES, Arthur. *O vilão n. 1*: o trabalho infantil. Ensino Fundamental. Educar para crescer. Escola. 01.06.2008. Disponível em: <http://educarparacrescer.abril.com.br/indicadores/materias_298137.shtml>.
(66) GUIMARÃES, Arthur. *Op. cit.*
(67) FREIRE, Paulo. *Op. cit.*, p. 67 *apud* DUTRA, Maria Zuila Lima. *Op. cit.*, p. 85.

Para transformar essa realidade, a prefeitura passou a construir escolas de tempo integral. O projeto, iniciado no ano passado (2007), conseguiu reduzir de 16% para zero a média de evasão nas unidades que adotaram o sistema. Uma delas, a Escola Municipal Zélia Barbosa Rocha, fica no prédio de uma antiga fábrica de fumo (onde Rafael estuda hoje). A principal sala de manufatura de fumo de corda virou um teatro, palco das aulas de caratê e circo. Os outros departamentos se tornaram salas para abrigar as classes regulares. Os familiares, que antes viam a criança como "mão de obra mirim desocupada", agora percebem que o ganho é maior no estudo. "Rafael tirava 50 ou 60 reais por mês. Aprendemos a viver sem esse dinheiro porque percebemos que ele está melhor e mais feliz aqui", afirma a mãe, Claudênia da Conceição. Desde 2007, quando ingressou na Escola Municipal Zélia Barbosa Rocha, ele passa as tardes treinando caratê no teatro da escola, salão que um dia já foi palco do trabalho infantil que o deixava afastado dos estudos.[68] (grifo do autor)

Esclarece Alfredo Bruto da Costa:

> Uma das faces mais perversas do trabalho precoce sobre a vida da criança e do adolescente é privá-los do acesso à escola. Para ele o trabalho infantil tem sido responsável pelo afastamento das crianças do continente afetivo da família e das vinculações socioculturais com o seu meio de origem, bem como por sua desescolarização prematura, inviabilizando-as como pessoas e como cidadãos.[69]

A inserção de crianças precocemente no mundo do trabalho exige interações que não são condizentes com sua idade física e mental, causando desequilíbrio em seu desenvolvimento. A garantia de tempo livre para brincar e o acompanhamento educacional são essenciais para a formação de qualquer ser humano. A brincadeira é para a criança um espaço de investigação e conhecimento de si mesma e do mundo. É durante esse período que a criatividade é desenvolvida e que ela começa a relacionar seus interesses e suas necessidades com um mundo que começa a conhecer.

Ademais, como se não bastassem os prejuízos que o trabalho precoce acarreta ao desenvolvimento físico e psicológico das crianças e jovens, "a desnutrição e os ambientes pouco estimulantes contribuem para o atraso significativo no desenvolvimento neuropsicomotor das crianças".[70] O impacto negativo que exerce na escolarização também gera uma reprodução do ciclo intergeracional de pobreza:

> [...] a criança que trabalha quase sempre o faz em detrimento da escola, o que gera um adulto com baixa qualificação e que encontrará maiores dificuldades

---

(68) GUIMARÃES, Arthur. *Op. cit.*
(69) COSTA, Alfredo Bruto da. *Contra a solidariedade das sobras*. Notícias do Milênio, 1999 apud CORNEJO, Bernardo Alfredo Henriquez. Centro Português de Investigação em História e Trabalho Social. *Estudos e Documentos* n. 4/5. Editorial. Disponível em: <http://www.cpihts.com/editorial.htm>.
(70) RIBEIRO FILHO, Antônio Carlos. *Impacto das condições de vida na saúde de crianças e adolescentes, fiscalização do trabalho, saúde e aprendizagem*. Florianópolis: DRT/SC, 2000. p. 26.

de competir no mercado de trabalho. Com isso, o indivíduo vê escassas suas chances de ascensão social, passa a viver sob a sombra do desemprego e, muitas vezes, termina por introduzir seus próprios filhos precocemente no trabalho com a finalidade de ajudar a garantir o sustento da família.[71]

Além das inúmeras dificuldades que a maioria dos alunos enfrenta para prosseguir em seus estudos, a escola brasileira ainda não se encontra democratizada. É preciso que *o Estado torne o ensino médio uma obrigatoriedade*, assim como o é o ensino fundamental, embora ainda não disponível para todos (através da Emenda Constitucional n. 59, de 11.11.2009, o constituinte estabeleceu uma implementação progressiva, até o ano de 2016, da obrigatoriedade de fornecimento da educação básica gratuita, dos 4 aos 17 anos, nos termos do Plano Nacional de Educação, com apoio técnico e financeiro da União). Não basta reconhecer que o sistema atual não inclui a todos; é imprescindível a mudança dessa situação.

Freire ajuda a pensar essa questão quando afirma que "o amanhã não é algo pré-dado, mas um desafio, um problema". Afinal, não somos objetos, mas sujeitos da história, "lutando por outra vontade diferente: a de mudar o mundo, não importando que esta briga dure um tempo tão prolongado que, às vezes, nele sucumbam gerações".[72] (grifos do autor)

---

(71) SANTOS, Glauber Maciel dos. Trabalho infantil no Brasil. In: BRASIL. Ministério do Trabalho e Emprego. *Proteção integral para crianças e adolescentes, fiscalização do trabalho, saúde e aprendizagem*. Florianópolis: DRT/SC, 2000. p. 7.
(72) FREIRE, Paulo. *Op. cit.*, p. 60 e 79, *apud* DUTRA, Maria Zuila Lima. *Op. cit.*, p. 84.

3. O direito brasileiro e a regulação do trabalho na juventude

> O Direito não é uma pura teoria, mas uma força viva. Todos os direitos da humanidade foram conseguidos na luta. O direito é um trabalho incessante, não somente dos poderes públicos, mas da nação inteira.
>
> (Ihering)

Fonte: RIPPER, João Roberto. Imagens humanas/João Roberto Ripper. GASTALDONI, Dante; MARINHO, Mariana (Orgs.). Textos de Carlos Walter et al. Tradução de James Mulholland. Rio de Janeiro: Dona Rosa Produções Artísticas, 2009.

O ordenamento jurídico brasileiro possui diversos institutos voltados à criança e ao adolescente com a precípua finalidade de atingir a consecução da norma constitucional da proteção integral.

A atual ordem jurídica brasileira contempla quatro hipóteses de regulação do trabalho de adolescentes: o adolescente inserido em *trabalho educativo* (previsto pelo Estatuto da Criança e do Adolescente); o *adolescente aprendiz*, que se sujeita à formação técnico-profissional, segundo as diretrizes e bases fixadas em legislação própria (Consolidação das Leis do Trabalho e Decreto n. 5.598/2005); o *adolescente estagiário* (Lei n. 11.788/2008); e o adolescente maior de 16 anos que possui contrato de emprego sujeito às normas gerais e especiais de proteção ao trabalho, de acordo com a Consolidação das Leis do Trabalho e com a Constituição Federal.

Cabe enfatizar, antes de iniciar a análise de cada hipótese aventada, que é *expressamente vedado o trabalho de crianças*. A legislação apontada trata apenas do trabalho de adolescentes com idade entre 16 e 18 anos, com exceção da aprendizagem, que abrange também adolescentes de 14 a 16 anos de idade.

3.1 A Constituição Federal de 1988

A inclusão nas Constituições brasileiras de preceitos relativos aos direitos sociais, destacando-se os direitos dos trabalhadores, teve seu início com a Carta Magna de 1934.

A Constituição Imperial de 1824 não assegurou nenhuma proteção ao trabalho de crianças e adolescentes. Os direitos políticos e civis eram restritos. A maioria da população era formada por escravos, os quais não eram identificados como cidadãos na sociedade, não possuindo quaisquer direitos. Analfabetos e mulheres não participavam da vida política. Crianças e adolescentes, como mencionado, não eram sequer citados.

Também a Constituição de 1891 nada dispôs sobre a proteção ao trabalho infantojuvenil. A propósito, as duas constituições do século XIX sequer reconheciam o trabalho como valor na ordem jurídica do País, não tendo, ademais, qualquer ideia sobre a relevância da dignidade do ser humano como fundamento da sociedade e do Estado.

A Constituição de 1934, que teve como paradigma a Constituição Mexicana (1917) e a Constituição de Weimar (1919), foi a primeira a dispor sobre o Direito do Trabalho e, mais especificamente, a estabelecer regras de proteção ao trabalho infantojuvenil.[1]

---

(1) BRASIL. Presidência da República. Casa Civil. Subchefia para Assuntos Jurídicos. *Constituição da República dos Estados Unidos do Brasil, de 16 jul. 1934*. Disponível em: <http://www.planalto.gov.br/ccivil_03/Constituicao/Constitui%C3%A7ao34.htm>. Art. 121, § 1º, alínea *d*: "proibição de trabalho a menores de 14 anos; de trabalho noturno a menores de 16 anos e em indústrias insalubres, a menores de 18 anos e a mulheres".

A Constituição de 1937, outorgada pelo governo de Getúlio Vargas, assegurava direitos individuais do trabalho (repouso semanal, licença remunerada após um ano de serviço, salário mínimo, jornada diária de oito horas etc.), mantendo a proibição do trabalho aos menores de 14 anos, do trabalho noturno aos menores de 16 anos e do trabalho em indústrias insalubres aos menores de 18 anos e às mulheres. No entanto, a referida Carta Constitucional foi o marco de uma fase intervencionista do Estado, restringindo as relações coletivas de trabalho.

Também a Constituição de 1946 atentava para a proteção do trabalho infantojuvenil, embora nos limites tradicionais, longe do paradigma da proteção integral, somente incorporado em 1988.

Não obstante, um nítido retrocesso aconteceu com a promulgação da Constituição de 1967, que, repetindo as disposições da anterior, reduziu para *12 anos* o limite de idade para o trabalho.

A Constituição de 1988 chega como baluarte dos direitos de cidadania. Amplia a importância dos direitos sociais — educação, saúde, trabalho, lazer, segurança, previdência social, proteção à maternidade, à infância e assistência aos desamparados - incluindo-os no rol dos direitos fundamentais sociais dos homens. Vale ressaltar que, hoje, em conformidade com a Emenda Constitucional n. 64/2010, inclui-se no citado rol dos direitos sociais o direito à alimentação.

Em seu preâmbulo, assegura a todos os brasileiros o exercício de seus direitos sociais:

> Nós, representantes do povo brasileiro, reunidos em Assembleia Nacional Constituinte para instituir um Estado democrático, destinado a assegurar o exercício dos direitos sociais e individuais, a liberdade, a segurança, o bem-estar, o desenvolvimento, a igualdade e a justiça como valores supremos de uma sociedade fraterna, pluralista e sem preconceitos, fundada na harmonia social e comprometida, na ordem interna e internacional, com a solução pacífica das controvérsias, promulgamos, sob a proteção de Deus, a seguinte Constituição da República Federativa do Brasil.[2]

A Carta Magna atual prima pela garantia de direitos fundamentais a todos os cidadãos e elege valores e princípios fundados na dignidade da pessoa humana e na efetiva inclusão social.

As crianças e os adolescentes mereceram especial atenção, tendo tutelados direitos e garantias fundamentais em um patamar máximo de proteção, com minuciosa previsão de normas, inclusive quanto aos adolescentes e crianças portadores de deficiência física, órfãos e abandonados e aos dependentes de drogas e entorpecentes (art. 227, §§ 1º e 3º).

Em seu art. 227, estabelece a responsabilidade do Estado, da família e da sociedade de garantir e buscar a concretização dos direitos das crianças e adolescentes, bem como o dever de evitar qualquer tipo de exploração ou maus-tratos.

---
(2) CF 1988. Preâmbulo.

Art. 227. É dever da família, da sociedade e do Estado assegurar à criança, ao adolescente e ao jovem, com absoluta prioridade, o direito à vida, à saúde, à alimentação, à educação, ao lazer, à profissionalização, à cultura, à dignidade, ao respeito, à liberdade e à convivência familiar e comunitária, além de colocá-los a salvo de toda forma de negligência, discriminação, exploração, violência, crueldade e opressão.[3] (Redação determinada pela EC n. 65/2010)

Quanto ao adolescente trabalhador, a Constituição Federal estipula a idade mínima de 16 anos para admissão ao trabalho, salvo na condição de aprendiz, a partir dos 14 anos (conforme a Emenda Constitucional n. 20, de 1998).

Os adolescentes trabalhadores também são protagonistas dos direitos previdenciários e trabalhistas (elencados no art. 7º da Carta Magna, entre outros ali não dispostos) e do direito de acesso à escola (art. 227, § 3º, I, II, III).[4]

Nesse particular, é necessário realizar a análise conjunta da inserção do direito à educação na Constituição Federal de 1988 e da permissão da atividade laboral a adolescentes.

De acordo com Antônio Carlos Gomes da Costa, "é preciso redescobrir o óbvio, ou seja, nada pode substituir a família e a escola na formação da infância e da juventude".[5] A maioria das crianças e dos adolescentes que precocemente ingressam em algum tipo de atividade laboral fica impossibilitada de frequentar uma escola, seja pelo tempo que demandam tais atividades, seja pelo cansaço. Crianças e adolescentes acabam tornando-se incapazes de usufruir direitos mínimos.

Fica evidente, portanto, a necessidade de erradicar o ingresso precoce de adolescentes no mercado de trabalho e de incentivar a educação infantojuvenil, em consonância com o preconizado pela Constituição — ou seja, o fato de a educação ser "direito de todos e dever do Estado e da família", devendo ser "promovida e incentivada com a colaboração da sociedade, visando ao pleno desenvolvimento da pessoa, seu preparo para o exercício da cidadania e sua qualificação para o trabalho".[6]

Em suma, a Constituição Federal de 1988 introduziu normas especiais de proteção à criança e ao adolescente, inclusive no âmbito trabalhista. Outra importante alteração foi o aumento da idade mínima para admissão ao trabalho dos 14 para os

---

(3) CF 1988.
(4) CF 1988. Art. 227. É dever da família, da sociedade e do Estado assegurar à criança, ao adolescente e ao jovem, com absoluta prioridade, o direito à vida, à saúde, à alimentação, à educação, ao lazer, à profissionalização, à cultura, à dignidade, ao respeito, à liberdade e à convivência familiar e comunitária, além de colocá-los a salvo de toda forma de negligência, discriminação, exploração, violência, crueldade e opressão. (Redação determinada pela EC n. 65/2010) [...] § 3º O direito a proteção especial abrangerá os seguintes aspectos: I — idade mínima de quatorze anos para admissão ao trabalho, observado o disposto no art. 7º, XXXIII; II — garantia de direitos previdenciários e trabalhistas; III — garantia de acesso do trabalhador adolescente e jovem à escola. (Redação determinada pela EC n. 65/2010) [...]
(5) COSTA, Antônio Carlos Gomes da. *O Estatuto da Criança e do Adolescente e o trabalho infantil no Brasil*: trajetória, situação atual e perspectivas. Brasília-DF: OIT; São Paulo: LTr, 1994. p. 13.
(6) CF 1988. Art. 205.

16 anos de idade, salvo para aqueles que se encontrarem na condição de aprendizes, compreendidos na faixa etária de 14 a 16 anos de idade[7].

3.2 O Estatuto da Criança e do Adolescente

A Lei n. 8.069, de 13 de julho de 1990, dispõe sobre o Estatuto da Criança e do Adolescente (ECA). Em seu corpo legislativo estão esboçados os ditames da Convenção da Assembleia Geral das Nações Unidas sobre os Direitos da Criança, promulgada em 1989. É considerado mundialmente como uma das leis mais avançadas na área da infância e da juventude.[8]

O ECA revogou o Código de Menores, que era regulamentado pela Lei n. 6.698/1979, e trouxe como importante visão a adoção da regra constitucional de proteção integral à criança e ao adolescente.

Explica Roberto João Elias: "A proteção integral há de ser entendida como aquela que abranja todas as necessidades de um ser humano para o pleno desenvolvimento de sua personalidade".[9]

O ECA estipulou em seus artigos a absoluta prioridade das crianças e adolescentes quantos aos seus direitos fundamentais (à vida, à liberdade, ao respeito, à dignidade, à convivência familiar e comunitária, à educação, à cultura, ao esporte, ao lazer, à profissionalização e à proteção ao trabalho). São exigidas todas as facilidades e oportunidades para a garantia do desenvolvimento físico, mental, moral, social e espiritual deles, em conformidade com os princípios da dignidade e liberdade (arts. 3º e 4º, ECA).

O Estatuto considera como crianças pessoas de até 12 anos incompletos e como adolescentes aqueles que possuem 12 anos completos até 18 anos. O ECA também se aplica, excepcionalmente, em casos descritos na lei, aos maiores de 18 anos e menores de 21 anos.

A garantia de prioridade traduz-se na primazia de receber proteção e socorro em quaisquer circunstâncias, na precedência de atendimento nos serviços públicos ou de relevância pública, na preferência na formulação e execução das políticas sociais públicas e na destinação privilegiada de recursos públicos nas áreas relacionadas com a proteção à infância e juventude (art. 4º, parágrafo único, ECA).

Ademais, o Estatuto enfatiza a responsabilidade do Estado, da sociedade e da família na persecução dos direitos e garantias das crianças e adolescentes como prioridade absoluta, em conformidade com a Constituição Federal.

---

(7) Em consonância com a EC n. 20, de 1998.
(8) LIBERATI, Wilson Donizeti; DIAS, Fábio Muller Dutra. *Trabalho infantil*. São Paulo: Malheiros, 2006. p. 71.
(9) ELIAS, Roberto João. *Comentários ao Estatuto da Criança e do Adolescente*. Lei n. 8.069, de 13 jul. 1990. p. 2 *apud* LIBERATI, Wilson D.; DIAS, Fabio M. D. *Op. cit.*, p. 71.

Também garante à criança e ao adolescente o direito à educação, para que todos, sem exceção, possam ter um pleno desenvolvimento, com o devido preparo para o exercício da cidadania e a qualificação para o trabalho.

No âmbito de proteção ao trabalho infantojuvenil, o Estatuto da Criança e do Adolescente ratifica algumas regras já estabelecidas na CLT, bem como na Constituição Federal. Dentre algumas delas, citam-se: proibição do trabalho a menores de 16 anos, salvo na condição de aprendizes, a partir dos 14 anos (já lido o ECA em conformidade com a Emenda Constitucional n. 20/1998); vedação ao trabalho noturno, perigoso, insalubre e penoso a todo adolescente trabalhador; proibição de trabalho realizado em locais prejudiciais à sua formação e ao desenvolvimento físico, psíquico, moral e social; e proibição de trabalho impeditivo de frequência à escola.[10]

Em seus arts. 62 a 67, o Estatuto trata do instituto da *aprendizagem,* que será analisado no item 3.3 deste capítulo, em função da nova lei que abrange os preceitos estipulados pelo ECA.

Passa-se a discutir o desenvolvimento e a preparação do adolescente por meio do *trabalho educativo,* abordado pelo ECA, em seu art. 68 e parágrafos.

3.2.1 O trabalho educativo

O trabalho educativo foi criado pelo Estatuto da Criança e do Adolescente e está elencado em seu art. 68, que assim dispõe:

> Art. 68. O programa social que tenha por base o trabalho educativo, sob responsabilidade de entidade governamental ou não governamental sem fins lucrativos, deverá assegurar ao adolescente que dele participe condições de capacitação para o exercício de atividade regular remunerada.
>
> § 1º Entende-se por trabalho educativo a atividade laboral em que as exigências pedagógicas relativas ao desenvolvimento pessoal e social do educando prevaleçam sobre o aspecto produtivo.
>
> § 2º A remuneração que o adolescente recebe pelo trabalho efetuado ou a participação na venda dos produtos de seu trabalho não desfigura o caráter educativo.[11]

Inicialmente, já se verifica a impropriedade da denominação do instituto em análise. Como afirma Bernardo Leôncio Moura Coelho, "sua qualificação foi infeliz, posto que a atividade desenvolvida neste programa não se qualifica como trabalho".[12]

---

(10) O texto original do ECA mencionava faixas etárias um pouco mais baixas (14 anos para qualquer trabalho e 12 anos como aprendiz) na linha ainda autorizada pelo texto original da CF/1988. Com a EC n. 20/1998, naturalmente, o ECA deve ser interpretado em conformidade com o texto magno emendado, elevando as faixas etárias respectivas para 16 anos, regra geral, e 14 anos, na aprendizagem.
(11) Lei n. 8.069/1990.
(12) COELHO, Bernardo Leôncio Moura. A realidade do trabalho educativo no Brasil. *Revista LTr,* São Paulo, v. 69, n. 9, setembro de 2005. p. 1.065.

Como bem analisado por Oris de Oliveira:

> [...] definido o trabalho educativo, percebe-se que o próprio termo complexo que o designa deixa a desejar porque gramaticalmente trabalho aparece como substantivo, algo substancial, principal ao qual a educação se acopla como simples adjetivo, como acessório. Já se afirmou com razão: o substantivo é a educação que na sua dinâmica global pode e deve envolver a dimensão trabalho.[13]

É primordial, ou melhor, é requisito essencial para que a finalidade do instituto do trabalho educativo seja alcançada que o desenvolvimento pessoal e social do adolescente (cidadania, educação, lazer, saúde) se sobreponha ao aspecto produtivo. O instituto trazido pelo ECA visa a preparar o adolescente para que futuramente seja qualificado e capaz de inserir-se na sociedade como cidadão e trabalhador. Não é sua meta garantir a subsistência do adolescente ou ocupar seu tempo ocioso com alternativas imediatistas e meramente assistencialistas que não garantam uma contraprestação pedagógica.

Isso quer dizer que há fundamental subordinação das atividades laborativas às atividades pedagógicas, morais, de formação e, até mesmo, de lazer. Como aponta Mauricio Godinho Delgado:

> Para a ordem jurídica, desse modo, o trabalho educativo é um instrumento auxiliar ao processo de formação educacional, moral, profissional, social e cultural do jovem, mantendo-se, necessariamente, subordinado a esses fins humanísticos; não se trata, pois, de simples atividade laborativa, que se esgote em si mesma, porém de labor integrado a um processo mais amplo de construção da integralidade humana do adolescente, em especial sua dimensão pedagógica.[14]

O trabalho educativo abrange um processo educacional que envolve instruções sobre cidadania, educação, atividades sociais, complementação escolar, lazer, higiene, saúde etc.[15]

O professor Oris de Oliveira[16] assinala como necessário para que o trabalho seja educativo:

a) que ele se associe com a educação do cidadão, contribuindo para o desenvolvimento do educando, com vistas a realizar suas potencialidades intrínsecas e a promover a formação e o desenvolvimento de sua personalidade;

b) que no aspecto biopsicológico extraia do adolescente o que ele tem de próprio e original. O trabalho deve suprir as necessidades individuais, respeitar o

---

(13) OLIVEIRA, Oris de. Legislação do trabalho. Publicação mensal de Legislação, Doutrina e Jurisprudência. Trabalho educativo. *Revista LTr*, v. 63, n. 4, p. 459, abril de 1999.
(14) DELGADO, Mauricio Godinho. *Curso... cit.*, 8. ed. p. 729.
(15) NASCIMENTO, Nilson de Oliveira. *Manual do trabalho do menor*. São Paulo: LTr, 2003. p. 134.
(16) OLIVEIRA, Oris de. *A profissionalização do adolescente*. Palestra apresentada no Seminário Parlamentar sobre o adolescente e o Trabalho, em 10 e 11 set. 1998 *apud* COLUCCI, Viviane. *Op. cit.*, p. 101.

desenvolvimento harmônico do corpo e do espírito, promover o desenvolvimento emocional, incentivar a formação de um espírito crítico e promover o desenvolvimento de valores morais e culturais de todo tipo;

c) no aspecto social, é preciso que ele promova o desenvolvimento de senso de responsabilidade — instrumentalização para participação no progresso e nas transformações sociais.

Complementando essa reflexão, Viviane Colucci[17] situa como contrários à regra constitucional da proteção integral e, portanto, dissonantes do trabalho educativo os programas:

a) que não estabelecem a fixação de cronograma de conteúdo pedagógico;

b) que oferecem atividades que tradicionalmente são destinadas ao futuro operário pobre, deixando de contar com parceiros como o SINE ou o SEBRAE, que poderiam se manifestar sobre as tendências de mercado da região;

c) que colocam em risco a integridade física do adolescente;

d) que estabelecem tarefas a serem exercidas nas ruas, como no caso dos guardas-mirins de trânsito, em que o aliciamento para as atividades ilegais e criminosas torna-se mais fácil;

e) que intermedeiam os adolescentes para as empresas, sem a garantia dos direitos trabalhistas;

f) que estabelecem idade mínima inferior a 14 anos, ou seja, antes da conclusão do ensino básico fundamental.

De acordo com Bernardo Leôncio Moura Coelho,[18] pode-se citar, exemplificativamente, como algumas atividades que podem ser desenvolvidas em trabalhos educativos: a iniciação musical, formação de bandas, teatro, artesanato, dança, integração com idosos e escolas de futebol.

A remuneração — que pode ocorrer com a venda de produtos artesanais produzidos ou, mesmo, com apresentações de teatro — de que trata o § 2º do art. 68 do ECA não subtrai a natureza educativa do trabalho, nem caracterizará vínculo empregatício.

De acordo com Roberto João Elias, "a questão da remuneração, nessa fase, deve ser secundária, sobressaindo o caráter educativo. Porém, é relevante que ela exista como respeito ao princípio de que a todo trabalho deve corresponder uma prestação pecuniária".[19]

Oris de Oliveira[20] enfatiza que não se trata de uma atividade laborativa qualquer, mas aquela que se insere, como parte integrante, em projeto pedagógico que

---
(17) COLUCCI, Viviane. Op. cit., p. 102.
(18) COELHO, Bernardo L. Moura. Op. cit., p. 1.067.
(19) ELIAS, Roberto João. Op. cit., p. 45 apud LIBERATI, Wilson D. e DIAS, Fábio M. D. Op. cit., p. 75.
(20) OLIVEIRA, Oris de. Trabalho educativo, cit., p. 461.

vise ao desenvolvimento pessoal e social do educando. Portanto, o ritmo, o desenrolar das atividades, tudo deverá ser ditado por um programa preestabelecido, sob pena de inversão dos meios e fins.

Para que o trabalho educativo exista, é essencial a relação trabalho e escola, em que a participação desta deve ser o mais ativa possível.

Com relação à idade para ingresso no processo educativo, seja ela mínima ou máxima, não há qualquer disposição legal manifesta no ECA.

Para Antônio Carlos Flores de Moraes, "é perfeitamente possível o trabalho educativo por adolescentes menores de 16 (dezesseis) anos, e mesmo por maiores dessa idade até 18 (dezoito) anos, sem caracterizar o vínculo empregatício regulado pela CLT".[21]

O aspecto crucial, em verdade, diz respeito à idade mínima — ela não poderia ser, a todas as luzes, inferior, no limite, a 14 anos, sob pena de desrespeito à Constituição. Nessa linha, aponta Mauricio Godinho Delgado:

> No tocante ao *trabalho educativo*, regulado pelo ECA, não podem subsistir dúvidas de que as referências feitas pela Lei n. 8.069, de 1990, ao limite de 12 anos — ou, genericamente, limite abaixo de 14 anos (arts. 2º, 60, 64 e 68 da Lei n. 8.069/90), foram revogadas pela EC n. 20, de 1998, uma vez que esta modificou a Carta Magna, elevando para 16 anos o piso etário para *qualquer trabalho, salvo na condição de aprendiz, a partir de 14 anos* (novo art. 7º, XXXIII, CF/88, conforme EC n. 20/1998). Por esforço hermenêutico — considerando-se que essa situação excetiva tem fundo constitucional (interpretação conforme a Constituição) —, a par do prevalente objetivo educacional do tipo jurídico, poder-se-ia compreender aplicável o piso etário de 14 anos para o trabalho educativo, porém jamais abaixo desta linha de idade.[22]

O importante é que a finalidade do Estatuto seja mantida. Uma criança deve ter priorizada sua educação e convivência familiar, e mesmo o trabalho educativo, dependendo da idade em questão, pode vir a prejudicar essa formação inicial.

Necessário destacar que o trabalho educativo não gera vínculo empregatício, até mesmo seria um contrassenso, tendo em vista a sua natureza jurídica, em que prepondera a formação social e educacional do adolescente, e não sua profissionalização.

O trabalho educativo será prestado por entidades governamentais ou não governamentais sem fins lucrativos: a Escola e o Órgão Público Municipal, por suas Secretarias de Educação, Conselhos Municipais da Criança e do Adolescente e o Conselho Tutelar.[23]

---

(21) MORAIS, Antônio Carlos Flores de. *Trabalho do adolescente*: proteção e profissionalização. 2. ed., rev., atual. e ampl. Belo Horizonte: Del Rey, 2002. p. 76.
(22) DELGADO, Mauricio Godinho. *Curso... cit.*, 8. ed. p. 731.
(23) NASCIMENTO, Nilson de Oliveira. *Op. cit.*, p. 136.

A entidade não governamental deverá ser registrada no Conselho Municipal dos Direitos da Criança e do Adolescente, o qual comunicará a efetivação do registro ao Conselho Tutelar e à autoridade judiciária da localidade. Para tanto, é necessário que a entidade não governamental ofereça instalações físicas adequadas, apresente plano de trabalho compatível com os princípios do ECA, esteja regularmente constituída e não tenha em seus quadros pessoas inidôneas (art. 91, ECA).

Importante salientar, com base em Nilson de Oliveira Nascimento, que cabe às entidades mencionadas "apoiar e acompanhar o desenvolvimento pessoal, social e pedagógico do educando influindo positivamente sobre a formação de seu caráter e de sua personalidade".[24]

Uma vez comprovado que uma entidade qualquer não desenvolve o trabalho educativo de acordo com as bases e fundamentos do Estatuto da Criança e do Adolescente, deverá ser decretada a nulidade do referido programa e reconhecido o vínculo empregatício nos moldes da CLT, em consonância com os arts. 3º e 9º do mesmo diploma.

3.2.2 O desvirtuamento do instituto do trabalho educativo

Anteriormente ao Estatuto da Criança e do Adolescente vigia o Código de Menores (Lei n. 6.698/1979), classificado por Ricardo Tadeu Marques da Fonseca como "o arcabouço ideológico de normas meramente assistenciais".[25]

No paradigma tradicional, anteriormente à Constituição de 1988, foi lançado o Projeto Bom Menino, pelo Decreto-lei n. 2.318/86, regulamentado pelo Decreto n. 94.338/87 (este revogado em 10 de abril de 1991).

O Projeto Bom Menino instituía a figura do "menor assistido". Com base em suas normas, ficavam as empresas com seis ou mais empregados obrigadas a contratar "menores carentes", com idade entre 12 e 18 anos, mediante o pagamento de ½ (meio) salário mínimo, com jornada de quatro horas diárias, sem garantia a qualquer direito trabalhista ou previdenciário (não havia a obrigatoriedade de recolhimento do Fundo de Garantia do Tempo de Serviço incidente sobre a remuneração paga aos adolescentes ou de qualquer encargo previdenciário).

Havia a inserção de adolescentes no sistema produtivo-capitalista de empresas sem a menor preocupação com sua profissionalização.

Segundo Benedito Rodrigues dos Santos, em brilhante análise, podem ser destacados aspectos históricos, políticos e sociais que delinearam programas como o Projeto Bom Menino e que já na década de 1970 começaram a ser criados. De acordo com o professor:

> [...] a finalidade de tais programas fundava-se na busca de solução para os seguintes problemas: presença incômoda de grande contingente de

---
(24) NASCIMENTO, Nilson de Oliveira. *Op. cit.*, p. 136.
(25) FONSECA, Ricardo T. Marques da. *Op. cit. apud* COLUCCI, Viviane. *Op. cit.*, p. 96.

crianças nas ruas; o envolvimento crescente de crianças e adolescentes no cometimento de delitos e no uso de tóxicos; a avaliação de que tanto a família quanto a escola estavam falhando na socialização de determinados segmentos da população infantil; a crítica de que a política oficial para a ressocialização dos chamados "menores carentes", abandonados, de rua ou infratores além de perversa era ineficiente e ineficaz na reeducação de crianças e adolescentes; o sistema de capacitação profissional montado pelos empresários não alcançava essa população excluída.[26]

Como se depreende de tais aspectos, a política anterior à Constituição Federal de 1988 era meramente assistencialista, como já sustentava Ricardo Tadeu Marques da Fonseca.

Medidas de inserção de adolescentes despreparados em uma política de emprego e renda se sobrepunham à busca de medidas que garantissem a formação física, pessoal, social e educacional dos jovens.

O Projeto Bom Menino, não recepcionado pela nossa atual Constituição, afrontava claramente o princípio da proteção integral, visto que inseria o adolescente no mercado de trabalho sem lhe garantir os direitos trabalhistas, além de preterir direitos, como educação, cultura e profissionalização, que poderiam, subsequentemente, vir a garantir uma melhor oportunidade de emprego e uma vida mais digna.

Oris de Oliveira alude que:

> [...] tal iniciativa oficial acabava por estigmatizar a pobreza, referida como "situação irregular" pelo Código de Menores, deixando à margem de proteção os jovens carentes, enquanto a lei confere aos socialmente privilegiados, nas mesmas condições de trabalho, todos os direitos trabalhistas por não estarem albergados pelo programa.[27]

Enfatiza sua opinião o relato:

> Um industrial observou muito bem: quem admitisse "menores assistidos" e não assistidos, aos quais se atribuíam as mesmas tarefas, teria a difícil incumbência de explicar aos primeiros porque não recebiam gratificação natalina, o amparo previdenciário, por exemplo, quando a única explicação objetiva era afirmar que não tinham tais direitos só porque "assistidos", porque eram mais pobres e mais necessitados.[28] (grifo do autor)

Por meio de programas com esta concepção meramente assistencialista, instaura-se um ciclo de pobreza sem saídas. O adolescente vê-se privado, além de

---

(26) SANTOS, Benedito Rodrigues dos. *A regulamentação do trabalho educativo*. Texto elaborado por solicitação das organizações UNICEF e INESC, visando a subsidiar a Frente Parlamentar dos Direitos das Crianças, do Congresso Nacional, na apresentação e proposição de projetos de lei relacionados à infância e à adolescência, p. 10 apud COLUCCI, Viviane. *Op. cit.*, p. 95.
(27) OLIVEIRA, Oris de. *A profissionalização... cit.*, apud COLUCCI, Viviane. *Op. cit.*, p. 96.
(28) OLIVEIRA, Oris de. *O trabalho da criança e do adolescente*. São Paulo: LTr, 1994. p. 166.

direitos fundamentais, como saúde, lazer, educação e moradia, do direito a uma capacitação adequada para o enfrentamento de uma economia que exige hoje um profissional multiqualificado.

A Constituição de 1988 claramente não recebeu semelhantes normas jurídicas meramente assistencialistas e inegavelmente discriminatórias. Conforme exposto por Maurício Godinho Delgado:

> [...] não obstante certa controvérsia doutrinária e jurisprudencial ainda existente, parece claro que não mais têm validade na ordem jurídica antigas e novas fórmulas de *trabalho assistido ou de inserção meramente assistencial do menor no mercado econômico laborativo*, sem direitos e proteções trabalhistas e previdenciárias. Ou a atividade se integra a um processo pedagógico mais abrangente e, sem dúvida, predominante (casos do contrato de aprendizagem, do contrato do estágio e do trabalho educativo), ou a regência normativa do correspondente vínculo com o tomador de serviços será a típica do contrato padrão da CLT (arts. 7º, XXXIII, e 227, *caput* e § 3º, I e II, CF/88; arts. 2º e 3º, *caput*, e art. 9º, todos da CLT).[29]

Com o advento do Estatuto da Criança e do Adolescente, segundo Viviane Colucci:

> [...] chegou-se a imaginar que o seu art. 68, que trata dos programas de trabalho educativo, tivesse sinalizado balizas fortes pra refrear a perspectiva de, através destes mesmos programas, inserir o adolescente no mercado de trabalho, porquanto a *mens legis* deste dispositivo, segundo aqueles que o redigiram, era garantir primordialmente o desenvolvimento pessoal e social do educando e não a sua subsistência.[30]

Infelizmente, apesar de contar com um atual ordenamento constitucional e legal voltado para a proteção absoluta das crianças e dos adolescentes, a tutela jurídica vem sendo desrespeitada ou, até mesmo, desvirtuada.

Vários programas com a denominação de "trabalho educativo", na realidade, funcionam como mera geração de renda mínima ou intermediação de adolescentes para empresas, não atendendo à exigência de integração com um processo educativo.

Viviane Colucci[31] cita como exemplo um programa desenvolvido em um município catarinense, em que adolescentes trabalhavam na rodoviária, carregando malas de passageiros. Como diz a Procuradora, apesar de o programa incluir pagamento de bolsa mensal, aulas de dança, noções de higiene e frequência obrigatória à escola, ele não visa à inserção futura do adolescente em um mercado de trabalho em condições de igualdade. Em uma cidade turística, não eram oferecidas aulas de história, idiomas, atividades mais condizentes com as tendências de mercado da região.

---

(29) DELGADO, Maurício Godinho. *Curso... cit.*, 8. ed. p. 729-730.
(30) COLUCCI, Viviane. *Op. cit.*, p. 98.
(31) *Ibidem*, p. 99.

A atividade manual claramente se sobrepunha à atividade intelectual. Ademais, tais tarefas poderiam vir a afetar o desenvolvimento físico do adolescente, visto que, provavelmente não havia o controle de peso das bagagens.

Segundo palavras de Viviane Colucci:

> O que se percebe em programas como estes é apenas o caráter paternalista e filantrópico que pouco contribui para a formação da cidadania do adolescente. Esses programas, contudo, por estarem oferecendo uma solução imediata à problemática, ganham o respaldo da sociedade.[32]

Trabalhos rotulados como educativos e que também devem ser alvo de preocupação são aqueles que se limitam a colocar adolescentes em empresas sem garantir-lhes direitos trabalhistas e previdenciários, nem a possibilidade de profissionalização. Não é possível associar o interesse maior do instituto do trabalho educativo (educação e desenvolvimento pessoal do adolescente) com o interesse da empresa (o lucro).

Bernardo Leôncio Moura Coelho, citando Oris de Oliveira, esclarece:

> [...] os processos produtivos de uma empresa e de uma escola-produção são radicalmente diferentes, porque na empresa visa-se aos lucros em condições de concorrência, ao passo que na escola-produção a preocupação fundamental é a transmissão de uma qualificação profissional.[33]

Não se pode deixar de mencionar que recentemente Oris de Oliveira tem mudado seu ponto de vista, entendendo possível a realização do trabalho educativo dentro de empresas,[34] posição com a qual não se pode, *data venia*, concordar.

Mostrando a realidade em que se encontram entidades que tentam dar cumprimento ao proposto pelo art. 68 do Estatuto da Criança e do Adolescente, bem alude Benedito Rodrigues dos Santos:

> Muitos programas adeptos à visão mais crítica em relação ao trabalho, e que podem ser enquadrados na categoria educativos, não escapam a um dilema de natureza estrutural entre formação técnico-profissional e produção/produtividade. Quando se dedicam mais à formação, a produção baixa em volume e qualidade; quando a ênfase maior é a produção, o ensino metódico e sistemático, vinculado a aspectos teóricos e práticos, desaparece da agenda do programa. Alguns, perseguindo a meta da autossustentação, terminam por se transformar em microempresas, que quase sempre empregam adolescentes sem proteção aos seus direitos, inclusive com remuneração irrisória, reproduzindo as relações empregatícias precarizadas. Os programas que persistem na linha de formação profissional não conseguem recursos para a manutenção da instituição e os adolescentes que necessitam de recursos para sobrevivência não podem concluir a capacitação profissional. Ainda assim, enfrentando

---

(32) *Idem.*
(33) COELHO, Bernardo L. Moura. *Op. cit.*, p. 1.069.
(34) *Ibidem.*

dilemas como o acima mencionado, é este tipo de programa que possui os paradigmas que inspiraram a instituição da figura jurídica do trabalho educativo no ECA e que devem fornecer parâmetros para a regulamentação do art. 68, buscando mecanismos legais para superar a continuidade histórica de programas de geração de renda e trabalho que adotam a perspectiva do adestramento da mão de obra e da reprodução do ciclo da pobreza.[35]

Necessário se faz compreender que o trabalho educativo não pode servir como mera forma de ocupação de adolescentes pobres ou de meio de intermediação de mão de obra barata. Sua função é desenvolver, pessoal e socialmente, o educando.

Assim, discorda-se veementemente de decisões que investem em uma política imediatista de solução ao problema da miséria e dos "menores de rua" em detrimento de medidas voltadas para a formação educacional desses pequenos cidadãos. A mentalidade do Código de Menores de 1979 foi extirpada pela ordem constitucional de 1988. Hoje, a criança e o adolescente gozam do direito à proteção integral.

Oportuno citar o despacho do ministro Marco Aurélio, do Supremo Tribunal Federal, com o qual se discorda:

> O pano de fundo dos acontecimentos envergonha o Brasil. A situação do menor carente, do menor que faz das ruas o seu dia a dia é preocupante. Medidas hão de ser tomadas pelo Estado, pelos Poderes constituídos, pelos diversos seguimentos da sociedade no sentido de corrigir essa desumana distorção. Os brasileiros, como um todo, têm insuplantável interesse na boa equação da problemática e, por isso mesmo, medidas visando a sanear o quadro hão de ser aplaudidas e de merecer a proteção cabível. De um lado, tem-se a iniciativa elogiosa do Município do Piauí implementando a política de assistência social ao adolescente, o serviço de integração deste em empresas privadas para o trabalho educativo; de outro, a aguda preocupação da Delegacia Regional do Trabalho, tão assoberbada e cuja atuação no plano de fiscalização vem sendo declarada insuficiente, no que voltada à efetiva prevalência das normas trabalhistas, versando sobre aspectos formais e, talvez mesmo, materiais, concernentes ao referido trabalho. O poder de polícia é atribuição inerente, porque elemento orgânico da Carta da República, ao Estado. Todavia, vêm-nos desta dois princípios por vezes esquecidos: o da razoabilidade e o da proporcionalidade que, até mesmo, se confundem. O poder de polícia não se sobrepõe a eles. Ao contrário, tendo em conta a exorbitância, há de fazer-se perfeitamente afinado com os ditames querem última análise, encerram o bom-senso. O Brasil é um país pródigo no campo legislativo, mas não o é no tocante a cidadãos que, realmente, estejam dispostos a desenvolver atividade a fim de, cumprindo a legislação vigente, colaborar para a paz social. Ora, até aqui o que se tem é a presunção de seriedade do serviço que vem sendo desenvolvido e a antepor-se a ele a glosa inflexível da

---

(35) OLIVEIRA, Oris de. *O trabalho... cit.*, p. 166 *apud* COLUCCI, Viviane. *Op. cit.*, p. 103.

Delegacia Regional do Trabalho, conducente à inibição da iniciativa privada, no que deve acolher a força jovem que se mostra carente na obtenção de uma atividade realmente educativa. Impõe-se, na espécie, sopesar o contexto, a realidade em que vivemos e, a partir desta, adotar postura reveladora do almejado equilíbrio. Entre o empolgado poder de polícia, ao que tudo indica exercido de maneira inflexível, e a continuidade do programa de inserção de adolescentes no trabalho educativo, há de ficar-se, ainda que se tenha, em relação a este último, alguns riscos quanto à irrestrita observância da legislação do trabalho, com o que melhor atende ao interesse da sociedade, ao bem comum. Por derradeiro, é de frisar, ainda uma vez, a valia do programa em tela, tendo em conta a delinquência infantil e o ingresso do menor em caminho do qual dificilmente haverá recuo, ou seja, no da criminalidade. Portanto, neste exame preliminar, tenho como procedente a relevância da articulação e o risco de manter-se com plena eficácia a posição adotada pela Ré, via Delegacia Regional do Trabalho do Piauí.[36]

A solução mais rápida quase sempre não é a melhor. Não se pode tentar justificar a inserção de crianças em trabalhos que não se coadunam com a legislação de proteção imposta sob o argumento de que será uma oportunidade de vida para aqueles que pedem esmolas, furtam, prostituem-se ou se envolvem com drogas. O futuro desses jovens continuará incerto sem uma preparação adequada de inserção na sociedade e no mercado de trabalho.

Nesse sentido, segundo Oris de Oliveira:

> [...] todo o trabalho, seja ele qual for, não pode ser concebido apenas como fruto do castigo, como sinal de escravidão e muito menos como uma mercadoria, mas como meio de que o homem se serve para "recriar o mundo" que o cerca. Portanto o homem não pode "coisificar-se" ao integrar o mundo do trabalho. Ele não pode ser, qualquer que seja o regime de produção em que se insira, apenas uma peça, um mecanismo que se substitui ou se reforça, que se coloca e ou que se tira, e cuja depreciação se calcula e de que se desfaz quando se torna "não útil".[37]

Certamente, aos 18 anos, aquele jovem que teve uma assistência precária e paliativa encontrar-se-á desempregado, despreparado e desqualificado para o mercado de trabalho e para a vida adulta. O que foi evitado no passado passará a ser seu inevitável futuro: a pobreza e, quem sabe, a criminalidade.

Atividades como mensageiro, empurrador de carrinhos, ensacador de compra de supermercado e guardinhas-mirins são alguns exemplos de atividades com evidente intuito assistencialista. Não há um programa metodologicamente organizado

---

(36) Ação Civil Originária 533-9, Estado do Piauí contra a União Federal, DOJ 24.06.1998. p. 17, *in verbis apud* COLUCCI, Viviane. *Op. cit.*, p. 92-93.
(37) OLIVEIRA, Oris de. *O trabalho... cit.*, p. 14.

e nenhuma formação educacional é direcionada ao menor. O trabalho desenvolvido por esses adolescentes é igual ao de um trabalhador maior de 18 anos não vinculado a um trabalho educativo; pior, sem as garantias trabalhistas deferidas aos segundos.

Posicionar-se a favor do trabalho de jovens — que pertencem, em sua maioria, a famílias pobres — sem as garantias trabalhistas, previdenciárias e sociais é incentivar a exploração infantojuvenil, desrespeitando, manifestamente, a Constituição (art. 227, § 3º, II, CF/88).

Finalizando esta análise, traz-se à colação a seguinte decisão, que traduz o posicionamento aqui adotado:

> Ação Civil Pública. Trabalho da Criança e do Adolescente. O Brasil, gradativamente, vem enquadrando-se na política internacional de proteção dos direitos humanos, inclusive dos direitos das crianças e adolescentes, tendo, para tanto, ratificado a Declaração dos Direitos da Criança, em 1959, e a Convenção sobre os Direitos da Criança, em 24.9.90. Na esteira da tendência dos debates internacionais, o Brasil fez incluir importantes dispositivos na Constituição Federal de 1988, dentre os quais os arts. 203, 227 e 228. Ainda, foram promulgados o Estatuto da Criança e do Adolescente e a Lei n. 10.097/2000. Todo esse arcabouço jurídico enfatiza a concepção de que crianças e adolescentes devem ter resguardados a primazia na prestação de socorros, a precedência de atendimento nos serviços públicos, preferência na formulação e execução de políticas sociais e, por derradeiro, privilégio da destinação de recursos públicos para a proteção infantojuvenil. O estímulo à aprendizagem, em termos de formação técnico-profissional, subordina-se à garantia de acesso e frequência obrigatória ao ensino regular por parte do adolescente. De consequência, proliferam entidades, ainda que com boas intenções, espalhando o trabalho infantil e realizando verdadeira intermediação de mão de obra, sob o auspício de realizarem atividades filantrópica e social, reduzindo a incidência de menores de rua e de marginalidade infantil, encaminhando-os ao mercado de trabalho, sem qualquer proteção e cumprimento desse arcabouço jurídico. O trabalho educativo é aquele em que a dimensão produtiva está subordinada à dimensão formativa. Distingue-se do trabalho *stricto sensu*, subordinado, por não restar configurada, precipuamente, a sua finalidade econômica e, sim, uma atividade laborativa, que se insira no contexto pedagógico, voltado mais ao desenvolvimento pessoal e social do educando. Não encontradas essas características, a entidade está descumprindo os ditames legais, devendo abster-se dessas práticas, pelo que tem pertinência a Ação Civil Pública.[38]

3.3 O contrato de aprendizagem

O ideal seria que à criança e ao adolescente fosse concedido o direito de não trabalhar e que as atividades por eles desenvolvidas estivessem voltadas unicamente para seu crescimento, para a transição entre a infância e a vida adulta, com a aquisição de

---

(38) Processo TRT — 15ª Região n. 01601-1999-607-15-00-8-RO (02136/2002) — Recurso Ordinário da 1ª VT de Americana — Relatora Juíza Luciene Storel — Publicação *apud* COELHO, Bernardo L. Moura. *Op. cit.*, p. 1.067.

conhecimentos e o desenvolvimento físico, moral, intelectual e de sua personalidade. No entanto, é cada vez mais comum a presença no mercado de trabalho de crianças e adolescentes que não concluíram ou sequer tiveram acesso aos estudos. Adolescentes e crianças deparam-se com a necessidade de auferir renda para seu sustento e o de sua família.

Como não se pode superar rapidamente o grave problema em questão, o mínimo que se deve fazer é procurar inserir o adolescente no mercado de trabalho da forma que lhe seja menos prejudicial.

O contrato de aprendizagem apresenta-se como uma alternativa que garante aos adolescentes direitos trabalhistas e previdenciários e qualificação profissional em determinado ofício, sem descuidar de sua formação educacional.

A finalidade buscada pelo instituto em análise traduz-se no combate à exploração da mão de obra infantojuvenil, na inserção do adolescente no mercado de trabalho, minimizando os aspectos negativos, na qualificação da mão de obra e na possibilidade de contratação futura do adolescente aprendiz pela instituição à qual esteve vinculado.

Os dispositivos legais que regulam a aprendizagem estão dispostos na Constituição Federal, no Estatuto da Criança e do Adolescente, na Consolidação das Leis do Trabalho, na Lei n. 8.036/1990, na Lei n. 11.180/2005 e no Decreto n. 5.598/2005.

A Constituição Federal, em seu art. 7º, XXXIII, estabelece a idade mínima de 16 anos para o trabalho, salvo na condição de aprendiz, a partir dos 14 anos (EC n. 20/1998). Garante direitos trabalhistas (art. 7º) e previdenciários (art. 201) e direito de acesso à escola ao adolescente, por meio de seu art. 227, § 3º, II e III.

No Estatuto da Criança e do Adolescente, a aprendizagem é tratada pelos arts. 62 a 65. Cabe ressaltar que tais dispositivos não foram revogados pela Lei n. 10.097/2000, visto que, de acordo com o art. 61 do ECA: "A proteção ao trabalho dos adolescentes é regulada por legislação especial, sem prejuízo do disposto nesta Lei".[39]

O ECA considera a aprendizagem como "a formação técnico-profissional ministrada segundo as diretrizes e bases da legislação de educação em vigor". Estabelece princípios visando à garantia do digno desenvolvimento do adolescente, o acesso indispensável à escola e horários especiais para o desenvolvimento das atividades. Enfatiza a garantia aos direitos trabalhistas e previdenciários.

Cabe mencionar a revogação tácita do art. 64 do diploma, em razão da alteração feita pela Emenda Constitucional n. 20, de 15.12.1998, que passou a estabelecer a idade mínima de 14 anos para o trabalho de aprendiz.[40]

A Lei n. 10.097/2000 reformulou o instituto da aprendizagem, alterando os dispositivos da CLT e acrescentando o § 7º ao art. 15 da Lei n. 8.036/1990.

---

(39) Lei n. 8.069/1990.
(40) A redação do artigo é a seguinte: "Art. 64. Ao adolescente até quatorze anos de idade é assegurada bolsa de aprendizagem".

Recentemente, duas leis — Lei n. 11.180/2005 e Lei n. 11.788/2008 — incorporaram novas alterações ao contrato em tela.

O Decreto n. 5.598, de 1º.12.2005, também regulamenta a contratação de aprendizes e dá outras providências.

Antes de passar à análise da aprendizagem, faz-se necessário mencionar que as normas de proteção aos adolescentes, bem como as normas gerais de proteção aos trabalhadores, quando não incompatíveis com as normas especiais da aprendizagem, aplicam-se aos adolescentes aprendizes. Também não restam dúvidas quanto à aplicação de todas as normas de tutela aos adolescentes previstas pelo ECA.

A Lei de Diretrizes e Bases da educação nacional (Lei n. 9.394/1996) também deve ser observada no que couber, em consonância com o disposto pelo art. 62 do ECA.

O Direito Comum, como fonte subsidiária (art. 8º, parágrafo único, CLT), e a legislação previdenciária também se estendem ao aprendiz.

O contrato de aprendizagem está definido no art. 428, *caput*, da CLT, nos seguintes termos:

> Art. 428. Contrato de aprendizagem é o contrato de trabalho especial, ajustado por escrito e por prazo determinado, em que o empregador se compromete a assegurar ao maior de quatorze anos e menor de vinte e quatro anos, inscrito em programa de aprendizagem, formação técnico-profissional metódica, compatível com o seu desenvolvimento físico, moral e psicológico, e o aprendiz, a executar com zelo e diligência as tarefas necessárias a essa formação. (Redação determinada pela Lei n. 11.180/2005)[41]

Trata-se de um contrato especial que exige a forma escrita para sua pactuação e a anotação da CTPS do adolescente aprendiz. É necessária a comprovação da escolaridade e a matrícula e frequência do aprendiz à escola caso não haja concluído o ensino médio.[42] A inscrição em programa de aprendizagem, sob a orientação de entidade qualificada em formação técnico-profissional metódica, é obrigatória.

É um contrato por prazo determinado, cuja duração não pode ultrapassar dois anos, exceto quando se tratar de aprendiz portador de deficiência. O tempo exato será estipulado em consonância com a complexidade do ofício objeto da aprendizagem.

Outras ressalvas devem ser feitas quanto ao adolescente portador de deficiência. De acordo com o art. 428, §§ 5º e 6º, da CLT, a idade máxima estabelecida em lei não se aplica a eles. Também a comprovação de escolaridade, no caso do aprendiz portador de deficiência mental, deve considerar, sobretudo, as habilidades e competência relacionadas com a profissionalização.

---

(41) BRASIL. Presidência da República. Casa Civil. Subchefia para Assuntos Jurídicos. Decreto-Lei n. 5.452, de 1º de maio de 1943. Aprova a Consolidação das Leis do Trabalho. DOU de 9.8.1943. Art. 428. Disponível em: <http://www.planalto.gov.br/ccivil/Decreto-Lei/Del5452.htm>.

(42) Nas localidades onde não houver oferta de ensino médio, a contratação do aprendiz poderá ocorrer sem a frequência à escola, desde que ele já tenha concluído o ensino fundamental. CLT. Art. 428, § 7º.

De acordo com a lei, a idade para o exercício da aprendizagem é de 14 a 24 anos. A prioridade de contratação será de adolescentes entre 14 e 18 anos, assegurado o respeito à condição peculiar de pessoas em desenvolvimento. Atividades que exigirem qualquer condição legalmente proibida a menores de 18 anos, como trabalho noturno, poderão ser ministradas apenas aos adolescentes de 18 a 24 anos.

As atividades teóricas e práticas a serem desenvolvidas pelo aprendiz para a sua formação técnico-profissional devem ser organizadas em "etapas racionalmente programadas de forma a facilitar a aquisição progressiva de conhecimento e o desenvolvimento ordenado de habilidades necessárias ao exercício da profissão".[43] A prioridade absoluta desse instituto é a aprendizagem metódica de um ofício. As atividades teóricas e práticas desenvolvidas buscam um fim específico: o desenvolvimento pelo adolescente das habilidades relativas ao ofício ensinado.

Oris de Oliveira ressalta a diferenciação entre formação técnico-profissional e formação profissional:

> A distinção apontada pelos Glossários da UNESCO entre "ensino técnico-profissional" e "formação profissional" é relevante, porque ambas qualificam a pessoa para o exercício de uma profissão, mas o "ensino técnico-profissional" se preocupa em formar concomitantemente o cidadão e o profissional, ao passo que a "formação profissional" visa, apenas, ou sobretudo adestrar alguém para ocupar uma posição no processo de produção. São duas filosofias distintas.[44] (grifo do autor)

Assim, o ensino ministrado ao adolescente aprendiz, além de assegurar o conhecimento e as habilidades para o exercício de uma profissão, deve assegurar uma formação geral, conjunta ao ensino regular, com o desenvolvimento da personalidade, caráter, faculdades de compreensão, julgamento e adaptação.

As funções que demandam formação técnico-profissional metódica são definidas pelo Ministério do Trabalho e Emprego, com base na Classificação Brasileira de Ocupações (CBO).

Os programas de aprendizagem devem garantir ao adolescente o acesso e a frequência à educação básica, com horários adequados para o exercício das atividades, bem como capacitação adequada para ingresso no mercado de trabalho.

As entidades qualificadas em formação técnico-profissional metódica são arroladas pela lei: Serviço Nacional de Aprendizagem Industrial (SENAI), Serviço Nacional de Aprendizagem Comercial (SENAC), Serviço Nacional de Aprendizagem Rural (SENAR), Serviço Nacional de Aprendizagem do Transporte (SENAT) e Serviço Nacional de Aprendizagem do Cooperativismo (SESCOOP).[45] Caso o número de vagas nos Ser-

---

(43) SANTOS, Caio Franco. *Contrato de emprego do adolescente aprendiz*. A aprendizagem de acordo com a Lei n. 10.097/2000. Curitiba: Juruá, 2005. p. 102.
(44) OLIVEIRA, Oris de. *O trabalho... cit.*, p. 87.
(45) Os serviços nacionais de aprendizagem são instituições privadas de caráter nacional, criadas por lei e organizadas pela confederação patronal de sua área, que atuam no campo da educação profissional.

viços de Aprendizagem Nacionais seja insuficiente para a demanda, estarão autorizadas escolas técnicas de educação, inclusive as agrotécnicas e entidades sem fins lucrativos que tenham por objeto a assistência ao adolescente e a educação profissional, registradas no Conselho Municipal dos Direitos da Criança e do Adolescente.[46]

De acordo com o art. 429 da CLT, estabelecimentos[47] de qualquer natureza estão legalmente obrigados a contratar aprendizes em número equivalente a 5%, no mínimo, e 15%, no máximo, dos trabalhadores existentes em cada estabelecimento cujas funções necessitem de qualificação profissional. Microempresas, empresas de pequeno porte e entidades sem fins lucrativos que tenham por objetivo a educação profissional ficam dispensadas dessa imposição legal.

Cabe uma ressalva quanto à inexistência de cursos na localidade do estabelecimento. Nessa hipótese, por impossibilidade concreta de atender ao comando legal de matricular o aprendiz em curso de aprendizagem, estará o estabelecimento desobrigado da contratação de aprendizes estipulada pelo art. 429, *caput*, da CLT. O mesmo ocorrerá no caso de insuficiência de vagas em entidades mantenedoras de cursos de aprendizagem na localidade.

A contratação do adolescente poderá se efetivar de duas formas.

O adolescente poderá ser contratado diretamente pelo estabelecimento, que assumirá a posição de empregador, e terá a obrigação legal de inscrevê-lo em programa de aprendizagem ministrados pelas entidades qualificadas.

A contratação também poderá ser feita pelas entidades sem fins lucrativos que tenham por objeto a assistência ao adolescente e à educação profissional (registradas no Conselho Municipal dos Direitos da Criança e do Adolescente). Nesse caso, a entidade assumirá a posição de empregador e a contratação somente se efetivará mediante contrato entre a entidade e o estabelecimento, que se comprometerá a proporcionar ao aprendiz atividades práticas para sua formação técnico-profissional metódica.

Em consonância com o Decreto n. 5.598/2005, as empresas públicas e as sociedades de economia mista podem contratar diretamente aprendizes ou formar parceria com as ONGs. Entretanto, necessário se faz um processo seletivo prévio.[48] Os órgãos e entidades da administração pública direta, autárquica e fundacional não se incluem nesse permissivo legal, devendo observar regulamento específico para a contratação de aprendizes.

---

(46) CLT. Art. 430, I e II.
(47) A definição de estabelecimento é trazida pelo art. 9º, § 2º, do Decreto n. 5.598/2005: "Entende-se por estabelecimento todo complexo de bens organizado para exercício de atividade econômica ou social do empregador, que se submeta ao regime da CLT".
(48) De acordo com o Ministério Público do Trabalho em orientação elaborada e aprovada com base em estudo da Coordenadoria Nacional de Combate à Exploração do Trabalho de Crianças e Adolescentes (Coordinfância): *ORIENTAÇÃO N. 3. Aprendizagem nas Sociedades de Economia Mista e Empresas Públicas. Obrigatoriedade. Art. 173 da CF/88 c/c arts. 429 e ss. da CLT.* No âmbito das sociedades de economia mista e empresas públicas, a contratação de aprendizes é obrigatória, por força do contido no art. 173 do CF/88 e no art. 429 e ss. da CLT, cumulado com o art. 16 do Decreto n. 5580/2005, devendo a contratação obedecer a processo seletivo prévio, na forma do art. 37 da mesma Constituição. Disponível em: <http://www.pgt.mpt.gov.br/atuacao/trabalho-infantil/orientacoes.html>.

Ao adolescente aprendiz são garantidos os direitos trabalhistas e previdenciários.

Entre seus direitos está a percepção do salário mínimo/hora, desde que não haja condição mais benéfica prevista pelo contrato de aprendizagem, convenção ou acordo coletivo que estipule expressamente salário mais favorável ao aprendiz ou piso regional, de acordo com a Lei Complementar n. 103/2000.

Os benefícios estipulados em convenção ou acordo coletivo devem ser estendidos ao adolescente aprendiz, pois, embora esteja o contrato de aprendizagem submetido a condições especiais, trata-se de uma verdadeira relação de emprego.

A duração da jornada do aprendiz (incluindo as atividades práticas e teóricas) não será superior a seis horas, exceto para aqueles que já concluíram o ensino fundamental, cuja duração poderá ser estendida a oito horas diárias. A compensação e a prorrogação de jornada são proibidas.

A contribuição para o Fundo de Garantia do Tempo de Serviço (FGTS) corresponderá a 2% da remuneração paga ou devida, no mês anterior, ao aprendiz, de acordo com a Lei n. 8.036/1990.

As férias do adolescente aprendiz deverão coincidir com suas férias escolares e devem ser concedidas de uma só vez — arts. 136, § 2º, e 134, § 2º, ambos da CLT. Quanto ao mais, aplicam-se os dispositivos celetistas gerais sobre férias. O vale--transporte também é assegurado ao aprendiz.

A rescisão do contrato de aprendizagem ocorrerá em seu termo final ou quando o adolescente completar 24 anos. Poderá, no entanto, ocorrer de forma excepcional nas hipóteses de desempenho insuficiente ou inadaptação do aprendiz (comprovados por laudo de avaliação feito pela entidade qualificada em formação técnico-profissional metódica), falta disciplinar grave (art. 482, CLT) ou ausência injustificada à escola que implique perda do ano letivo. Poderá ocorrer também a pedido do aprendiz.

Por derradeiro, ao adolescente que completar o curso de aprendizagem será concedido um certificado de qualificação profissional, indicando a ocupação para a qual está apto.

3.4 O contrato de estágio — Lei n. 11.788, de 25.09.2008

A origem do contrato de estágio no Brasil se deu com a promulgação da Portaria do Ministério do Trabalho e da Previdência Social n. 1.002, de 29.9.1967, que estabelecia alguns requisitos e contemplava tal relação como não empregatícia. Em seguida, o Decreto n. 66.546, de 11.5.1970, disciplinou o estágio dos estudantes de engenharia, tecnologia, economia e administração de empresas. Posteriormente, o Decreto n. 75.778, de 26.5.1975, regulamentou o estágio no âmbito do serviço público federal.

A regulamentação definitiva do contrato de estágio veio com o advento da Lei n. 6.494, de 7.12.1977, complementada por alterações promovidas por meio da Lei n. 8.859/1994 e da Medida Provisória n. 2.164-41/2001.[49][50] O tipo jurídico da Lei n. 6.494/1977, com suas modificações subsequentes, prevaleceu, portanto, por mais de trinta anos no Direito brasileiro.

A legislação atual do estágio de estudantes é a Lei n. 11.788/2008, que revogou a Lei n. 6.494/1977, promovendo também a revogação do art. 82 da LDB.[51] A aplicação da nova Lei de Estágio é imediata, inclusive quanto à prorrogação dos estágios contratados antes do início de sua vigência.

Comentando a nova regulamentação do contrato de estágio, sustenta Palmeira Sobrinho:

> A Lei n. 6.494/1977 revelou-se inadequada diante das mudanças ocorridas no Brasil, a partir da década de 1990, tanto na gestão da força de trabalho quanto nos processos produtivos. Nesse período em que o País buscou uma maior inserção na economia mundializada, as modificações ditadas pelo receituário neoliberal afetaram o comportamento dos empregados e das empresas. Estas optaram por um modelo mais enxuto de gestão de pessoal, ao passo que os trabalhadores, em considerável parcela, depararam-se com a obsoletização de suas competências. Esse processo de transformações coincidiu ainda com a alta rotatividade de pessoal, o aumento da competitividade, a corrida desenfreada pelo lucro, a obsessiva exigência de qualificação profissional feita pelo mercado aos trabalhadores e a luta por inovações e por novos produtos que permitissem a expansão das relações capitalistas para novos nichos de exploração.
>
> As novas exigências do mercado de trabalho, advindas a partir das transformações políticas e culturais desencadeadas com o fim da Guerra Fria e o surgimento das novas tecnologias informacionais, demandaram o aperfeiçoamento da disciplina legal atinente à formação do educando, resultando na edição da Lei n. 11.788/2008.[52]

A par desse aspecto macroeconômico indicado pelo autor, a verdade é que a tradicional Lei do Estágio (Lei n. 6.494/1977) era muito permissiva e leniente com a utilização da mão de obra estagiária, não induzindo a maior zelo e proporcionalidade do tomador de serviços com respeito aos decisivos objetivos educacionais do estágio. Nessa medida, a nova legislação de 2008 veio, vinte anos após a Constituição, melhor compatibilizar a regência jurídica desse contrato especial aos ditames constitucionais de proteção ao jovem educando e trabalhador na sociedade brasileira.

---

(49) A Lei n. 8.859/1994 e a Medida Provisória n. 2.164-41/2001 estenderam, respectivamente, aos alunos de ensino especial e de ensino médio o direito à participação em atividades de estágio, conforme a exigência do art. 82 da LDB.
(50) PALMEIRA SOBRINHO, Zéu. O contrato de estágio e as inovações da Lei n. 11.788/2008. *Revista LTr*, v. 72, n. 10, outubro de 2008. p. 1.173.
(51) BRASIL, 1996. Art. 82 da Lei n. 9.394/1996. Redação anterior: "Art. 82. Os sistemas de ensino estabelecerão as normas para realização dos estágios dos alunos regularmente matriculados no ensino médio ou superior em sua jurisdição". Redação atual: "Art. 82. Os sistemas de ensino estabelecerão as normas de realização de estágio em sua jurisdição, observada a lei federal sobre a matéria".
(52) PALMEIRA SOBRINHO, Zéu. *Op. cit.*, p. 1.173.

3.4.1 Conceito

O art. 1º, *caput*, da Lei n. 11.788/2008 define o estágio como:

> [...] ato educativo escolar supervisionado, desenvolvido no ambiente de trabalho, que visa à preparação para o trabalho produtivo de educandos que estejam frequentando o ensino regular em instituições de educação superior, de educação profissional, de ensino médio, da educação especial e dos anos finais do ensino fundamental, na modalidade profissional da educação de jovens e adultos.[53]

Zéu Palmeira Sobrinho conceitua o estágio de forma simples e esclarecedora:

> O estágio é o procedimento formativo, de cunho didático pedagógico e articulado segundo projeto de planejamento institucional, que visa permitir ao estudante complementar a sua formação e compreender na prática os ensinamentos teóricos recebidos em sua vida escolar.[54]

O estágio tem como prioridade a educação do adolescente, colocando o trabalho que será desenvolvido como coadjuvante desse papel.

Mauricio Godinho Delgado esclarece:

> Esse vínculo sociojurídico foi pensado e regulado para favorecer o aperfeiçoamento e complementação da formação acadêmico-profissional do estudante. São seus relevantes objetivos sociais e educacionais, em prol do estudante, que justificaram o favorecimento econômico embutido na Lei do Estágio, isentando o tomador de serviços, partícipe da realização de tais objetivos, dos custos de uma relação formal de emprego. Em face, pois, da nobre causa de existência do estágio e de sua nobre destinação — e como meio de incentivar esse mecanismo de trabalho tido como educativo —, a ordem jurídica suprimiu a configuração e efeitos justrabalhistas a essa relação de trabalho *lato sensu*.[55]

A relação de estágio é orientada por três princípios, segundo Zéu Palmeira Sobrinho: princípio da *vinculação pedagógica*, princípio da *adequação* e princípio do *rendimento*.[56]

O princípio da vinculação pedagógica enfatiza o escopo educativo da relação de estágio como processo de preparação do estudante para o trabalho e para a cidadania. Protege o valor do aprendizado prático coligado ao teórico em detrimento do caráter econômico. Quer com isso afirmar que, mais uma vez, essa relação criada pela lei, abarcando também adolescentes, não tem como finalidades a distribuição de renda ou o barateamento da prestação de serviço. Nas palavras de Zéu Palmeira

---

(53) BRASIL. Presidência da República. Casa Civil. Subchefia para Assuntos Jurídicos. *Lei n. 11.788*, de 25 set. 2008. Dispõe sobre o estágio de estudantes; altera a redação do art. 428 da Consolidação das Leis do Trabalho — CLT. Disponível em: <http://www.planalto.gov.br/ccivil_03/_Ato2007-2010/2008/Lei/L11788.htm>.
(54) PALMEIRA SOBRINHO, Zéu. *Op. cit.*, p. 1.173.
(55) DELGADO, Mauricio Godinho. *Curso... cit.*, 7.ed. p. 323-324.
(56) PALMEIRA SOBRINHO, Zéu. *Op. cit.*, p. 1.173.

Sobrinho: "trata-se, portanto, de princípio capital, que espelha o dever democrático de toda a sociedade em proporcionar uma educação voltada para a progressão social do educando, consoante sugere o art. 205 da CF".[57]

O princípio da adequação, reafirmando o princípio da vinculação pedagógica, exige condições para que seja possível alcançar a finalidade precípua do estágio. Está, por exemplo, explícito no art. 7º, I e II, e no art. 9º, II, da Lei de Estágio. Exige, assim, que a instituição de ensino ofereça oportunidades de adequação do estágio ao curso pedagógico e avalie se o estágio ofertado adequa-se à formação cultural e profissional do educando. Também estipula que à parte concedente do estágio é obrigatório o oferecimento de instalações e condições adequadas para a prática das atividades. Por meio dessa adequação será possível ofertar de maneira plena ao educando o desenvolvimento prático de seus conhecimentos teóricos.

O princípio do rendimento — vinculado aos demais princípios, como decorrência de sua aplicação correta — traz a visão do rendimento pessoal e profissional do educando. O sucesso do estágio e a "aprovação final", mencionada no § 1º do art. 3º da Lei de Estágio, devem necessariamente estar vinculados ao rendimento do aluno, da instituição de ensino e da parte concedente do estágio. O estagiário deve alcançar o aprimoramento profissional e pessoal, a instituição de ensino deve comprovar sua aptidão para a formação de cidadãos capacitados para as exigências do mercado de trabalho e a parte concedente do estágio deve ter comprovada sua aptidão para desenvolver a capacidade laborativa e criativa de seus estagiários.[58]

3.4.2 Modalidades de estágio

O estágio poderá ser obrigatório ou facultativo. Será obrigatório aquele exigido pela instituição de ensino como requisito indispensável para aprovação e obtenção de diploma. Haverá uma carga horária mínima a ser cumprida pelo estudante, bem como o dever de apresentação de relatório periódico das atividades desenvolvidas. O estágio facultativo será aquele desenvolvido como opção de complementação da carga horária regular do curso ou etapa deste. Embora não seja obrigatório, caso a instituição de ensino o aceite, deverá fiscalizar sua execução, orientando o estudante.

As atividades de extensão, monitoria e iniciação científica na educação superior, desde que previstas pela proposta educacional da instituição de ensino, poderão ser equiparadas ao estágio.

Ainda, de acordo com Zéu Palmeira Sobrinho, poderá o estágio ser profissional, sociocultural ou de iniciação científica e civil:

---
(57) PALMEIRA SOBRINHO, Zéu. Op. cit., p. 1.173.
(58) Idem.

O estágio profissional [...] se concretiza a partir da investigação teórica testada na prática simulada, o que geralmente se efetiva no âmbito da instituição de ensino — em laboratórios, aula de campo, oficina-escola etc. — e/ou complementando em situação real de trabalho no âmbito da parte concedente.

O estágio sociocultural ou científico é a modalidade mais abrangente que se volta para a qualificação do estudante enquanto cidadão e membro integrante de uma comunidade de cultura e de pesquisa, o que não envolve as habilidades do educando relacionadas diretamente a uma profissão, mas geralmente contextualizada num processo formativo inter e transdisciplinar.

O estágio civil [...] envolve a participação do aluno em projetos de interesse de sua comunidade, na prestação de serviços de defesa civil ou em programa de relevante valor social ou sem fins lucrativos.[59]

3.4.3 Requisitos para a validade do contrato de estágio

A relação de emprego celetista compõe-se de cinco elementos fático-jurídicos: trabalho não eventual; prestado por pessoa física a um tomador; com pessoalidade; onerosidade; e subordinação.[60]

O contrato de estágio é uma das figuras legais que mais se aproxima da relação de emprego. Pode ter em sua caracterização a presença de todos os elementos fático-jurídicos que formam a relação empregatícia. No entanto, para que seja válido, devem ser respeitados requisitos especiais, que indicarão as pessoas que fazem parte dessa relação e o que é exigido para sua legal configuração. São eles:

a. Qualificação das partes envolvidas

A relação de estágio se configura pela presença obrigatória de três sujeitos: o estudante estagiário, a instituição de ensino e a parte concedente do estágio.

Além da presença obrigatória dos sujeitos acima, tem-se a possibilidade da presença dos agentes de integração, cuja participação é facultativa.

O estudante estagiário, destinatário da Lei de Estágio, deve estar matriculado e frequentando regularmente curso de educação superior,[61] ou de educação

---

(59) PALMEIRA SOBRINHO, Zéu. *Op. cit.*, p. 1.179.
(60) DELGADO, Mauricio Godinho. *Curso... cit.*, 8. ed. p. 267-268.
(61) De acordo com a LDB: Art. 44. A educação superior abrangerá os seguintes cursos e programas: I — cursos sequenciais por campo de saber, de diferentes níveis de abrangência, abertos a candidatos que atendam aos requisitos estabelecidos pelas instituições de ensino, desde que tenham concluído o ensino médio ou equivalente; (redação determinada pela Lei n. 11.632/2007) II — de graduação, abertos a candidatos que tenham concluído o ensino médio ou equivalente e tenham sido classificados em processo seletivo; III — de pós-graduação, compreendendo programas de mestrado e doutorado, cursos de especialização, aperfeiçoamento e outros, abertos a candidatos diplomados em cursos de graduação e que atendam às exigências das instituições de ensino; IV — de extensão, abertos a candidatos que atendam aos requisitos estabelecidos em cada caso pelas instituições de ensino.

profissional,[62] ou de ensino médio,[63] ou de educação especial,[64] ou, ainda, estar cursando os anos finais do ensino fundamental na modalidade profissional da educação de jovens e adultos[65] e atestados pela instituição de ensino.

Para que o estágio cumpra sua finalidade, o educando deverá desenvolver suas atividades em conformidade com a proposta pedagógica e com o plano de estágio desenvolvidos pela instituição de ensino e deverá seguir as ordens que lhe serão dadas pela parte concedente do estágio quanto ao modo de realização de suas atividades práticas. Aqui, similar à relação empregatícia, há o elemento da subordinação. Os poderes disciplinares e de direção serão, conjuntamente, exercidos pela instituição concedente do estágio e pela instituição de ensino, sempre buscando o aperfeiçoamento e a complementação da formação educacional e profissional do estudante.

A Lei n. 11.788/2008 abre a possibilidade de estágio para estudantes estrangeiros, desde que estejam matriculados e frequentando cursos superiores autorizados ou reconhecidos pelo Estado brasileiro e tenham visto temporário de estudante. Também serão exigidos os demais requisitos presentes nesse diploma.

A instituição de ensino também deve, obrigatoriamente, fazer parte da relação de estágio. Sua colaboração é essencial. É por meio dela que será assegurado ao educando a formação indispensável para seu desenvolvimento pessoal e profissional, bem como a devida orientação e complementação ao processo de estágio. A instituição de ensino deve decidir sobre a conveniência do contrato de estágio.

A terceira figura indispensável e que completa a relação tripartite do estágio é a parte concedente. A lei estipula que poderão oferecer estágio: pessoas jurídicas de direito privado; os órgãos da administração pública direta, autárquica e fundacional de qualquer dos Poderes da União, dos Estados, do Distrito Federal e dos Municípios; e profissionais liberais, de nível superior, devidamente registrados em seus respectivos conselhos de fiscalização profissional (art. 9º, Lei n. 11.788/2008).

Quanto às partes da relação empregatícia, além das obrigatórias citadas, tem-se a figura dos agentes de integração. São instituições públicas ou privadas sem fins

---

(62) De acordo com a LDB. Art. 39. § 2º A educação profissional e tecnológica abrangerá os seguintes cursos: (Redação determinada pela Lei n. 11.741/2008) I — de formação inicial e continuada ou qualificação profissional; II — de educação profissional técnica de nível médio; III — de educação profissional tecnológica de graduação e pós-graduação.

(63) De acordo com a LDB. Art. 35. O ensino médio, etapa final da educação básica, com duração mínima de três anos, terá como finalidade: I — a consolidação e o aprofundamento dos conhecimentos adquiridos no ensino fundamental, possibilitando o prosseguimento de estudos; II — a preparação básica para o trabalho e a cidadania do educando, para continuar aprendendo, de modo a ser capaz de se adaptar com flexibilidade a novas condições de ocupação ou aperfeiçoamento posteriores; III — o aprimoramento do educando como pessoa humana, incluindo a formação ética e o desenvolvimento da autonomia intelectual e do pensamento crítico; IV — a compreensão dos fundamentos científico-tecnológicos dos processos produtivos, relacionando a teoria com a prática, no ensino de cada disciplina.

(64) De acordo com a LDB. Art. 58, *caput*. Entende-se por educação especial, para os efeitos desta Lei, a modalidade de educação escolar, oferecida preferencialmente na rede regular de ensino, para educandos portadores de necessidades especiais.

(65) De acordo com a LDB. Art. 37, *caput*. A educação de jovens e adultos será destinada àqueles que não tiveram acesso ou continuidade de estudos no ensino fundamental e médio na idade própria.

lucrativos que surgem como auxiliares no processo de aperfeiçoamento do instituto do estágio. A sua presença é facultativa; ou seja, seus serviços poderão ser utilizados ou não pela instituição de ensino e pela parte concedente de estágio.[66]

A utilização dos serviços dos agentes de integração por qualquer instituição da administração pública concedente de estágio deverá observar a legislação relativa à licitação pública (Lei n. 8.666/1993).

Caberá aos agentes de integração, segundo o § 1º do art. 5º da Lei de Estágio, identificar oportunidades de estágio, ajustar condições para sua realização, cadastrar os estudantes, fazer o acompanhamento administrativo e encaminhar a negociação de seguros contra acidentes pessoais. Em nenhuma hipótese é permitido aos agentes de integração representar qualquer dos sujeitos obrigatórios da relação de emprego, não podendo gerenciar ou absorver obrigações e deveres que são ínsitos ao estagiário, à instituição de ensino e à parte concedente do estágio.

Para a realização de seus serviços de intermediação entre a instituição de ensino e a parte concedente do estágio, com a finalidade de implementar o instituto em análise, é vedada a cobrança de qualquer valor aos estudantes a título de remuneração. Haverá a responsabilização civil dos agentes de integração caso indiquem aos estudantes estágios cujas atividades não sejam compatíveis com seu programa curricular, bem como estágios para alunos de instituições que não o prevejam em seus planos curriculares.[67]

b. Matrícula e frequência regular do educando aos cursos permitidos

Para que seja parte do processo de estágio, é requisito obrigatório que o estudante esteja matriculado e frequentando regularmente curso de educação superior, de educação profissional, de ensino médio ou de educação especial, ou, ainda, estar cursando os anos finais do ensino fundamental na modalidade profissional da educação de jovens e adultos e atestados pela instituição de ensino.

O estagiário é necessariamente, e antes de tudo, um estudante. Cabe à instituição de ensino garantir que sua formação educacional não seja preterida por qualquer razão.

> A nova legislação é taxativa ao estabelecer que a existência do estágio está condicionada à manutenção do vínculo entre o estudante e a instituição de ensino. Assim, uma vez concluído o curso, o estagiário perde a qualificação de estudante e, em consequência, o contrato de estágio extingue-se automaticamente.[68]

c. Celebração do termo de compromisso

A instituição de ensino, a parte concedente do estágio e o estagiário devem firmar, por escrito, termo de compromisso — documento indispensável — que indicará

---
(66) PALMEIRA SOBRINHO, Zéu. Op. cit., p. 1.181.
(67) Idem.
(68) Idem.

a adequação do estágio à proposta pedagógica do curso em que estiver matriculado o estudante, a modalidade e etapa de formação escolar em que se encontra o estudante, seu calendário, com as datas de início e término do estágio e horários escolares. Enfim, estipulará todos os deveres e direitos dos sujeitos da relação de estágio.

No caso de o estagiário ser absoluta ou relativamente incapaz, o termo de compromisso será firmado por seu representante ou assistente legal.

Ao longo do contrato de estágio, aditivos poderão ser acrescentados ao termo de compromisso, em consonância com as modificações gradativas quanto às atividades realizadas pelo estagiário.

Além do termo de compromisso, é facultada pela lei a celebração de um termo de convênio de concessão de estágio entre a instituição de ensino e a parte concedente do estágio, por meio do qual serão explicitados o plano pedagógico e as atividades que serão realizadas pelo educando, bem como a compatibilidade e adequação entre eles.

> Além de ato-condição da existência do termo de compromisso, o termo de convênio é a prova da institucionalização do estágio, o qual deve ser acessível em igualdade de condições a todos os estudantes de uma comunidade escolar, conforme exige o inciso I, do art. 3º da LDB. Para viabilizar iguais oportunidades aos educandos, o termo de convênio deve ser documento de ampla publicidade, documento indispensável, inclusive sendo recomendável que seja disponibilizado na internet de modo que a comunidade tenha razoável informação sobre as possibilidades de estágio, exigência que se compatibiliza com os princípios do amplo acesso ao processo de formação educativa e da gestão democrática das instituições de ensino (art. 3º, LDB).[69]

d. Compatibilidade e adequação das atividades de estágio ao plano educacional da instituição de ensino

É obrigação da parte concedente do estágio oferecer ao educando instalações apropriadas para a execução de atividades que visem à sua formação cultural e profissional. É responsabilidade da instituição de ensino avaliar e fiscalizar essa adequação.

Deverá haver compatibilidade entre as atividades educacionais previstas pela instituição de ensino e as atividades práticas do estágio. Logo, o estágio deve se adequar ao currículo escolar. É vedado qualquer prejuízo à educação do estagiário. Assim, a instituição de ensino deve comunicar à parte concedente do estágio, no início do período letivo, as datas das avaliações a que será submetido o estudante, para que sua jornada seja adaptada às necessidades que esse período exige do estudante (carga horária reduzida, pelo menos, à metade).

---
(69) PALMEIRA SOBRINHO, Zéu. Op. cit., p. 1.181.

e. Supervisão e acompanhamento efetivo do estágio

Cabe à instituição de ensino designar um professor, responsável pela área de conhecimento a ser desenvolvida no estágio, para acompanhar e avaliar as atividades desempenhadas pelo estagiário. Também deverá estipular normas complementares e instrumentos de avaliação dos estágios de seus alunos.

A parte que conceder o estágio também deverá disponibilizar um de seus funcionários, com formação e experiência profissional na área designada no plano de estágio, para orientar e supervisionar os estudantes. Um mesmo funcionário poderá orientar no máximo dez alunos simultaneamente.

A obrigatoriedade da presença de um professor-orientador e de um profissional qualificado, encarregado de supervisionar os estagiários, contribuirá para a eficácia do contrato de estágio e facilitará a fiscalização por parte da instituição de ensino quanto às atividades desenvolvidas pelo estudante.

f. Cota de estagiários

De acordo com o art. 17 da Lei n. 11.788/2008, o número de estagiários que poderão ser contratados pelas entidades concedentes de estágio deverá observar as seguintes proporções: de um a cinco empregados, um estagiário; de seis a dez empregados, até dois estagiários; de 11 a 25 empregados, até cinco estagiários; acima de 25 empregados, até 20% de estagiários.

O número de estagiários está relacionado ao quadro de pessoal das entidades concedentes de estágio. A lei considera como quadro de pessoal "o conjunto de trabalhadores empregados existentes no estabelecimento do estágio".[70] Ainda, estipula a lei que, caso a parte concedente do estágio possua mais de um estabelecimento ou filiais, a proporção estabelecida deverá ser aplicada a cada um deles.[71]

Os quantitativos previstos por esse dispositivo não se aplicam aos estágios de nível médio profissional e de nível superior.

Visando à inclusão social, às pessoas portadoras de deficiência é assegurado um percentual de 10% das vagas oferecidas pela parte concedente de estágio.

g. Duração do contrato de estágio

O lapso temporal máximo estipulado pela lei para a duração do estágio em relação a uma mesma instituição concedente é de dois anos, exceto para o estagiário portador de deficiência.

---

(70) Lei n. 11.788/2008, art. 17, § 1º.
(71) Lei n. 11.788/2008, art. 17, § 2º.

Interessante a observação quanto à estipulação de um lapso temporal mínimo para o contrato de estágio, levantada por Zéu Palmeira Sobrinho:

> Seria relevante que o legislador também tivesse estipulado um prazo mínimo para o estágio, talvez em tempo não inferior a um semestre letivo, o que evitaria as rupturas abruptas e arbitrárias, permitindo-se ao estudante, por exemplo, um tempo razoável para adaptar-se à rotina da empresa. Com efeito, o estagiário é alguém que está em processo de formação e de quem não se deve exigir com rigor um rendimento imediato e fora do razoável. Há que se ter um cuidado com as repercussões morais e psíquicas que representa a supressão do estágio para o educando, de sorte que não tem sentido que este seja contratado e em pouco tempo venha a desfrutar o dissabor de ser substituído injustificadamente.[72]

O desrespeito a qualquer dos requisitos mencionados descaracterizará o contrato de estágio, formando-se o vínculo empregatício entre a parte concedente do estágio e o estudante estagiário. O educando fará jus a todos os direitos trabalhistas e previdenciários durante o período laborado.

Cabe ressaltar a importância da aplicação do "Princípio da Primazia da Realidade sobre a Forma", segundo o qual o operador jurídico deve analisar a prática concreta realizada pelas partes ao longo do contrato pactuado, e não somente o envoltório formal por meio do qual as partes expressaram suas vontades.[73] Assim, embora presentes os requisitos formalmente exigidos para a configuração do contrato de estágio, caso demonstrado tratar-se de verdadeira relação empregatícia, sem a aplicação prática das condições especiais exigidas legalmente, deve-se descaracterizar a relação em apreço, formando-se o vínculo empregatício.

Entretanto, em consonância com a Constituição Federal (art. 37, II), caso a instituição concedente do estágio seja a administração pública, não haverá reconhecimento do vínculo de emprego, aplicando-se, se for o caso, a Súmula n. 363 do TST.[74]

Em caso de reincidência, a instituição (privada ou pública) mantenedora do estágio ficará impedida de contratar estagiários por dois anos, contado esse período a partir da data da decisão final do processo administrativo que a condene. A penalidade limita-se à filial ou agência em que foi praticada a infração.

Caso tenha contribuído para o desvio de finalidade do instituto do estágio, o agente de integração será responsabilizado civilmente.

---
(72) PALMEIRA SOBRINHO, Zéu. Op. cit., p. 1.183.
(73) DELGADO, Maurício Godinho. Curso... cit., 7. ed., p. 208.
(74) Súmula n. 363, TST: CONTRATO NULO. EFEITOS. A contratação de servidor público, após a CF/1988, sem prévia aprovação em concurso público, encontra óbice no respectivo art. 37, II e § 2º, somente lhe conferindo direito ao pagamento da contraprestação pactuada, em relação ao número de horas trabalhadas, respeitado o valor da hora do salário mínimo, e dos valores referentes aos depósitos do FGTS.

3.4.4 Direitos do estudante estagiário

a. Jornada do contrato de estágio

A jornada a que será submetido o educando será decidida pela instituição de ensino, pela parte concedente do estágio e pelo próprio aluno ou seu representante legal. De acordo com a finalidade do instituto, a jornada deve ser compatível com a grade curricular do estudante, não devendo interferir negativamente em seu rendimento. Pelo contrário, as atividades desenvolvidas no estágio devem complementar o processo educacional.

A Lei n. 11.788/2008, em seu art. 10, I e II, fixa a jornada máxima para realização das atividades do estágio, que não poderá ultrapassar *quatro horas diárias e vinte horas semanais* no caso de estudantes de educação especial e dos anos finais do ensino fundamental na modalidade profissional de educação de jovens e adultos, e *seis horas diárias e trinta horas semanais* no caso de estudantes de ensino superior, da educação profissional de nível médio e do ensino médio regular.

Há a possibilidade de elevação da jornada de trabalho para quarenta horas semanais no caso de cursos que alternem aulas teóricas e práticas, desde que não esteja havendo aulas presenciais e esteja previsto pelo projeto pedagógico do educando.

A jornada definida pelas partes deverá constar do termo de compromisso, bem como sua compatibilidade com o horário das atividades escolares do estudante.

b. Descanso anual

O estagiário terá direito a trinta dias de recesso após duração igual ou superior a um ano de contrato de estágio. No caso de duração inferior, serão concedidos dias de recesso de maneira proporcional.

O recesso não se confunde com o instituto das férias celetistas, não possuindo o acréscimo do terço constitucional. Entretanto, será remunerado caso o estudante receba bolsa ou qualquer forma de contraprestação.

Embora o descanso a que se refere a lei não seja o direito de férias assegurado a todos os empregados, em virtude do silêncio da lei e da compatibilidade, alguns dispositivos celetistas relativos às férias podem e devem ser aplicados ao contrato de estágio. Como exemplos, citam-se a data do gozo do período de descanso (art. 135, CLT), a possibilidade de fracionamento (art. 134, CLT), o desconto em virtude de faltas injustificadas (art. 130, CLT) e a definição de faltas justificadas (art. 131, CLT).

Ademais, quando se tratar de estagiário entre 16 e 18 anos de idade, todas as regras especiais celetistas devem ser aplicadas. Assim, quanto ao período de descanso, por exemplo, vedado estará o seu fracionamento, devendo ser sempre concedido de uma só vez, garantido ao estudante o direito de fazer coincidir seu recesso com as férias escolares.

Em virtude da finalidade do recesso concedido ao estudante estagiário — pressupondo uma interrupção do contrato (caso haja contraprestação), a fim de que o educando possa restabelecer suas energias, a vida familiar, social e religiosa —, a não concessão do período deve gerar direito a uma indenização, sem prejuízo de seu gozo.

c. Bolsa ou contraprestação e auxílio transporte

Estipula a lei que o estágio não obrigatório deverá necessariamente conceder bolsa ou outro tipo de contraprestação — que será acordada entre as partes da relação de estágio —, bem como deverá ser garantido o auxílio-transporte. Tais regras tornam-se facultativas em caso de estágio obrigatório.

É permitida a concessão de benefícios como alimentação e saúde sem que se caracterize o vínculo empregatício.

d. Seguro contra acidentes pessoais

A parte concedente do estágio deverá contratar em favor do estagiário seguro contra acidentes pessoais. Quando o estágio for obrigatório, este dever poderá ser alternadamente assumido pela instituição de ensino e pela parte concedente do estágio. A apólice deve ser compatível com o valor de mercado e deve estar estipulada no termo de compromisso.

e. Proteção à saúde e segurança no trabalho

A legislação relacionada à saúde e segurança no trabalho é aplicável ao estudante estagiário. Cabe à parte concedente do estágio implementá-la, instruindo o estagiário quanto às normas de proteção que devem ser observadas.

Ao estagiário menor de 18 anos é vedado o trabalho em atividades insalubres, perigosas, penosas ou exercidas em período noturno.

f. Idade mínima

A idade mínima para ingresso do estudante como estagiário deve obedecer ao parâmetro constitucionalmente fixado. Ou seja, é proibido qualquer trabalho ao adolescente menor de 16 anos, salvo na condição de aprendiz, a partir dos 14 anos. Assim, por tratar-se de atividade laborativa, a idade mínima a ser estipulada é de *16 anos*, piso etário oriundo da Constituição, embora a Lei n. 11.788/2008 seja omissa a este respeito.

A possibilidade de estágio para jovens e adultos que estejam cursando os anos finais do ensino fundamental na modalidade profissional de educação e atestados pela instituição de ensino não contraria o parâmetro constitucional fixado. De acordo com a LDB, esta modalidade de educação será destinada àqueles que não tiveram acesso ou continuidade de estudos no ensino fundamental e médio na idade própria.

Firma-se o entendimento de que o estágio só poderá abarcar adolescentes maiores de 16 anos.

Neste aspecto, a reflexão de Mauricio Godinho Delgado:

> Pontue-se, a propósito, que tanto a antiga como a nova Lei do Estágio não mencionam a *idade mínima* para a contratação de estagiários. Não se trata, porém, de efetiva omissão normativa; é que a matéria tem regência constitucional direta e explícita, que não poderia, de qualquer maneira, ser elidida por dispositivo infraconstitucional. Fixa a Constituição, como se sabe, desde a EC n. 20, de dezembro de 1998, a regra de *proibição de [...] qualquer trabalho a menores de dezesseis anos, salvo na condição de aprendiz, a partir de quatorze anos* (art. 7º, XXXIII, CF/1988). O piso constitucional dos dezesseis anos torna-se ainda mais lógico em face do permissivo da nova Lei do Estágio para a contratação de estudantes de ensino médio e dos anos finais do ensino fundamental. É que, não se fazendo o corte etário constitucional imperativo, estar-se-ia, em diploma legal manifestamente progressista (como a Lei n. 11.788), restaurando permissão para o trabalho infantil no País — o que seria inaceitável contrassenso lógico, jurídico e cultural.[75] (grifos do autor)

g. Proteção previdenciária e Carteira de Trabalho e Previdência Social (CTPS)

Ao estagiário é dada a possibilidade de inscrição e contribuição como segurado facultativo do Regime Geral de Previdência Social.

Além de não configurar vínculo de emprego, a relação de estágio não gera o direito de anotação da CTPS. Seu registro pode ser efetuado nas páginas de "anotações gerais" da CTPS do estudante, constando os dados do estagiário, da instituição de ensino ao qual está vinculado e da instituição concedente do estágio, constando as datas de seu início e término.[76]

Aos estudantes estagiários, assim como direitos, cabem deveres. Alguns deles são: apresentação periódica de relatório das atividades desenvolvidas, quando exigido (em prazo não superior a seis meses); cumprimento, com diligência, da proposta pedagógica e do plano de estágio; e observação das normas de segurança e saúde no trabalho; além de todas as demais condutas que devem ser observadas pelos demais empregados, como lealdade, assiduidade e pontualidade.

3.4.5 O estágio realizado por adolescentes entre 16 e 18 anos de idade

Depois da análise da relação de estágio e de suas normas especiais, cabe enfatizar que, quando se tratar de estágio concedido a menores de 18 anos, as normas de proteção aos adolescentes e as normas gerais de proteção aos trabalhadores quando

---
(75) DELGADO, Mauricio Godinho. *Curso... cit.*, 8. ed., p. 305-306.
(76) PALMEIRA SOBRINHO, Zéu. *Op. cit.*, p. 1.183.

não incompatíveis com as normas especiais do estágio aplicam-se aos adolescentes estagiários. Também não restam dúvidas quanto à aplicação de todas as normas de tutela, previstas pelo ECA, aos adolescentes.

Embora se trate de contrato especial, o adolescente continua sendo uma pessoa em desenvolvimento que necessita de condições diferenciadas de tratamento. A preocupação precípua é, e sempre deverá ser, o mais completo desenvolvimento físico, moral e pessoal do adolescente.

3.5 O contrato de emprego do adolescente entre 16 e 18 anos de idade

A CLT conceitua a figura do empregado com base na conjugação de dois de seus artigos. De acordo com o *caput* de seu art. 3º: "Considera-se empregado toda pessoa física que prestar serviços de natureza não eventual a empregador, sob a dependência deste e mediante salário".[77] Pelo *caput* de seu art. 2º: "Considera-se empregador a empresa, individual ou coletiva, que, assumindo os riscos da atividade econômica, admite, assalaria e dirige a prestação pessoal de serviços".[78]

Assim, a relação de emprego celetista compõe-se de cinco elementos fático-jurídicos: trabalho não eventual, prestado por pessoa física a um tomador, com pessoalidade, onerosidade e subordinação.[79]

Considerando a necessidade de assegurar o pleno desenvolvimento físico e mental de crianças e adolescentes, acrescido do fato de que um trabalho que não representa nenhum risco ao trabalhador adulto pode acarretar acidentes à criança ou ao adolescente, foi estipulada pela Emenda Constitucional n. 20, de 15 de dezembro de 1998, a idade mínima de 16 anos para o ingresso no campo de trabalho, salvo na condição de aprendiz, aos 14 anos.

O contrato de emprego que será analisado neste tópico abrange adolescentes maiores de 16 anos, sendo que sua regulação possui normas especiais que buscam garantir o respeito à condição peculiar de pessoas em desenvolvimento.

Nesse sentido, o princípio 9º da Declaração Universal dos Direitos da Criança, de 20 de novembro de 1959:

> Não se deverá permitir que a criança trabalhe antes de uma idade mínima adequada; em caso algum será permitido que a criança dedique-se, ou a ela se imponha, qualquer ocupação ou emprego que possa prejudicar sua saúde ou sua educação, ou impedir seu desenvolvimento físico, mental ou moral.[80]

Ainda com relação à idade mínima para admissão ao emprego, merece destaque a Convenção n. 138 (complementada pela Recomendação n. 146 da OIT),

---
(77) Decreto-Lei n. 5.452/1943.
(78) Decreto-Lei n. 5.452/1943.
(79) DELGADO, Mauricio Godinho. *Curso...* cit., p. 267-268.
(80) UNICEF. *Declaração universal dos direitos da criança*. 20 nov. 1959, Princípio 9º. Disponível em: <http://www.dhnet.org.br>.

de 1973, ratificada pelo Brasil em 28 de junho de 2001 e promulgada por meio do Decreto n. 4.134, de 15 de fevereiro de 2002.

A Convenção n. 138 representa uma revisão de todas as Convenções da OIT que versaram sobre a idade mínima para o trabalho, até 1973, com a peculiaridade de não se restringir a determinados campos de atuação do trabalho infantojuvenil, abrangendo todos os setores de atividades.

O fundamento dessa Convenção é a erradicação do trabalho infantojuvenil pelas nações que a ratificaram, a partir de uma adequação progressiva de medidas traçadas.

Tal diploma convencionou a proibição do trabalho a crianças e adolescentes que não atingiram a idade em que cessa a escolaridade obrigatória ou, de forma geral, antes dos 15 anos.

No entanto, a Convenção traz algumas exceções à idade de 15 anos fixada.

> A Convenção n. 138 de 1973 admite emprego ou trabalho de crianças em "serviços leves", a partir de 13 anos de idade. Autoriza o trabalho em geral a partir da idade mínima de 14 anos e a partir dos 12 anos para "trabalho leve", sobretudo, nos países cuja economia e serviços educacionais estejam insuficientemente desenvolvidos, permitindo-o pelo tempo que perdurar essa situação. Admite-se, também, sejam excluídas da convenção limitadas categorias de emprego ou trabalho, as quais representam problemas especiais com sua aplicação, enquanto existirem. Autoriza os países-membros, cuja economia e serviços administrativos estejam insuficientemente desenvolvidos, a limitar, numa primeira etapa, o alcance da convenção, desde que aplicável, no mínimo, à mineração e pedreira, indústria manufatureira, construção, serviços de eletricidade, gás e água, serviços sanitários, transporte, armazenamento e comunicação, plantações e outros empreendimentos agrícolas explorados, principalmente para fins comerciais.[81] (grifos do autor)

A idade mínima estabelecida constitucionalmente pelo Brasil é de *16 anos*. Nesse sentido, desde a EC n. 20/1998 houve o aperfeiçoamento em um ano (de 15 para 16 anos) do limite etário fixado no plano da OIT.

Permanece, entretanto, a obrigação de garantir às crianças e aos adolescentes o acesso escolar e a participação em programas regulamentados voltados para sua formação profissional e educacional, sempre estabelecendo como diretriz o princípio da proteção integral. Mesmo quando foi legalizada a inserção do adolescente maior de 16 anos no mercado de trabalho, este não ficou equiparado a qualquer empregado. Será submetido a condições especiais que visam a protegê-lo e a assegurar seu desenvolvimento físico, moral, pessoal e profissional.

---

(81) PEREIRA, Tânia da Silva. *Direito da criança e do adolescente*: uma proposta interdisciplinar. Rio de Janeiro: Renovar, 1996. p. 335.

3.5.1 A proteção ao trabalho dos adolescentes na Consolidação das Leis do Trabalho

A Consolidação das Leis do Trabalho (CLT) foi aprovada em 1943, por meio do Decreto-lei n. 5.452, de 1º de maio, entrando em vigor em novembro do citado ano.

A CLT, em sua época de início de vigência (década de 1940), simbolizava o progresso na busca da proteção jurídica a crianças e adolescentes, tutelando expressamente, em seu Título III, Capítulo IV, arts. 402 a 441, os direitos de adolescentes empregados, incluindo a proibição legal do trabalho infantil, em seu art. 403.

Evidentemente que o texto original da CLT, embora progressista nos anos de 1940, foi superado por normas mais avançadas, em especial desde a Constituição de 1988. Nessa medida, a CLT foi atualizada por diplomas legais subsequentes a 1943, devendo também ser interpretada hoje em conformidade com o império da Carta Magna vigente.

A proteção pela CLT ao trabalho dos adolescentes abarca os trabalhos urbano e rural.

a. Idade mínima

De acordo com a Emenda Constitucional n. 20/1998, fica proibido qualquer trabalho a adolescentes menores de 16 anos, salvo na condição de aprendiz, a partir dos 14 anos.

Limita-se aqui a reforçar que o que deve ser buscado é o melhor interesse para o adolescente. É claro que o melhor interesse é a garantia a uma educação que o coloque futuramente em condições de igualdade em um mercado competitivo, e não uma inserção precária e precoce no trabalho.

Medidas econômicas e sociais devem ser criadas com a finalidade de atenuar a pobreza e assegurar às famílias padrões de vida e de renda que tornem desnecessário o recurso à atividade econômica de crianças e adolescentes.[82]

Um grave erro é consentir no trabalho de crianças e adolescentes no decurso de seu desenvolvimento físico e mental. Segundo entendimento do desembargador, do Tribunal de Justiça de São Paulo, João Baptista de Arruda Sampaio:

> [...] se não se atentar para esse aspecto delicadíssimo da formação da personalidade, o que se propiciará ao futuro homem não será o seu desenvolvimento harmônico, biológico e psíquico, mas a deformação de uma pessoa humana, com todas as consequências individuais e sociais, daí decorrentes.[83]

---

(82) Recomendação n. 146 sobre idade mínima de admissão ao emprego.
(83) SAMPAIO, João Baptista de Arruda. *O trabalho do menor em face da Constituição de 1967*. In: Semana de Estudos do Problema de Menores, X. Anais... São Paulo, 1971. p. 295 *apud* MARTINS, Adalberto. *Op. cit.*, p. 71.

b. Direito à educação

Por meio de seus dispositivos, a CLT permite a conciliação entre trabalho e estudo para a formação dos adolescentes. No entanto, coloca a educação como prioridade.

Art. 403 [...]

Parágrafo Único. O trabalho do menor não poderá ser realizado em locais prejudiciais à sua formação, ao seu desenvolvimento físico, psíquico, moral e social e em horários e locais que não permitam a frequência à escola. (Redação determinada pela Lei n. 10.097/2000).[84]

Art. 424. É dever dos responsáveis legais de menores, pais, mães, ou tutores, afastá-los de empregos que diminuam consideravelmente o seu tempo de estudo, reduzam o tempo de repouso necessário à sua saúde e constituição física, ou prejudiquem a sua educação moral.[85]

Art. 427. O empregador, cuja empresa ou estabelecimento ocupar menores, será obrigado a conceder-lhes o tempo que for necessário para a frequência às aulas. [...][86]

A questão do trabalho infantojuvenil é complexa. O problema está diretamente relacionado à pobreza, à desigualdade social e à exclusão social, associados a uma mentalidade retrógrada de empregadores que se utilizam da mão de obra infantojuvenil com o único propósito de obter benefício com seu baixo custo.

Sabe-se que no Brasil atual crianças e adolescentes que trabalham e sujeitam-se a situações precárias de emprego, na maioria das vezes, necessitam da remuneração para sobreviver e ajudar no sustento de seus familiares.

Em virtude dessa realidade, a CLT admite a compatibilidade entre a escola e o trabalho, enfatizando, entretanto, a importância do estudo para a formação dos empregados adolescentes.

Aos aplicadores do direito e à sociedade incumbe o importante papel de fiscalizar e de lutar para que aos adolescentes que já não tiveram a oportunidade de ingressar mais tardiamente no trabalho seja garantido o direito à educação preconizada pela Lei Maior do País.

c. Direito ao salário mínimo

Um dos elementos fático-jurídicos componentes da relação de emprego é a prestação de trabalho efetuada com onerosidade. Mauricio Godinho Delgado explica:

[...] ao valor econômico da força de trabalho colocada à disposição do empregador deve corresponder uma contrapartida econômica em benefício

---
(84) Decreto-lei n. 5.452/1943.
(85) Idem.
(86) Idem.

obreiro, consubstanciada no conjunto salarial, isto é, é o complexo de verbas contraprestativas pagas pelo empregador ao empregado em virtude da relação empregatícia pactuada.[87]

De acordo com o art. 7º, IV, da Constituição Federal, é garantida a percepção do salário mínimo a todo e qualquer trabalhador, dentre os quais o trabalhador menor de 18 anos, *sendo vedada a diferença de salários por motivo de idade* (art. 7º, XXX, CF/1988).

Contudo, a realidade social é perversa, estampando a intensa exploração obreira de crianças e adolescentes, sujeitos ao recebimento de quantias aviltantes pela prestação de seus serviços.

d. A proibição do trabalho insalubre e perigoso

De acordo com o art. 405 da CLT, é defeso ao adolescente trabalhar em locais perigosos ou insalubres e naqueles que sejam considerados prejudiciais à sua moralidade.

> Art. 189. Serão consideradas atividades ou operações insalubres aquelas que, por sua natureza, condições ou métodos de trabalho, exponham os empregados a agentes nocivos à saúde, acima dos limites de tolerância fixados em razão da natureza e da intensidade do agente e do tempo de exposição aos seus efeitos. (Redação determinada pela Lei n. 6.514/1977)

> Art. 193. São consideradas atividades ou operações perigosas, na forma da regulamentação aprovada pelo Ministério do Trabalho, aquelas que, por sua natureza ou métodos de trabalho, impliquem o contato permanente com inflamáveis ou explosivos em condições de risco acentuado. (Redação determinada pela Lei n. 6.514/1977)[88]

A Portaria do Ministério do Trabalho e Emprego n. 88, de 28 de abril de 2009, estabelece em seu art. 1º:

> Para efeitos do art. 405, inciso I, da CLT, são considerados locais e serviços perigosos ou insalubres, proibidos ao trabalho do menor de 18 (dezoito) anos, os descritos no item I — Trabalhos Prejudiciais à Saúde e à Segurança, do Decreto n. 6.481, de 12.06.2008, que publicou a Lista das Piores Formas de Trabalho Infantil.

Caso seja constatada a presença de menores de 18 anos em locais insalubres ou perigosos exercendo atividade obreira, impõe-se a aplicação das penalidades administrativas pertinentes à empresa infratora, além da retirada do adolescente do ambiente que lhe é prejudicial (art. 403, parágrafo único, CLT).

É facultado ao responsável legal do adolescente pleitear a extinção do contrato de trabalho se comprovada a possibilidade de prejuízos de ordem física ou moral em decorrência de seu serviço (art. 424, CLT).

---

(87) DELGADO, Mauricio Godinho. *Introdução ao direito do trabalho*: relações de trabalho e relações de emprego. São Paulo: LTr, 2001. p. 298.
(88) Decreto-lei n. 5.452/1943.

Ocorrendo efetivamente a lesão física ou moral do trabalhador adolescente, caberá a extinção do contrato de trabalho, bem como pedido de indenização contra o empregador perante a Justiça Trabalhista.

Importa salientar que no período em que trabalhou em condições nocivas faz jus o trabalhador menor de 18 anos à percepção dos adicionais de insalubridade ou periculosidade.

Visando à proteção da integridade física do adolescente, a CLT veda ao adolescente trabalho contínuo que demande o emprego de força muscular superior a 20 quilos ou trabalho ocasional que demande o emprego de força muscular superior a 25 quilos, salvo para remoção de material feita por impulsão ou tração de vagonetes sobre trilhos, carrinhos de mão ou quaisquer aparelhos mecânicos (art. 405, § 5º, c/c art. 390, ambos da CLT).

De acordo com o Decreto n. 6.481, de 12 de junho de 2008,[89] todavia, fica proibida toda atividade ao trabalhador menor de 18 anos com levantamento, transporte, carga ou descarga manual de pesos superiores a 20 quilos para o gênero masculino e superiores a 15 quilos para o gênero feminino, quando realizados raramente; e superiores a 11 quilos para o gênero masculino e superiores a 7 quilos para o gênero feminino, quando realizados frequentemente.

Em consonância com o disposto, o ECA proíbe o trabalho penoso, considerado aquele que implique excessivo esforço físico ao trabalhador (art. 67, II, ECA).

O trabalho em subsolo (art. 301, CLT) e o como propagandista e vendedor de produtos farmacêuticos (art. 3º, Lei n. 6.224/75) também são vedados.

No que tange à proibição ao adolescente de trabalho em locais ou serviços prejudiciais à sua moralidade, remete-se ao art. 405, § 3º, da CLT, que elenca como trabalho prejudicial à moralidade aquele:

> [...] prestado de qualquer modo, em teatros de revistas, boates, cassinos, cabarés, "dancings" e estabelecimentos análogos; em empresas circenses, em funções de acrobata, saltimbanco, ginasta e outras semelhantes; de produção, composição, entrega ou venda de escritos impressos, cartazes, desenhos, gravuras, pinturas, emblemas, imagens e quaisquer outros objetos que possam, a juízo da autoridade competente, prejudicar sua formação moral; consistente na venda, a varejo, de bebidas alcoólicas.[90]

Entretanto, dispõe a própria CLT que poderá ser autorizado pelo Juiz da Infância e da Juventude o serviço prestado: em teatros de revistas, boates, cassinos, cabarés, *dancings* e estabelecimentos análogos; em empresas circenses, em funções de acrobata, saltimbanco, ginasta e outras semelhantes (art. 406, CLT).

---

(89) O Decreto n. 6.481, de 12.06.2008, regulamenta os arts. 3º, *d*, e 4º da Convenção n. 182 da Organização Internacional do Trabalho (OIT), que trata da proibição das piores formas de trabalho infantil e ação imediata para sua eliminação.
(90) Decreto-lei n. 5.452/1943.

Tal autorização exigirá que a representação tenha fim educativo, ou que a peça de que participe o adolescente não seja prejudicial à sua formação moral, ou que seja a ocupação do menor indispensável à própria subsistência ou à de seus pais, avós ou irmãos e não cause nenhum prejuízo à sua formação moral (art. 406, CLT).

Já em seu § 2º, o art. 405 proíbe o trabalho por menores de 18 anos exercido nas ruas, praças e outros logradouros sem prévia autorização do Juiz da Infância e da Juventude.

Ora, embora tais antigos preceitos da CLT não tenham sido expressamente revogados, despontam como incompatíveis com a atual ordem jurídica do País (revogação tácita). Qualquer autorização legal que permita o trabalho de crianças e adolescentes nas ruas, praças ou locais análogos, concorrendo para a possibilidade de exposição do menor aos riscos oferecidos pela "rua", como acidentes de trânsito, drogas, prostituição e jogos de azar, não podem ser passíveis de autorização em qualquer circunstância. [91]

Como esclarece Mauricio Godinho Delgado:

> [...] parece claro que não têm mais validade na ordem jurídica antigas e novas fórmulas de trabalho assistido ou de inserção meramente assistencial do menor no mercado econômico laborativo, sem direitos e sem proteções trabalhistas e previdenciárias.[92]

Assim, ao menor só deverá ser permitida a inserção em atividades laborativas que estejam atreladas a um processo pedagógico, como é o caso do contrato de aprendizagem, do contrato de estágio e do trabalho educativo. E, no caso de típica relação empregatícia nos moldes da CLT, trabalho permitido ao menor de 18 anos e maior de 16 anos, devem ser respeitadas todas as normas especiais de proteção à criança e ao adolescente, em consonância com o princípio constitucional da proteção integral.

---

(91) De acordo com o Ministério Público do Trabalho, em orientação elaborada e aprovada com base em estudo da Coordenadoria Nacional de Combate à Exploração do trabalho de Crianças e Adolescentes (Coordinfância): *ORIENTAÇÃO N. 1. Autorizações Judiciais para o trabalho antes da idade mínima. Invalidade por vício de inconstitucionalidade. Inaplicabilidade dos arts. 405 e 406 da CLT. Inaplicabilidade do art. 149 da CLT como autorização para o trabalho de crianças e adolescentes.* I — Salvo na hipótese do art. 8º, item I da Convenção n. 138 da OIT, as autorizações para o trabalho antes da idade mínima carecem de respaldo constitucional e legal. A regra constitucional insculpida no art. 7º, inciso XXIII, que dispõe sobre a idade mínima para o trabalho é peremptória, exigindo aplicação imediata. II — As disposições contidas nos arts. 405 e 406 da CLT não mais subsistem na Ordem Jurídica, uma vez que não foram recepcionadas pela Ordem Constitucional de 1988, a qual elevou à dignidade de princípio constitucional os postulados da proteção integral e prioridade absoluta (art. 227), proibindo qualquer trabalho para menores de 16 anos, salvo na condição de aprendiz, a partir dos 14. III — A autorização a que se refere o art. 149, inciso II, do Estatuto da Criança e do Adolescente, não envolve trabalho, mas a simples participação de criança e de adolescente em espetáculo público e seu ensaio e em certame de beleza. Disponível em: <http://www.pgt.mpt.gov.br/atuacao/trabalho-infantil/orientacoes.html>.
(92) DELGADO, Mauricio Godinho. *Curso... cit.*, 8. ed. p. 729.

e. A proibição do trabalho noturno

A CLT, em seu art. 404, veda o trabalho noturno aos adolescentes.

O tratamento jurídico especial para o trabalho noturno é justificado em razão dos diversos problemas que, comprovadamente, podem vir a acarretar para o ser humano.

> [...] o trabalho noturno é antifisiológico, perigoso para a saúde e esgotante, principalmente quando praticado habitualmente. Requer um esforço maior do que o realizado durante o dia, o emprego da luz artificial faz o trabalho mais perigoso, chegando até a prejudicar a visão.[93]

A proibição do trabalho noturno a menores de 18 anos tem sede constitucional, sendo absolutamente legítima em decorrência do prejuízo à saúde do trabalhador menor.

A Constituição da República, em seu art. 7º, XXXIII, proíbe o trabalho de menores de 18 anos no horário noturno.

Considerado no âmbito urbano, nos termos da CLT, trabalho noturno é aquele compreendido entre 22 horas de um dia às 5 horas do dia seguinte. Na esfera rural, nos termos da Lei n. 5.889/73, em seus arts. 7º e 8º, o trabalho noturno compreende o período das 20 horas de um dia às 4 horas do dia seguinte na pecuária e das 21 horas de um dia às 5 horas do dia seguinte na lavoura.

A prestação de trabalho noturno por menor de 18 anos acarretará o direito aos adicionais correspondentes, a fim de que não haja o locupletamento ilícito por aquele que explora esse tipo de mão de obra. Trata-se da aplicação da teoria especial de nulidades trabalhistas. Contudo, essa solução jurídica de equidade não diminui a gravidade da infração cometida pelo empregador.

f. Duração do trabalho

A duração do trabalho é matéria constitucional, estabelecida no art. 7º, XIII, da CF, não devendo ser superior a oito horas diárias e 44 horas semanais, salvo exceções autorizadas pelo próprio texto constitucional.

Os arts. 411 a 414 da CLT estabelecem os limites para a duração de trabalho no caso específico dos menores de 18 anos, impondo algumas restrições.

O art. 412 traz a determinação de que após cada jornada de trabalho deve haver um período de descanso não inferior a 11 horas, seja a jornada contínua ou dividida em dois turnos.

Pelo art. 413, é imposta a regra de limite máximo de oito horas diárias de labor, havendo exceções: a prorrogação da jornada e a força maior.

---

(93) MARTINS, Adalberto. *Op. cit.*, p. 118.

A prorrogação de jornada somente poderá ser feita com acréscimo de duas horas, mediante convenção ou acordo coletivo de trabalho, devendo ser observado o limite semanal de no máximo 44 horas de labor.

Em caso de força maior, e desde que o trabalho do adolescente seja imprescindível ao funcionamento do estabelecimento, admite a CLT labor até o máximo de 12 horas diárias (art. 413, II, CLT), respeitado o acréscimo constitucional de pelo menos 50% (art. 7º, XVI, CF/88). De todo modo, é viável enxergar-se tamanha leniência da CLT (12 horas de labor) como regra incompatível com a filosofia normativa da Constituição nessa seara (art. 227, CF/88).

Ressalte-se que antes do início da prorrogação de jornada deve ser concedido um intervalo mínimo de 15 minutos (art. 413 c/c art. 413, parágrafo único, ambos da CLT).

O art. 414 determina que as horas de labor totalizadas não deverão ultrapassar os limites de oito horas diárias e 44 horas semanais na hipótese de o menor de 18 anos ser empregado em mais de um estabelecimento.

g. Do gozo de férias

A Constituição Federal, em seu art. 7º, XVII, garante a todo empregado, inclusive ao menor de 18 anos, "o gozo de férias anuais remuneradas com, pelo menos, um terço a mais que o salário normal".[94]

A Consolidação das Leis do Trabalho veda, em seu art. 134, § 2º, o fracionamento do período de férias do trabalhador adolescente menor de 18 anos, devendo ser concedido de uma só vez.

Já o art. 136, § 2º, da CLT garante ao empregado estudante menor de 18 anos o direito de fazer coincidir suas férias com as férias escolares.

h. Os deveres dos responsáveis legais de crianças e adolescentes e dos empregadores

A CLT, em seus arts. 424 a 427, estipula deveres dos empregadores e dos responsáveis legais dos menores empregados.

Existe a preocupação do legislador em garantir o acesso à educação aos adolescentes trabalhadores, além, é claro, de sua preocupação primeira com a saúde física e mental deles.

Obrigatoriamente, impõe-se, por meio do art. 425, que os empregadores velem pela observância em seus estabelecimentos dos bons costumes e da decência pública, bem como das regras de segurança e medicina do trabalho.

Também deve o empregador em caso de trabalho prejudicial à saúde, ao desenvolvimento físico e à moralidade proporcionar ao trabalhador adolescente todas as facilidades para mudança de serviço.

---

(94) CF/1988.

Já os arts. 424 e 427 ressaltam o dever dos responsáveis legais dos adolescentes menores de afastá-los de empregos que diminuam consideravelmente o seu tempo de estudo, reduzam o tempo de repouso necessário à sua saúde e constituição física ou prejudiquem a sua educação moral. Também impõem ao empregador a concessão de tempo necessário para a frequência às aulas.

Por fim, dispõe a CLT que estabelecimentos situados a uma distância maior de dois quilômetros da escola e que possuírem mais de trinta menores analfabetos entre 14 e 18 anos sejam obrigados a manter local apropriado para que seja ministrada educação primária.

i. Necessidade de assistência dos representantes legais aos adolescentes trabalhadores

O adolescente maior de 16 anos pode obter a emissão de sua CTPS com a apresentação da documentação própria exigida sem a necessidade de assistência de seu representante legal. Na ausência dos documentos, poderá ser fornecida a CTPS com base em declarações verbais do responsável legal do adolescente, confirmadas por duas testemunhas (art. 17, § 1º, CLT).

Quanto à celebração do contrato de trabalho, há divergência doutrinária. Entende-se que é possível a efetivação da celebração sem assistência do representante legal do adolescente entre 16 e 18 anos de idade desde que o trabalho esteja em consonância com as regras legais de proteção ao trabalho dos adolescentes.

É válida a assinatura do adolescente quanto aos recibos de pagamento salarial, bem como de outras verbas, como vale-transporte, sem a assistência do representante legal do adolescente. No entanto, para que seja dada quitação pelas verbas rescisórias faz-se necessária a assistência (art. 439, CLT).

Para a propositura de ação trabalhista, o adolescente é o autor da demanda, mas deve estar *assistido* por seus representantes legais e, na falta destes, pelo Ministério Público do Trabalho, pelo sindicato, pelo Ministério Público estadual ou pelo curador nomeado em juízo (art. 793, CLT).

Para garantir os direitos dos adolescentes empregados, a CLT dispõe que contra eles não corre a prescrição. Ou seja, somente começa a fluir o marco prescricional bienal ou quinquenal quando o empregado completar 18 anos de idade.

3.6 Outras formas de trabalho

3.6.1 *Adolescente atleta profissional de futebol*

A Lei n. 6.354, de 2 de setembro de 1976, dispõe sobre as relações de trabalho de atleta profissional jogador de futebol. A Lei n. 9.615, de 24 de março de 1998, institui normas gerais sobre desporto, revogando alguns dispositivos da lei supracitada.

O contrato de trabalho do atleta profissional de futebol é solene, devendo ser formalizado por escrito, contendo a remuneração pactuada e cláusula penal para as hipóteses de descumprimento, rompimento ou rescisão unilateral, além de outras exigências legais.

A lei traz três modalidades de desporto: desporto educacional, desporto de participação e desporto de rendimento, que se desdobra em profissional e não profissional.[95]

O contrato de trabalho do atleta profissional de futebol enquadra-se na modalidade de desporto de rendimento profissional.

Observa-se logo no início da lei a preocupação em estipular a idade de 16 anos como mínima para a celebração do contrato de trabalho do adolescente, em consonância com a proteção constitucional.

Consoante leciona Alice Monteiro de Barros:

> [...] é vedado celebrar contrato de trabalho se menor de 16 anos, sendo permitido ao maior de 16 anos e menor de 21 anos, firmá-lo somente com a aquiescência do representante legal. Caso o atleta tenha mais de 18 anos completos, na falta do assentimento do representante legal, o contrato poderá ser celebrado mediante suprimento judicial (art. 5º, *caput* e parágrafo único da Lei n. 6.354, de 1976).[96]

Concorda-se com a necessidade da representação legal ao adolescente maior de 18 anos e menor de 21 anos, com a possibilidade de suprimento judicial, visto a complexidade do contrato em questão, que pode envolver até mesmo o deslocamento do adolescente para o exterior a serviço.

Corroborando com o limite mínimo de 16 anos, está a redação do art. 44 da Lei n. 9.615/1998:

> Art. 44. É vedada a prática do profissionalismo, em qualquer modalidade, quando se tratar de:
>
> I — desporto educacional, seja nos estabelecimentos escolares de 1º e 2º graus ou superiores;
>
> II — desporto militar;

---

(95) BRASIL. Presidência da República. Casa Civil. Subchefia para Assuntos Jurídicos. *Lei n. 9.615, de 24 mar. 1998*. Regulamento. Decreto n. 3.659, de 4.11.2000. Decreto n. 4.201, de 18.4.2002. Institui normas gerais sobre desporto e dá outras providências. Disponível em: <http://www.planalto.gov.br/CCIVIL/Leis/L9615consol.htm> Art. 3º O desporto pode ser reconhecido em qualquer das seguintes manifestações: I — desporto educacional, praticado nos sistemas de ensino e em formas assistemáticas de educação, evitando-se a seletividade, a hipercompetitividade de seus praticantes, com a finalidade de alcançar o desenvolvimento integral do indivíduo e a sua formação para o exercício da cidadania e a prática do lazer; II — desporto de participação, de modo voluntário, compreendendo as modalidades desportivas praticadas com a finalidade de contribuir para a integração dos praticantes na plenitude da vida social, na promoção da saúde e educação e na preservação do meio ambiente; III — desporto de rendimento, praticado segundo normas gerais desta Lei e regras de prática desportiva, nacionais e internacionais, com a finalidade de obter resultados e integrar pessoas e comunidades do País e estas com as de outras nações. Parágrafo único. O desporto de rendimento pode ser organizado e praticado: I — de modo profissional, caracterizado pela remuneração pactuada em contrato formal de trabalho entre o atleta e a entidade de prática desportiva; II — de modo não profissional, identificado pela liberdade de prática e pela inexistência de contrato de trabalho, sendo permitido o recebimento de incentivos materiais e de patrocínio.
(96) BARROS, Alice Monteiro de. *Curso de direito do trabalho*. São Paulo: LTr, 2005. p. 221.

III — menores até a idade de dezesseis anos completos.⁽⁹⁷⁾

Importante regra legal, presente tanto na Lei n. 6.354/76 quanto na Lei n. 9.615/98, dispõe que as normas relativas ao trabalho do adolescente aplicam-se ao atleta profissional. As normas celetistas são aplicáveis de forma geral e as do atleta de forma especial (art. 28, Lei n. 6.354/76 e art. 28, parágrafo único, Lei n. 9.615/98).

Continua-se a afirmar que todas as normas de proteção ao adolescente, sejam elas celetistas ou presentes em outros diplomas legais, como o ECA, e também em convenções ratificadas pelo Brasil, devem ser observadas em prol do adolescente.

O adolescente poderá firmar seu primeiro contrato de trabalho de atleta profissional com a entidade de prática desportiva a partir dos 16 anos, por período mínimo de três meses e máximo de cinco anos. No entanto, para que a entidade de prática desportiva possa celebrar esse contrato é obrigatório que ela comprove estar o atleta por ela registrado como não profissional há, pelo menos, dois anos.

Complementa a lei ao dizer que ao adolescente não profissional maior de 14 anos⁽⁹⁸⁾ e menor de 21 anos de idade poderá ser destinada uma bolsa de aprendizagem — um auxílio financeiro — pactuada mediante contrato formal, sem a caracterização da relação de emprego.

Ademais, a lei exige que a entidade de prática desportiva, durante o curso de formação, garanta ao adolescente: participação em competições oficiais não profissionais; assistência médica, odontológica e psicológica; contratação de seguro de vida e ajuda de custo para transporte; instalações desportivas adequadas, sobretudo em matéria de alimentação, higiene, segurança e salubridade; corpo de profissionais especializados em formação técnico-desportiva; e ajuste do tempo destinado à formação dos atletas aos horários do currículo escolar ou de curso profissionalizante, exigindo o satisfatório aproveitamento escolar. ⁽⁹⁹⁾

De acordo com a Coordinfância:

A obrigatoriedade do ensino vai até a conclusão do nível médio. A situação do atleta de futebol é especial em razão do altíssimo índice de insucesso nesta profissão. Além disso, para aqueles que conseguem exercer profissionalmente a atividade, deve-se considerar o caráter efêmero da carreira do jogador de futebol.

---

(97) Lei n. 9.615/1998.
(98) Cabe ressalvar que "A Ordem Jurídica não permite aos menores de 14 anos de idade, independentemente de estarem ou não alojados, a prática de esporte de rendimento, marcado pela seletividade e hipercompetitividade de seus praticantes, o que vem ocorrendo em vários clubes do país. Assim, os clubes não poderiam submeter jovens com idade inferior a 14 anos a testes de seleção, tampouco ao mundo hipercompetitivo do futebol. A hipercompetitividade existente nos clubes não está restrita à competição entre clubes, alcançando também aquela existente entre os próprios atletas, internamente, dentro de cada um dos clubes individualmente considerados. A prática desportiva aos jovens com menos de 14 anos de idade deve ser encarada como ferramenta pedagógica, destinada ao desenvolvimento integral (físico e social) da criança e do adolescente em formação (art. 3º da Lei Pelé). *Trabalho infantil de atletas*. Disponível em: <http://www.pgt.mpt.gov.br/images/arquivos/trabalho_infantil_atletas.pdf>.
(99) CF 1998. Art. 29, § 7º e seus incisos.

Esse entendimento está de acordo com as normativas da FIFA, que dispõe sobre a obrigatoriedade do atleta preparar-se para uma profissão alternativa, caso não sejam contemplados na loteria do futebol. É assim que dispõe o art. 19 do Regulamento sobre transferências internacionais, intitulado: proteção de menores de idade. Os incisos 2.b. I e II, ao disporem sobre a educação dos adolescentes, estabelecem que: "O novo clube deve cumprir as seguintes obrigações mínimas: I. Proporcionar ao jogador uma formação escolar ou capacitação futebolística adequada, que corresponda aos melhores *standards* nacionais; II. Ademais da formação ou capacitação futebolística, garantir ao jogador uma formação acadêmica ou escolar, ou uma formação ou educação e capacitação conforme a sua vocação, que lhe permita iniciar uma carreira que não seja futebolística em caso de que cesse sua atividade de jogador profissional.

Por isso, o inciso V do § 7º do art. 29 da Lei Pelé dispõe que é dever do clube: "ajustar o tempo destinado à formação dos atletas aos horários do currículo escolar ou de curso profissionalizante, exigindo o satisfatório aproveitamento escolar". Em nenhum momento a lei autoriza o atleta a abandonar os estudos apenas porque concluiu o ensino fundamental. O comando é claro: enquanto o atleta estiver "em formação" (enquanto o jogador não tiver um contrato de trabalho), deve estar estudando, pouco importando se o atleta já terminou o ensino fundamental e tampouco se já cumpriu ou não 18 anos.

Aliás, a obrigatoriedade de prosseguir nos estudos é inerente a todos os contratos de formação profissional, segundo dispõe o Estatuto da Criança e do Adolescente, que define as condições em que se deve dar a formação profissional dos adolescentes, senão vejamos: "Art. 63. A formação técnico-profissional obedecerá aos seguintes princípios: I — garantia de acesso e frequência obrigatória ao ensino regular; II — atividade compatível com o desenvolvimento do adolescente; III — horário especial para o exercício das atividades".[100]

Em consonância com o disposto, apresenta-se o art. 85 da Lei n. 9.615/98:

Art. 85. Os sistemas de ensino da União, dos Estados, do Distrito Federal e dos Municípios, bem como as instituições de ensino superior, definirão normas específicas para verificação do rendimento e o controle de frequência dos estudantes que integrarem representação desportiva nacional, de forma a harmonizar a atividade desportiva com os interesses relacionados ao aproveitamento e à promoção escolar.[101]

Outro aspecto de especial relevância, e que não pode deixar de ser abordado, é a convivência familiar. A Constituição Federal e o Estatuto da Criança e do Adolescente asseguram à criança e ao adolescente o direito à convivência familiar. Desse modo, a permissão da utilização de alojamentos por adolescentes maiores de 14 anos deve obedecer a alguns requisitos. Segundo o Ministério Público do Trabalho:

---

(100) Trabalho infantil de atletas. Disponível em: <http://www.pgt.mpt.gov.br/images/arquivos/trabalho_infantil_atletas.pdf>.
(101) Lei n. 9.615/1998.

Para atletas cujas famílias residem em localidade diversa do local de treinamento [...], seria, em princípio, admitida a possibilidade de alojamento, desde que o clube assegure e assuma os custos de visitas regulares do adolescente à sua família. O alojamento do atleta deve ser encarado como exceção e não como regra geral. Assim, em princípio, os atletas que residem nas localidades em que treinam não poderiam ser alojados pelos clubes, pois tal conduta implicaria o sacrifício, injustificado, do direito à convivência familiar e comunitária.

Os alojamentos deverão ser adequados à condição peculiar do adolescente em desenvolvimento, sobretudo em matéria de alimentação, higiene, segurança etc. (Lei Pelé, art. 29, IV).[102]

Especificamente quanto à possibilidade de prática das atividades de atleta não profissional a partir dos 14 anos, sem vínculo empregatício, merecem ser transcritos alguns trechos da Ação Civil Pública ajuizada recentemente (em 24 de novembro de 2009) na Vara do Trabalho de Nova Lima (MG):

> O limite mínimo de idade estabelecido na Lei Pelé para o "atleta não profissional em formação" é de 14 anos (idade mínima para a aprendizagem — art. 7º, XXXIII, CF/88), sendo que o dispositivo prevê o recebimento de "bolsa aprendizagem". Pode-se abstrair da norma ora interpretada que o "atleta não profissional em formação", que recebe "bolsa de aprendizagem", pactuada em "contrato formal" é "atleta aprendiz". [...] Para se conformar com a disposição constitucional invocada, deve-se entender como obrigatória não só a formalização do contrato de aprendizagem do atleta, como também o pagamento de bolsa aprendizagem. [...] a Lei Pelé estabelece uma forma especial de aprendizagem sem vínculo de emprego, assegurando direitos trabalhistas e previdenciários aos atletas em formação: além da remuneração, obtida pelo recebimento de bolsa aprendizagem, é possível extrair do diploma legal outros direitos assegurados aos atletas em formação, como se verá da análise dos demais parágrafos do art. 29 da Lei Pelé. [...] podemos ainda utilizar a Lei que regula a aprendizagem para suprir algumas lacunas da Lei Pelé, principalmente no que diz respeito ao prazo para o contrato de aprendizagem. A Lei Pelé não estipula um prazo máximo para o contrato formal de aprendizagem que pode ser celebrado com atletas em formação com idade variando entre 14 e 21 anos incompletos. Fere a razoabilidade imaginar um contrato de aprendizagem que perdure por mais de 6 (seis) anos. Assim, cabe aqui aplicar a limitação prevista na aprendizagem regulada pela CLT (art. 428, § 3º).[103]

Assim, deve ser combatida qualquer forma de violação aos direitos de crianças e adolescentes que tentam realizar "o difícil sonho de se tornar um astro do futebol". A doutrina da proteção integral deve ser veementemente aplicada. O trabalho, e nesse caso o desporto de rendimento profissional, é proibido a menores de 16 anos, salvo na condição de aprendiz (desporto de rendimento não profissional), a partir dos 14 anos.

---
(102) *Trabalho infantil de atletas*. Disponível em: <http://www.pgt.mpt.gov.br/images/arquivos/trabalho_infantil_atletas.pdf>.
(103) Processo 01601-2009-091-03-00-1. Vara do Trabalho de Nova Lima (MG). Ação civil pública (inicial). p. 16-18.

Ademais, "ao adolescente que trabalha dentro dos limites autorizados pelo ordenamento jurídico devem ser assegurados direitos trabalhistas, previdenciários e acesso à escola".[104]

3.6.2 Trabalho doméstico

O trabalho doméstico foi regulamentado pela Lei n. 5.859, de 11 de dezembro de 1972. Em seus dispositivos não há qualquer menção quanto a limite de idade para ingresso nesta profissão. Também a Lei n. 7.418/1985 e o Decreto n. 95.247/1987 mencionam os empregados domésticos como beneficiários do direito ao vale-transporte, sem qualquer vedação do trabalho aos menores de 18 anos. Por fim, a Constituição Federal também não impunha, pelo menos de maneira direta, restrições ou proibição ao trabalho doméstico realizado por adolescentes.

No entanto, a ordem jurídica do País incorporou recentemente novas restrições ao trabalho do adolescente menor de 18 anos, decorrentes da Convenção n. 182 da OIT, ratificada pelo Brasil.

O Decreto n. 6.458, de junho de 2008, regulamenta os arts. 3º, d, e 4º da Convenção n. 182 da OIT, que trata da proibição das piores formas de trabalho infantil e ação imediata para sua eliminação (Convenção aprovada pelo Decreto Legislativo n. 178, de 14 de dezembro de 1999, e promulgada pelo Decreto n. 3.597, de 12 de setembro de 2000).

A Convenção n. 182 da OIT estipula:

Art. 3º Para efeitos da presente Convenção, a expressão "as piores formas de trabalho infantil" abrange: a) todas as formas de escravidão ou práticas análogas à escravidão, tais como a venda e tráfico de crianças, a servidão por dívidas e a condição de servo, e o trabalho forçado ou obrigatório, inclusive o recrutamento forçado ou obrigatório de crianças para serem utilizadas em conflitos armados; b) a utilização, o recrutamento ou a oferta de crianças para a prostituição, a produção de pornografia ou atuações pornográficas; c) a utilização, recrutamento ou a oferta de crianças para a realização para a realização de atividades ilícitas, em particular a produção e o tráfico de entorpecentes, tais com definidos nos tratados internacionais pertinentes; e, d) o trabalho que, por sua natureza ou pelas condições em que é realizado, é suscetível de prejudicar a saúde, a segurança ou a moral das crianças.

Art. 4º. 1. Os tipos de trabalhos a que se refere o art. 3º, d, deverão ser determinados pela legislação nacional ou pela autoridade competente, após consulta ás organizações de empregadores e de trabalhadores interessadas e levando em consideração as normas internacionais na matéria, em particular os § § 3º e 4º da Recomendação sobre as piores formas de trabalho infantil, 1999. 2. A autoridade competente, após consulta às organizações de empregados e de trabalhadores interessadas, deverá localizar os tipos de trabalho determinados conforme o § 1º deste Art. 3º. A lista dos tipos de trabalho determinados conforme o § 1º deste artigo deverá ser examinada periodicamente e, caso necessário, revista, em consulta com às organizações de empregados e de trabalhadores interessadas.[105]

---

(104) Processo 01601-2009-091-03-00-1. Vara do Trabalho de Nova Lima (MG). Ação civil pública (inicial). p. 12.
(105) OIT — Organização Internacional do Trabalho. Escritório do Brasil. *Convenção n. 182* sobre proibição das

Em consonância com o disposto pela Convenção n. 182 da OIT, por meio do Decreto n. 6.458/08, foi aprovada pela legislação brasileira a Lista das Piores Formas de Trabalho Infantil (Lista TIP), proibindo o trabalho do menor de 18 anos nas atividades nela descritas, salvo hipóteses previstas pelo próprio decreto.[106]

Entre as atividades elencadas na Lista TIP e proibidas aos adolescentes menores de 18 anos está o trabalho doméstico.

Maria Zuila Lima Dutra conceitua o trabalho doméstico de crianças e adolescentes como "aquele que se realiza no domicílio de terceiros, remunerado ou não, e consiste, em geral, em lavar e passar roupas, cozinhar, promover a limpeza da casa, tratar de animais e até cuidar dos filhos dos empregadores".[107]

Segundo a Lista TIP, são prováveis riscos ocupacionais ocasionados por essa atividade: esforços físicos intensos, isolamento, abuso físico, psicológico e sexual, longas jornadas de trabalho, trabalho noturno, calor, exposição ao fogo, posições antiergonômicas e movimentos repetitivos, tracionamento da coluna vertebral, sobrecarga muscular e queda de nível.

Além dos riscos ocupacionais, cita a Lista TIP as repercussões à saúde do adolescente: afecções musculoesqueléticas (bursites, tendinites, dorsalgias, sinovites, tenossinovites), contusões, fraturas, ferimentos, queimaduras, ansiedade, alterações na vida familiar, transtornos do ciclo vigília-sono, lesões por esforços repetitivos e distúrbios osteomusculares relacionados ao trabalho (DORT/LER), deformidades da coluna vertebral (lombalgias, lombociatalgias, escolioses, cifoses, lordoses), síndrome do esgotamento profissional e neurose profissional, traumatismos, tonturas e fobias.

Assim, é vedada pela legislação brasileira a prática de atividades domésticas por adolescentes menores de 18 anos a partir da data de eficácia do Decreto n. 6.458/2008, isto é, setembro de 2008, após *vacatio legis* de 90 dias.

---

piores formas de trabalho infantil e ação imediata para sua eliminação. Aprovadas em 17.06.1999. No Brasil, promulgada pelo Decreto n. 3.597, de 12.09.2000, arts. 3º e 4º. Disponível em: <http://www.oitbrasil.org.br/ipec/normas/conv182.php>.

(106) BRASIL. Presidência da República. Casa Civil. Subchefia para Assuntos Jurídicos. *Decreto n. 6.481*, de 12 jun. 2008. Regulamenta os arts. 3º, d, e 4º da Convenção n. 182 da Organização Internacional do Trabalho (OIT) que trata da proibição das piores formas de trabalho infantil e ação imediata para sua eliminação, aprovada pelo Decreto Legislativo n. 178, de 14.12.1999, e promulgada pelo Decreto n. 3.597, de 12.09.2000, e dá outras providências. Disponível em: <http://www.planalto.gov.br/ccivil_03/_Ato2007-2010/2008/Decreto/D6481.htm>. Art. 2º Fica proibido o trabalho do menor de dezoito anos nas atividades descritas na Lista TIP, salvo nas hipóteses previstas neste decreto. § 1º A proibição prevista no caput poderá ser elidida: I — na hipótese de ser o emprego ou trabalho, a partir da idade de dezesseis anos, autorizado pelo Ministério do Trabalho e Emprego, após consulta às organizações de empregadores e de trabalhadores interessadas, desde que fiquem plenamente garantidas a saúde, a segurança e a moral dos adolescentes; e II — na hipótese de aceitação de parecer técnico circunstanciado, assinado por profissional legalmente habilitado em segurança e saúde no trabalho, que ateste a não exposição a riscos que possam comprometer a saúde, a segurança e a moral dos adolescentes, depositado na unidade descentralizada do Ministério do Trabalho e Emprego da circunscrição onde ocorrerem as referidas atividades.

(107) DUTRA, Maria Zuila Lima. *Op. cit.,* p. 28.

3.6.3 Trabalho em regime familiar

Nos termos da Lei n. 8.213, de 24 de junho de 1991:

Art. 11. [...] § 1º Entende-se como regime de economia familiar a atividade em que o trabalho dos membros da família é indispensável à própria subsistência e ao desenvolvimento socioeconômico do núcleo familiar e é exercido em condições de mútua dependência e colaboração, sem a utilização de empregados permanentes. (Redação determinada pela Lei n. 11.718/2008)[108]

Trata-se de um trabalho sem vínculo empregatício com a possibilidade de participação de adolescentes, desde que prestem serviços exclusivamente para pessoas de sua família e estejam sob direção do pai, da mãe ou do tutor.

A CLT exclui da aplicação do capítulo de proteção ao trabalho do menor adolescentes que prestem serviço em regime de economia familiar, ressalvada a aplicação dos arts. 404 e 405 e da Seção II.

Portanto, mesmo prestando serviços a pessoas de sua família, ao adolescente menor de 18 anos é proibido o trabalho noturno, perigoso, insalubre ou prejudicial à sua moralidade.

Os direitos previstos pela Constituição Federal e pelo Estatuto da Criança e do Adolescente devem ser respeitados.

Por fim, o trabalho deve ser compatível com os horários de estudo e recreação, sendo garantido ao adolescente o acesso e frequência à escola (art. 227, *caput*, § 3º, I, II e III, CF/88).

3.6.4 Artistas infantojuvenis

Uma questão que sempre suscita discussões é o desempenho de atividades artísticas por crianças e adolescentes, principalmente em atuações em teatros e televisão.

A Lei n. 6.533, de 24 de maio de 1978, que dispõe sobre a regulamentação das profissões de artistas e de técnico em espetáculos de diversões, não traz nenhuma disposição sobre o trabalho infantojuvenil.

Entende-se que o trabalho artístico não merece tratamento diferenciado em relação a qualquer outro. Esse trabalho pode até mesmo ser mais desgastante, tanto física, mental e moralmente, do que outros.

Algumas pessoas entendem que não se deve negar o talento das crianças e adolescentes impondo proibição legal para que não cantem, representem ou dancem para o público. No entanto, nem sempre esse é o real desejo deles, ou talvez, nem saibam bem o que desejam.

---

(108) BRASIL. Presidência da República. Casa Civil. Subchefia para Assuntos Jurídicos. *Lei n. 8.213*, de 24.07.1991. Dispõe sobre os Planos de Benefícios da Previdência Social e dá outras providências. Art. 11, § 1º. Disponível em: <http://www.planalto.gov.br/ccivil_03/Leis/L8213compilado.htm>.

Um depoimento de Robert Blake, ator americano, ilustra bem a questão:

> Eu não era um astro infantil. Eu era um trabalhador infantil. De manhã minha mãe me entregava para o estúdio da MGM como um cachorrinho em confiança [...] eu era como a maioria dos artistas mirins. Eu interpretava porque me mandavam. Eu não gostava. Não era um modo de se viver.[109]

A idade mínima de 16 anos deve ser respeitada e a possibilidade de qualquer autorização para o serviço prestado em teatros, televisão ou estabelecimentos análogos deve ser restrita e cuidadosamente analisada.[110]

Portanto, qualquer que seja a atividade a ser desempenhada por adolescentes maiores de 16 anos e menores de 18 anos, deverá ser seguida rigorosamente a legislação protetiva imposta pelo Brasil.

Cabe ressaltar que as formas permitidas legalmente resumem-se às citadas neste capítulo; ou seja, abrangem o adolescente inserido em trabalho educativo, o adolescente aprendiz que se sujeita à formação técnico-profissional segundo as diretrizes e bases fixadas em legislação própria, o adolescente estagiário e o adolescente maior de 16 anos que possui contrato de emprego sujeito às normas gerais e especiais de proteção ao trabalho de acordo com a Consolidação das Leis do Trabalho e com a Constituição Federal.

Assim, as atividades devem se enquadrar nos modelos previstos em lei, sendo expressamente vedado o trabalho de crianças, permitido apenas o de adolescentes com idade entre 16 e 18 anos, com exceção da aprendizagem, que abrange também adolescentes de 14 a 16 anos de idade.

---

(109) GRUNSPUN, Haim. *O trabalho de crianças e dos adolescentes*. São Paulo: LTr, 2000. p. 68.
(110) De acordo com o Ministério Público do Trabalho em orientação elaborada e aprovada com base em estudo da Coordenadoria Nacional de Combate à Exploração do Trabalho de Crianças e Adolescentes (Coordinfância): *ORIENTAÇÃO N. 02. Trabalho Infantil Artístico. Proibição Geral para menores de 16 anos. Excepcionalidades. Condições Especiais*. I. O trabalho artístico, nele compreendido toda e qualquer manifestação artística apreendida economicamente por outrem, é proibido para menores de 16 anos, salvo na condição de aprendiz, a partir dos 14 anos, nos termos do art. 7º, XXXIII da Constituição Federal. II. Admite-se, no entanto, a possibilidade de exercício de trabalho artístico, para menores de 16 anos, na hipótese do art. 8º, item I da Convenção n. 138 da OIT, desde que presentes os seguintes requisitos: A) Excepcionalidade; B) Situações Individuais e Específicas; C) Ato de Autoridade Competente (autoridade judiciária do trabalho); D) Existência de uma licença ou alvará individual; E) O labor deve envolver manifestação artística; F) A licença ou alvará deverá definir em que atividades poderá haver labor, e quais as condições especiais de trabalho. III. Em razão dos princípios da proteção integral e prioridade absoluta, são condições especiais de trabalho a constar em qualquer alvará judicial que autorize o exercício de trabalho artístico para menores 16 anos, sob pena de invalidade: A) Imprescindibilidade de Contratação, de modo que aquela específica obra artística não possa, objetivamente, ser representada por maior de 16 anos; B) Prévia autorização de seus representantes legais e concessão de alvará judicial, para cada novo trabalho realizado; C) Impossibilidade de trabalho em caso de prejuízos ao desenvolvimento biopsicossocial da criança e do adolescente, devidamente aferido em laudo médico-psicológico; D) Matrícula, frequência e bom aproveitamento escolares, além de reforço escolar, em caso de mau desempenho; E) Compatibilidade entre o horário escolar e atividade de trabalho, resguardos dos direitos de repouso, lazer e alimentação, dentre outros; F) Assistência médica, odontológica e psicológica; G) Proibição de labor a menores de 18 anos em locais e serviços perigosos, noturnos, insalubres, penosos, prejudiciais à moralidade e em lugares e horários que inviabilizem ou dificultem a frequência à escola; H) Depósito, em caderneta de poupança, de percentual mínimo incidente sobre a remuneração devida; I) Jornada e carga horária semanal máximas de trabalho, intervalos de descanso e alimentação; J) Acompanhamento do responsável legal do artista, ou quem o represente, durante a prestação do serviço; L) Garantia dos direitos trabalhistas e previdenciários quando presentes, na relação de trabalho, os requisitos dos arts. 2º e 3º da Consolidação das Leis do Trabalho. Disponível em: <http://www.pgt.mpt.gov.br/atuacao/trabalho-infantil/orientacoes.html>.

4. Afirmação da educação na juventude com a erradicação e/ou restrição do trabalho

Somos culpados de muitos erros e muitas falhas, mas o nosso pior crime é abandonar as crianças, desprezando a fonte da vida.
Muitas das coisas de que precisamos podem esperar. A criança não pode.
É exatamente agora que seus ossos estão se formando,
seu sangue é produzido e seus sentidos estão se desenvolvendo.
Para ela não podemos responder "Amanhã". Seu nome é "Hoje".

(Gabriela Mistral)

Fonte: RIPPER, João Roberto. Imagens humanas/João Roberto Ripper. GASTALDONI, Dante; MARINHO, Mariana (Orgs.). Textos de Carlos Walter et al. Tradução de James Mulholland. Rio de Janeiro: Dona Rosa Produções Artísticas, 2009.

Trabalho infantil: existem prós? Reafirma-se, mais uma vez, a posição de interdição do aproveitamento precoce do trabalho infantojuvenil. É preciso priorizar o encaminhamento obrigatório de crianças e jovens às escolas. Caso não haja a possibilidade de dedicação exclusiva aos estudos — com a prática de atividades lúdicas, de desenvolvimento moral, espiritual e social —, que seja cumprido o mínimo do dever estabelecido pela Constituição Federal: acesso à educação, mesmo que em meio período, cabendo aos pais e à sociedade buscar uma complementação adequada em atividades que respeitem as peculiaridades e o bem-estar dos menores.

Entretanto, há quem responda "sim" ao questionamento inicial. A favor do trabalho infantil estão aqueles que buscam soluções imediatistas ao problema dos menores abandonados, ao problema da delinquência infantil. Há também aqueles que aderem à causa para auferir lucros: como adultos que utilizam o trabalho de crianças, barateando seus custos com mão de obra, contribuindo para o ciclo vicioso de marginalização e pobreza das famílias brasileiras de baixa ou nenhuma renda. O discurso de que o trabalho retiraria os jovens das ruas a partir da oferta de oportunidades é uma falácia. Uma criança que cresce sem apoio educacional, sem direcionamento pessoal e espiritual raramente vai conseguir progredir, seja socialmente, seja economicamente.

As ações devem direcionar-se a propostas que atendam às necessidades de milhões de crianças e adolescentes desamparados, e não às necessidades de poucos que se sentem incomodados não com a realidade daqueles, mas com os aborrecimentos a que são expostos.

4.1 A realidade brasileira: a utilização do trabalho precoce de crianças e adolescentes

A dificuldade econômica por que passam diversas famílias tem sido a principal responsável pela exploração de menores, desde a primeira infância e nas mais variadas épocas da humanidade.[1]

Segundo José Roberto Dantas, "no Brasil, estudos indicam que o trabalho infantil 'é cultural e está ligado à pobreza e às deficiências do sistema educacional'".[2]

O trabalho infantojuvenil passa a ser o instrumento de sobrevivência para as camadas mais pobres da sociedade. Esse trabalho, apesar de gerar ganho imediato importante para as necessidades mais básicas dos integrantes da família, ocasiona perdas irreversíveis para as crianças e adolescentes, como o abandono da escola e o comprometimento de uma qualificação para a vida pessoal e profissional.

Aliados à desigualdade social, alguns fatores contribuem para a manutenção da exploração de jovens e crianças. Claros exemplos são: a mentalidade retrógrada

---
(1) BARROS, Alice Monteiro de. *Curso de direito do trabalho*. 3.ed. São Paulo: LTr, 2007. p. 534.
(2) OLIVA, José Roberto Dantas. *Op. cit.*, p. 139.

de empregadores que utilizam a mão de obra de crianças e adolescentes com intuito de baratear seus custos; e o enraizamento cultural incutido no pensamento de grande parte da sociedade que insiste em edificar o trabalho precoce e colocá-lo como solução para o problema da marginalidade.

A Pesquisa Nacional de Amostra por Domicílio (PNAD) revela que persiste no Brasil um contingente elevado de crianças e adolescentes trabalhando. Em 2008, quatro milhões e quinhentas mil crianças e adolescentes trabalhavam, sendo 993 mil delas do grupo de 5 a 13 anos de idade. Esses trabalhadores eram, sobretudo, meninos, que estavam principalmente em atividades agrícolas e sem registro.[3]

Especificamente no Estado de Minas Gerais, os números não são menos alarmantes: 244.396 meninos e meninas com idade entre 5 e 15 anos trabalham.[4]

Como consequência direta dessa realidade está o alto índice de evasão escolar. Análises baseadas na PNAD indicam que o trabalho infantojuvenil tem reflexo negativo nas taxas de frequência à escola.[5] Mesmo quando as crianças e os adolescentes são mantidos na escola, seu rendimento é insuficiente.

Várias são as atividades urbanas em que crianças e adolescentes são explorados. Dados do UNICEF revelam que no ano de 2003 quarenta e cinco mil crianças brasileiras trabalhavam em lixões, selecionando material reciclável para venda e também alimentos e material para consumo próprio. Do total dessas crianças, mais de 30% daquelas que estavam em idade escolar jamais tinham frequentado a escola.[6]

Atividades informais, insalubres, perigosas e prejudiciais à moralidade fazem parte do cotidiano de milhares de crianças nas grandes cidades. Não são necessárias estatísticas para comprovar essa realidade, que salta aos olhos de todos os brasileiros. Vendedores ambulantes, engraxates, catadores de papel, guardadores de carros e mágicos e palhaços nos sinais de trânsito são alguns dos diversos papéis exercidos por pequenos trabalhadores.

No âmbito rural, há um alto índice de utilização de mão de obra infantojuvenil. Dados do IBGE do ano de 2008 relatam que 35,5% das pessoas de 5 a 17 anos de idade ocupadas estavam exercendo atividades agrícolas.[7]

Em regra, crianças e adolescentes que trabalham na zona rural são levadas pelos próprios pais. Como o ganho em muitas atividades depende da produtividade, toda a família participa do trabalho. Como agravante, os pais são contratados e seus filhos, que também participam da produção, ficam à margem dos direitos trabalhistas e previdenciários. Questões sociais, como acesso à escola, são desconsideradas. As

---
(3) IBGE, 2008.
(4) QUINTÃO, André. O combate ao trabalho infantil. *Jornal Estado de Minas*. 15 jun. 2009. *Caderno Opinião*, p. 7.
(5) Além, é claro, dos sérios danos à integridade física e moral das crianças e adolescentes que o trabalho infantojuvenil pode vir a acarretar.
(6) MINHARRO, Erotilde Ribeiro dos Santos. *A criança e o adolescente no direito do trabalho*. São Paulo: LTr, 2003. p. 91.
(7) IBGE, 2008.

atividades realizadas, na maioria das vezes, estão elencadas na Lista TIP (lista das piores formas de trabalho infantil) e apresentam-se como altamente insalubres até mesmo para adultos. É alarmante o número de crianças e adolescentes que manuseiam agrotóxicos e produtos químicos, carregam excesso de peso, trabalham na colheita de cana-de-açúcar, fumo e sisal e na fabricação de cal, entre muitas outras atividades impróprias.

Matéria publicada na obra de Porto, Huzak e Azevedo sobre o trabalho na extração de resina de árvores em uma floresta de pinheiros na região de Itapetininga, no Estado de São Paulo, comprova o quanto o trabalho precoce atua como dissociador do processo educacional, principalmente no campo:

> Como em outros setores da agricultura, os jovens abandonam a escola muito cedo, e a ausência de salas de aula nos acampamentos dificulta ainda mais o acesso que eles deveriam ter à educação. Os filhos dos trabalhadores que moram na periferia da cidade, e não nos acampamentos, também acabam abandonando a escola por exaustão: as jornadas de trabalho se estendem até 10 horas, em locais íngremes e muitas vezes de difícil acesso.[8]

> Relato de Celene, de 11 anos, que trabalhava na região ajudando seu pai: "Queria que a gente voltasse para a escola, mas não dá. Chegamos às sete da manhã na floresta e voltamos às cinco da tarde. Quando as estrias estão baixas, doem as costas. Minhas mãos ficam cortadas por causa do ácido. Depois tem o diesel para tirar a resina da mão. Quando chego em casa, só jantando e dormindo".[9] (grifo do autor)

Entrevistas realizadas com pequenos trabalhadores do Vale do Jequitinhonha e do Norte Mineiro constatam a triste realidade da exploração de mão de obra de crianças e adolescentes pobres. O trabalho infantojuvenil é visto com naturalidade, como algo necessário à sobrevivência dessa população, que deve ser garantida por esses pequenos trabalhadores. Não se pode deixar de transcrever pelo menos uma delas, no afã de aproximar o leitor dessa triste realidade brasileira:

> O adolescente doravante denominado "A" começou a trabalhar aos 13 anos: "quando eu estava num tamanho que eu tava sabendo que eu estava precisando trabalhar, eu estava estudando e sempre eu gostava de estudar e trabalhar. Eu estudava e pegava feira no mercado, fazendo entrega... Eu já fazia de tudo pra ganhar meu dinheiro". Com a doença do pai, ele se viu obrigado a sair da escola e foi trabalhar com o irmão "para ajudar em casa". Esse relato expressa um compromisso de reciprocidade do filho para com sua família selado através do trabalho. Pai doente necessidade de trabalho do filho adolescente... As estratégias familiares

---

(8) PORTO, Cristina; HUZAK, Iolanda; AZEVEDO, Jô. *Trabalho Infantil*: o difícil sonho de ser criança. São Paulo: Ática, 2003.
(9) *Idem*.

de sobrevivência vão se desenhando e não é incomum a tessitura de uma rede de parentesco que dê suporte à sobrevivência das famílias. A percepção cultural de que os filhos devem retribuir o que receberam, estabelecendo-se, dessa forma, laços de solidariedade, é disseminada na sociedade brasileira, especialmente nas camadas mais empobrecidas. Esse adolescente representa o trabalho como uma atividade rotineira: "O dia passa tudo a mesma coisa... todo dia é o mesmo serviço" e ao mesmo tempo afirma que "se não trabalha, ninguém é nada, ninguém pode fazer nada". Quando perguntado sobre a importância em trabalhar, responde: "importante pra mim é ganhar dinheiro". A necessidade de dinheiro numa sociedade onde as relações são monetizadas faz com que esse entrevistado, como vários outros, se submeta a um trabalho que não permite o desenvolvimento da capacidade criativa. Em se tratando de crianças e adolescentes, tal situação adquire uma maior gravidade por não possibilitar a vivência de um ambiente estimulante imprescindível à sua formação, como um ser em desenvolvimento. Apesar de "A" estar envolvido com o trabalho desde cedo, ele admite não ter parado para pensar sobre o que quer ser na vida em termos de profissão e quando indagado a respeito da existência de algum sonho de vida, retrucou que "não tenho nenhum sonho não, de ser nada não" e completou "nunca pensei em ser nada. Sem leitura ninguém pode fazer nada e eu parei na 5ª". Com essa fala, o adolescente percebe que o seu trabalho não lhe oferece perspectiva alguma de futuro. A escola é vista como essa possibilidade. Pode-se inferir que essa rotina o impede de ser criativo, não o estimula a processos de inovação, de aprendizagem, o que acaba por desinteressá-lo. Essa falta de perspectiva é indicativo de que nesse caso não se pode atribuir o sentido do trabalho como ato de criação, de autonomia e capaz de tornar "A" um ser desejante. Esta situação emblemática nos revela a realidade de centenas de crianças e adolescentes que se encontram em situação semelhante a esta.[10] (grifos do autor)

Outra grave realidade é a do trabalho doméstico.[11] Apesar da recente proibição desta atividade aos menores de 18 anos de idade (pelo Decreto n. 6.458/2008, regulando a Convenção n. 182 da OIT), sua aferição é difícil. Em decorrência, muitas famílias utilizam-se do trabalho de crianças e de adolescentes, que, sem registro de emprego, ficam privados de direitos trabalhistas e previdenciários. Isso quando o trabalho não é sequer remunerado, sujeitando meninas e meninos a jornadas extenuan-

---

(10) MARQUES; NEVES e CARVALHO NETO, Op. cit., p. 184-185.
(11) Em 2008, 57,1% das pessoas de 5 a 17 anos de idade que estavam ocupadas também exercem afazeres domésticos. Na faixa etária de 5 a 13 anos, esse percentual era de 61,2%; e entre 14 e 17 anos de idade, a proporção era de 56,0%. Entre as mulheres de 5 a 17 anos ocupadas, o percentual era de 83,2%, enquanto entre os homens 43,6% dos ocupados nessa faixa etária realizavam afazeres domésticos. Entre as pessoas de 5 a 17 anos de idade não ocupadas, 42,0% exercem afazeres domésticos, percentual que era de 54,6% entre as mulheres e de 29,2% entre os homens (IBGE, 2008).

tes, privando-os do acesso à escola.⁽¹²⁾ O Brasil, segundo pesquisa da OIT, ocupa o terceiro lugar no mundo — sendo o primeiro e o segundo lugares, respectivamente, da África do Sul e da Indonésia — em trabalho doméstico infantojuvenil. ⁽¹³⁾

O jovem desprotegido, pobre e sem perspectivas de melhores condições de vida fica, então, sujeito a um mercado de exploração e alheio ao mundo da educação, cultura e lazer. Os postos de trabalho ocupados por estas crianças e adolescentes são, consequentemente, retirados dos adultos, perpetuando um ciclo de pobreza material e cultural, contribuindo para uma inserção precária no mercado de trabalho. Como se não bastasse, o desvirtuamento dos deveres impostos à sociedade e aos governantes acaba por transformar jovens carentes em "culpados" por uma sociedade violenta, em vez de vítimas do fracasso das políticas sociais.

4.2 A relação entre educação e trabalho: a educação como principal mecanismo de inserção social e acesso igualitário ao mercado de trabalho

A Constituição da República Federativa do Brasil coloca a educação e o trabalho como direitos fundamentais do ser humano e pilares para o progresso econômico e social. Mas o que exatamente isso significa? Qual é a relação entre trabalho e educação?

Nas sábias palavras de José Afonso da Silva, direitos fundamentais do ser humano podem ser conceituados como:

> [...] aquelas prerrogativas e instituições que ele (direito positivo) concretiza em garantias de uma convivência digna, livre e igual de todas as pessoas. No qualificativo fundamentais acha-se a indicação de que se trata de situações jurídicas sem as quais a pessoa humana não se realiza, não convive, às vezes, nem mesmo sobrevive; fundamentais do homem no sentido de que a todos, por igual, devem ser, não apenas formalmente reconhecidos, mas concreta e materialmente efetivados.⁽¹⁴⁾

Mas, qual é o real papel da educação e do trabalho como direitos fundamentais?

A educação é o presente e o futuro do homem. Por meio dela, inicia-se uma vida digna, com o conhecimento de direitos básicos, cidadania e consequente exercício da democracia. A educação proporciona igualdade de oportunidades e possibilidade de desenvolvimento e realização profissional, pessoal e social para o homem.

A própria Constituição Federal, em seu art. 205, dispõe que a educação deve visar ao pleno desenvolvimento da pessoa, seu preparo para o exercício da cidadania e sua qualificação para o trabalho.

---

(12) DUTRA, Maria Zuila Lima. *Op. cit.*, p. 26.
(13) *Ibidem*, p. 27.
(14) SILVA, José Afonso da. *Curso de direito constitucional positivo*. 9. ed. rev. São Paulo: Malheiros, 1992. p. 159.

A educação aqui tratada, em seu sentido mais amplo, refere-se a uma qualificação constante, que busca preparar o homem em todas as suas acepções e inseri-lo em um contexto social do qual se sinta parte. As trocas de conhecimentos históricos e de experiências são a chave para a formação de um cidadão independente e possuidor de uma visão crítica de seu mundo.

> Educar é tirar de dentro para fora e não introduzir de fora para dentro. Todos possuem em estado de latência poderes e faculdades maravilhosas cujo desenvolvimento harmônico e progressivo deve constituir o objeto da educação. Se os nossos esforços se focalizarem numa determinada faculdade deixando as demais em abandono, produziremos indivíduos anômalos constituindo povos desequilibrados, verdadeiros aleijões morais.[15]

Não basta apenas uma educação teórica, acadêmica ou técnica; é necessário um arcabouço de conhecimentos que englobe também a educação moral, ética e religiosa, construindo no espírito humano o respeito a si mesmo e ao próximo.

> O desenvolvimento tem por objeto a realização completa do homem, em toda a sua riqueza e na complexidade das suas expressões e dos seus compromissos: indivíduo, membro de uma família e de uma coletividade, cidadão e produtor-inventor de técnicas e criador de sonhos, acrescentando que a educação baseia-se em quatro pilares que são: aprender a conhecer, aprender a fazer, aprender a viver juntos e aprender a ser.[16]

O processo educacional é a palavra de ordem da sociedade contemporânea e está atrelado a qualquer possibilidade de avanço. É aqui que se insere o trabalho. Não apenas como meio de suprir as necessidades primárias do homem, mas como ato de criação, de autonomia e de realização.

O trabalho é a base da economia de qualquer sociedade. É por meio dele que o homem "encontra sua verdadeira dignidade sob o aspecto social, pois exercendo atividade produtiva se tornará útil à sociedade, a sua família e a si mesmo".[17]

Segundo Dalmo de Abreu Dallari:

> O trabalho faz parte da condição humana e por isso não pode ser tratado como coisa supérflua, ou então como se fosse apenas mais um dos componentes na conjugação de elementos que irão proporcionar vantagens materiais a alguém [...] o trabalho para uns é atributo dignificante do homem... Todos os seres humanos, sem qualquer exceção e sejam quais forem a época e o lugar, sempre necessitaram de alimento e abrigo, além de muitos outros

---

(15) CAMARGO, Pedro de Vinicius apud QUEIRÓZ, José Fleuri. O mestre na educação. 3. ed. Brasília: FEB, 1977. p. 125.
(16) DELORS, Jacques (org.). Educação: um tesouro a descobrir. Relatório para a UNESCO da Comissão Internacional sobre Educação para o Século XXI. 2. ed. São Paulo: Cortez; Brasília-DF: MEC/UNESCO, 1999.
(17) RAFAEL, Márcia Cristina. Educação, trabalho e cidadania. COAD — informativo semanal n. 52/2003, ano XXXVII. p. 475.

bens materiais e imateriais. E sempre houve pessoas trabalhando para que todos sobrevivessem. É o trabalho que aparece como um bem essencial para a preservação da vida, para a satisfação de desejos e necessidades, para a proteção da dignidade humana.[18]

É essencial, portanto, que seja garantido ao homem o direito fundamental ao trabalho. Entretanto, não o direito a qualquer labor, mas àquele que proporcione liberdade de escolha e garantia de condições justas e igualitárias de inserção no "mundo do trabalho".

É na busca pelo acesso igualitário ao mercado de trabalho que atua como protagonista principal a *educação*.

> A escolarização, a educação, a capacitação e a qualificação são as bases que sedimentam a relação social do homem com o mundo do trabalho... O mundo do trabalho contemporâneo exige capacidade de identificar e solucionar problemas, de tomar decisões, de enfrentar mudanças, de uma participação mais ativa na realização dos objetivos do capital, desenvolvendo uma percepção do mundo e da vida cuja construção se faz a partir de uma educação estrutural, ampla e múltipla.[19]

O mercado de trabalho contemporâneo requer um trabalhador multiqualificado e dinâmico. É indiscutível que aquele indivíduo que tem condições de investir em conhecimento e formação, ampliando sua capacidade laborativa, terá maior interação, integração e aceitação no mercado. "Quanto mais escolarizado [...] mais dignidade, maior integração nos meios de produção, na empresa e na própria sociedade [...] mais útil e mais seguro se sentirá o trabalhador nesse universo de intensa competição".[20]

Mesmo quando a discussão gira em torno de atividades de pouca qualificação, o foco deve ser a busca pelo bem-estar do ser humano. O homem deve ser direcionado para o trabalho cooperativo, sempre seguro de sua importância e utilidade na sociedade da qual faz parte, independentemente do segmento social.

Na lavra de Benizete Ramos de Medeiros:

> Por isso, insiste-se que o processo educativo em âmbito complexo e geral tem caráter imprescindível à conquista da dignidade, tendo como vertente que o importante é perceber que formar cidadão para o mundo do trabalho é prepará-lo e capacitá-lo para compreender os movimentos sociais e as tendências, não importando se sua força vai ser despendida em atividades consideradas mais banais, mais comuns, ainda que rotativas e terceirizadas, mas que possa dosar o valor de seu trabalho com a importância do processo produtivo, pois o trabalhador que se sente sem valor, sem importância,

---

(18) DALLARI, Dalmo de Abreu. O trabalho integra a condição humana. *O Estado de S. Paulo*, São Paulo, 10 mar. 1996.
(19) MANFREDI, Sílvia Maria. *Educação profissional no Brasil*. Rio de Janeiro: Cortez, 2002. p. 49.
(20) MEDEIROS, Benizete Ramos de. *Op. cit.*, p. 77.

sem preparo, se acha, igualmente, sem condições de reivindicações perante quem lhes deve satisfação, e portanto, pouco contribui para as melhorias de dignificação e respeito no mundo do trabalho.[21]

A precarização do emprego e da remuneração, a ausência de proteção ao trabalho, a fraqueza dos sindicatos, a flexibilização das normas trabalhistas já existentes e todas as consequências advindas de um capitalismo "sem peias" só serão combatidas por uma massa de trabalhadores preparada para lutas sociais e políticas.

O progresso econômico deve estar atrelado ao progresso do ser humano, pois nunca haverá evolução enquanto os principais componentes do processo — os trabalhadores — encontrarem-se enfermos.

4.3 O trabalho infantojuvenil: desrespeito aos direitos fundamentais à educação e ao trabalho digno

Quando a Constituição Federal assegura a todos os direitos fundamentais à educação[22] e ao trabalho, inserem-se como principais destinatários as crianças e os adolescentes. Naturalmente que às crianças cabe o direito imediato à educação, como pressuposto para um futuro direito ao trabalho. Aos adolescentes também cabe o direito à educação, que atua, sem dúvida, como pressuposto ao futuro direito ao trabalho, embora este, se existente, a partir de certa idade, deve estar submetido a diversas cautelas e proteções.

Merecem transcrição as precisas palavras de Oris de Oliveira, citado por José Roberto Dantas Oliva, sobre a questão:

> O trabalho é dever, *mas ele só passa a sê-lo a partir do momento em que o homem atinge o seu pleno desenvolvimento físico e psíquico. Portanto, antes de se tornar adulto não há obrigação de trabalhar e a sociedade deve dar a todos, e não unicamente aos "eupátridas" ou "bem nascidos", a possibilidade de um harmônico desenvolvimento físico e psíquico e de preparar-se para um futuro trabalho qualificando-se para exercê-lo dignamente. Qualquer sociedade que, concretamente, não dá a todos essa efetiva oportunidade de exercer, no futuro, o dever de trabalhar, além de ferir continuamente a justiça social, não tem autoridade moral de exigir que os adolescentes pobres comecem a trabalhar antes do tempo exigindo deles um dever que não cobra de todos.*

É inegavelmente que assim procede a sociedade brasileira em relação aos adolescentes pobres e há toda uma cultura profundamente enraizada neste sentido. Cobra-se do adolescente pobre a obrigação de trabalhar sem lhe oferecer as mesmas possibilidades que dão aos demais adolescentes.

---

(21) MEDEIROS, Benizete Ramos de. *Op. cit.*, p. 109.
(22) Entenda-se por direito à educação não somente o direito ao ensino fundamental, médio e superior, como também o acesso à cultura, lazer, profissionalização.

O trabalho é direito, nunca, porém, antes da idade mínima, fixada pelo próprio direito exatamente para preservação de outros valores: desenvolvimento físico, psíquico, moral e social, a pré-escolaridade, o folguedo, o brincar, enfim, o valor "SER CRIANÇA". Valores estes que não podem ser privilégio de alguns.

Faz parte do processo educacional, no momento certo e com instrumentos adequados, inclusive lúdicos, ensinar a criança que o trabalho é valor, que é um direito e um dever, desde que explícita ou subliminarmente não se ensine que o é para uns e não para todos os cidadãos, a uns mais tarde porque aquinhoados pela fortuna e a outros mais cedo sacrificando educação, escolaridade, saúde, lazer infantil, porque pobres. Uma educação, se é que possa receber essa designação, que assim proceder não passa de um mecanismo de alimentação do *apartheid* social.

O trabalho infantojuvenil em todos os seus aspectos, inclusive, para não dizer sobretudo, o jurídico, deve ser visto sempre sobre a ótica do Estatuto da Criança e do Adolescente, no qual não há lugar para duas infâncias e nem duas adolescências: uma dos "bem nascidos" e outra dos "menores", isto é, dos abandonados, delinquentes, vadios, ou, sem eufemismos, dos pobres. Existe uma só com os mesmos direitos, cujo equilíbrio se faz através da justiça distributiva, que dá mais a quem necessita; — mais educação, mais escolaridades, maior possibilidade de profissionalização.

Esse, todavia, não é o modelo das políticas públicas existentes. O Estatuto exige outras com base na justiça distributiva e criou os instrumentos para sua efetivação, um dos quais é a atuação destemida dos Conselhos nacional, estaduais, municipais e tutelares, cujo principal obstáculo, que encontrarão para dar eficácia à lei, é a inércia das posições consolidadas, o peso morto do *status quo*.[23] (grifos nossos)

Retoma-se aqui a uma discussão já iniciada nos capítulos anteriores: por que ainda persiste no País a mentalidade de investimento em políticas de emprego e renda ao adolescente em detrimento de medidas que visem a sua formação educacional?

Não restam dúvidas quanto à necessidade da educação para o desenvolvimento pessoal e profissional. A política adequada é certamente aquela que investe em formação educacional de crianças e adolescentes, sobretudo na era em que se vive: à era da globalização.

Explica Irandi Pereira:

> O desemprego estrutural e as novas demandas do mercado de trabalho deixam claro que o trabalhador hoje precisa de: formação educacional mínima de primeiro grau completo, profissionalização versátil e polivalente, bem como socialização.[24]

---

(23) OLIVA, José Roberto Dantas. *Op. cit.*, p. 138-139.
(24) PEREIRA, Irandi et al. *Trabalho do adolescente*. Mitos e dilemas. São Paulo: Instituto de Estudos Especiais da PUC/SP, maio de 1994. p. 19.

Complementa o autor colocando esses requisitos como mínimos para "instrumentalizar o indivíduo para as relações sociais, para a arte da negociação, para o pensamento flexível e criativo, enfim, para o domínio da cultura de seu tempo".[25]

Assim, as políticas de conteúdo meramente assistencialistas — que ainda hoje são dirigidas a crianças e adolescentes de baixa renda — estão na contramão dos direitos e garantias conferidas pela lei a este segmento da população. Ademais, nefastos resultados econômicos advirão da exploração do trabalho infantojuvenil e do consequente despreparo das crianças e adolescentes em relação a um mercado cada vez mais dinâmico de trabalho.

Diversos programas surgem no afã de solucionar o problema dos "meninos de rua", garantindo-lhes uma contrapartida financeira irrisória e passageira, e ocupando seu tempo ocioso, sem, contudo, preocupar-se com a principal contraprestação a ser oferecida: a educação. Esta, sim, capaz de assegurar uma qualificação profissional futura.

A busca por respostas imediatistas acaba por excluir ainda mais os jovens carentes de nossa sociedade, transformando-os nos trabalhadores desqualificados e manipuláveis de amanhã.

O investimento no ensino fundamental e médio de qualidade e com acesso para todos, sem qualquer discriminação — ou seja, *a escolarização e profissionalização anteriores ao ingresso no mercado de trabalho* —, é o ideal que deve ser buscado pela sociedade.

Na mesma linha de entendimento, complementa Viviane Colucci:

> Nesse contexto, *a forma mais perversa de perpetuar o círculo da pobreza é acentuar a ideia de que ao pobre é reservado o trabalho e ao rico a educação. Ou seja, o pobre ocioso estaria condenado à delinquência*. No entanto, não se pensa nas formas de preenchimento do tempo que são utilizadas para os meninos de classe média e alta.[26] (grifos nossos)

Ao lado do investimento que cabe ao Estado, em consonância com a Constituição Federal,[27] cabe à sociedade eliminar a visão equivocada de trabalho precoce como solução para a pobreza e marginalização.

---

(25) PEREIRA, Irandi *et al*. *Op. cit.*, p. 19.
(26) COLUCCI, Viviane. *Op. cit.*, p. 98.
(27) CF/1988. Art. 213. Os recursos públicos serão destinados às escolas públicas, podendo ser dirigidos a escolas comunitárias, confessionais ou filantrópicas, definidas em lei, que: [...] § 1º Os recursos de que trata este artigo poderão ser destinados a bolsas de estudo para o ensino fundamental e médio, na forma da lei, para os que demonstrarem insuficiência de recursos, quando houver falta de vagas e cursos regulares da rede pública na localidade da residência do educando, ficando o Poder Público obrigado a investir prioritariamente na expansão de sua rede na localidade. § 2º As atividades universitárias de pesquisa e extensão poderão receber apoio financeiro do Poder Público. Art. 214. A lei estabelecerá o plano nacional de educação, de duração decenal, com o objetivo de articular o sistema nacional de educação em regime de colaboração e definir diretrizes, objetivos, metas e estratégias de implementação para assegurar a manutenção e desenvolvimento do ensino em seus diversos níveis, etapas e modalidades por meio de ações integradas dos poderes públicos das diferentes esferas federativas que conduzam a: (Redação determinada pela EC n. 59/2009) I — erradicação do analfabetismo; II — universalização do atendimento escolar; III — melhoria da qualidade do ensino; IV — formação para o trabalho; V — promoção humanística, científica e tecnológica do País; VI — estabelecimento de meta de aplicação de recursos públicos em educação como proporção do produto interno bruto (inciso acrescentado pela EC n. 59/2009).

Deve-se honrar o compromisso de formar futuros cidadãos com base em um processo educacional que garanta o direito à infância e a tudo que dela faça parte. A ampliação do acesso à educação com qualidade significará igualdade de condições e respeito a todos os brasileiros.

É claro que, aliada a todas essas propostas, faz-se necessário adotar uma política de geração de renda para as famílias pobres, a fim de que se evite a permanência do trabalho infantojuvenil como alternativa de sobrevivência.[28]

Não se está aqui a dissertar sobre uma utopia. É preciso que todos se conscientizem de que qualquer problema é solucionável, desde que haja o engajamento dos principais interessados: família, governo e sociedade.

Nesse sentido, o posicionamento de Viviane Colucci:

> [...] a exploração do trabalho da criança e do adolescente demanda esforço conjunto dos diversos atores sociais, o que se afigura como medida responsável e compromissada, porque torna possível o enfrentamento direto das causas deste repulsivo fenômeno. Tal proposta de solução viabiliza-se através de processo complexo e de efeitos a médio e curto prazos, dado seu caráter altamente transformador, não se limitando a ações que, almejando dirimir de pronto a problemática, perpetuam um sistema discriminatório, que aparta do direito de receber a necessária educação os socialmente desfavorecidos.[29]

É com esse pensamento que se passa à análise de medidas concretas que estão sendo tomadas por alguns setores da sociedade e do governo na busca pela erradicação do trabalho de crianças e proteção ao trabalho de adolescentes.

4.4 Propostas de setores organizados na defesa dos direitos das crianças e adolescentes

Não existe uma única e milagrosa fórmula para que seja erradicado o trabalho infantil e devidamente protegido o trabalho de adolescentes.

Apesar de possuir uma legislação avançada neste campo, a partir da Constituição de 1988, o Brasil caminha a passos lentos para a solução definitiva do problema. Ora, é redundante dizer que leis não são suficientes sem a implementação de políticas públicas eficientes.

O sucesso dos programas que visem a atingir a problemática do trabalho de crianças e adolescentes depende do engajamento de toda a sociedade. Por isso, o caminho da parceria é fundamental.

---

(28) De acordo com a Fundação Abrinq, hoje, no Brasil, 27 milhões de "pequenos brasileiros" vivem em situação de extrema pobreza. Destes, 1,2 milhão trabalham antes dos 13 anos de idade e mais de 90 mil estão sujeitos a violência e maus tratos. Disponível em: <http://www.doeagora.org.br>.
(29) COLUCCI, Viviane. *Op. cit.*, p. 101.

Família, governo e sociedade devem assumir o compromisso de garantir às crianças e aos adolescentes os direitos e as condições necessárias para que se tornem adultos plenamente capacitados para a vida (art. 227, *caput* CF/1988).

A erradicação do trabalho infantil e a aplicação das normas legais de proteção ao trabalho dos adolescentes estão diretamente relacionadas ao sucesso do combate à pobreza, ao desenvolvimento socioeconômico do País e ao respeito à dignidade da pessoa humana. Contudo, têm uma lógica e um ritmo próprios, devendo caminhar à frente do próprio processo de desenvolvimento.

4.4.1 Programa internacional para eliminação do trabalho infantil

A Organização Internacional do Trabalho (OIT) foi fundada em 1919 com o objetivo de promover a justiça social. No Brasil, tem mantido representação desde 1950.

> No contexto de promoção do Trabalho Decente, a OIT Brasil oferece cooperação técnica aos programas prioritários e reformas sociais do Governo brasileiro, incluindo o Plano Nacional para a Erradicação do Trabalho Escravo, Fome Zero, Primeiro Emprego e diversos programas governamentais e não governamentais de erradicação e prevenção do trabalho infantil, de combate à exploração sexual de menores, de promoção de igualdade de gênero e raça para a redução da pobreza, da geração de empregos, de fortalecimento do diálogo social e de programas de proteção social.[30]

A OIT, em 1992, implementou em escala mundial o Programa Internacional para Eliminação do Trabalho Infantil (IPEC). Com o IPEC, o combate ao trabalho infantil passou a fazer parte da agenda de políticas do Brasil. Programas governamentais e ações de entidades não governamentais foram direcionados para o grave problema social.

Organizações de empregadores e empregados e a sociedade civil foram mobilizados através de campanhas de conscientização e programas de ação direta voltados à erradicação do trabalho infantil.

O IPEC, por meio de mais de 100 programas de ação financiados pela OIT e da incorporação das Convenções n. 138 (Idade Mínima) e n. 182 (Piores Formas de Trabalho) ao ordenamento pátrio, potencializou vários movimentos em defesa dos direitos das crianças e dos adolescentes, bem como demonstrou a viabilidade da união de políticas públicas e de ações preventivas envolvendo a família, a escola, a comunidade e a própria criança.[31]

---

(30) OIT — Organização Internacional do Trabalho. Conheça a OIT. Brasil. *Promovendo o trabalho decente*. (S.d.). Disponível em: <http://www.oitbrasil.org.br/inst/brasil/index.php>.
(31) OIT — Organização Internacional do Trabalho. *Piores formas de trabalho infantil*. Um guia para jornalistas. Supervisão editorial Veet Vivarta; Programa Internacional para Eliminação do Trabalho Infantil (IPEC). [Brasília]: OIT — Secretaria Internacional do Trabalho, 2007 / Agência de Notícias dos Direitos da Infância — ANDI, 2007. 120p. Cap. 4: Participação das diferentes instâncias no combate ao trabalho infantil, p. 35-89. Disponível em: <http://www.oitbrasil.org.br/download/guia_jornalistas.pdf>.

A parceria da OIT com diversos setores tem demonstrado resultados concretos e necessários em todo o mundo. No Brasil, em especial, podem ser citadas algumas entidades que se associam à OIT na luta pelos direitos das crianças e jovens do País: Conselho Nacional dos Direitos da Criança e do Adolescente (CONANDA), Conselho Estadual dos Direitos da Criança e do Adolescente de São Paulo (CONDECA/SP), Confederação Nacional dos Trabalhadores na Agricultura (CONTAG), Central Única dos Trabalhadores (CUT), Fórum Nacional de Prevenção e Erradicação do Trabalho Infantil (FNPETI), Força Sindical, Fundação Abrinq pelos Direitos da Criança (FUNDABRINQ), Ministério Público do Trabalho e órgãos governamentais federais, municipais, estaduais, dentre outros.[32]

A ação da OIT em conjunto com os setores e as organizações citados, entre outros, resultou em altos índices de redução do trabalho infantil. No entanto, a cooperação contínua faz-se imprescindível para retirar cinco milhões de crianças e adolescentes (dos oito milhões e quatrocentas mil existentes, entre 5 e 17 anos, no início da década de 1990, de acordo com dados da Pesquisa Nacional por Amostra de Domicílios de 2001, do Instituto Brasileiro de Geografia e Estatística) que se encontram no trabalho informal, perigoso e insalubre.[33]

4.4.2 Fórum Nacional de Prevenção e Erradicação do Trabalho Infantil[34]

O Fórum Nacional de Prevenção e Erradicação do Trabalho Infantil (FNPETI), criado em novembro de 1994, por meio da reunião de vinte e duas instituições articuladas pela OIT e pelo UNICEF, congrega diversos segmentos sociais com o objetivo de lutar pelo fim da exploração do trabalho de crianças e adolescentes brasileiros.

Por intermédio do FNPETI, foi consolidada uma Rede Nacional de Combate ao Trabalho Infantil, integrada pelos Fóruns Estaduais, pelo Fórum do Distrito Federal e por todas as entidades que compõem o Fórum Nacional. Entre seus integrantes estão: Associação Nacional dos Magistrados do Trabalho (ANAMATRA), Associação Brasileira de Magistrados e Promotores de Justiça da Infância e da Juventude (ABMP), Associação Nacional dos Procuradores do Trabalho (ANPT), Central Única dos Trabalhadores (CUT), Fundação Abrinq pelos Direitos da Criança (FUNDABRINQ), Ministério do Desenvolvimento Social e Combate à Fome (MDS), Ministério da Educação (MEC), Ministério Público Federal (MPF), Ministério Público do Trabalho (MPT), Ministério do Trabalho e Emprego (MTE), Organização Internacional do Trabalho (OIT) e Fundo das Nações Unidas para a Infância (UNICEF).

O FNPETI apresenta-se como um espaço destinado a reflexão, discussão e articulação de ações para a prevenção e erradicação do trabalho infantil. Propõe-se a assegurar o cumprimento da legislação nacional e internacional referente ao

---
(32) OLIVA, José Roberto Dantas. *Op. cit.*, p. 141-142.
(33) OIT, 2007.
(34) As informações a respeito do FNPETI foram retiradas do *site* <http://www.fnpeti.org.br>, Fórum Nacional de Prevenção e Erradicação do Trabalho Infantil.

tema, bem como a acompanhar e monitorar políticas, planos de ação e programas de prevenção e erradicação do trabalho infantil no âmbito das esferas federal, estadual e municipal.

Entre as principais realizações do FNPETI, apontadas em seu *site*, estão:[35]

a) desenvolvimento de uma metodologia de intervenção nas situações de trabalho infantil (Programa de Ações Integradas — PAI);

b) participação em ações voltadas à ratificação da Convenção n. 138, sobre idade mínima para o trabalho, e da Convenção n. 182, sobre as piores formas de trabalho infantil, da Organização Internacional do Trabalho (OIT);

c) participação na elaboração da Lista das Piores Formas de Trabalho Infantil (Lista TIP), bem como a coordenação juntamente com o CONANDA da articulação da assinatura pelo presidente Lula do Decreto n. 6.481/2008, que aprova a Lista das Piores Formas de Trabalho Infantil, no dia 12 de junho de 2008;

d) elaboração das "Diretrizes para Formulação de uma Política Nacional de Combate ao Trabalho Infantil";

e) consolidação da Rede Nacional de Combate ao Trabalho Infantil, integrada pelos Fóruns Estaduais, pelo Fórum do Distrito Federal e por todas as entidades que compõem o Fórum Nacional;

f) participação na elaboração do Plano Nacional de Prevenção e Erradicação do Trabalho Infantil e Proteção ao Adolescente Trabalhador, como membro-titular da Comissão Nacional de Erradicação do Trabalho Infantil (CONAETI).

Ao longo de seus quinze anos de existência, o FNPETI vem ratificando a erradicação do trabalho infantil como um dos mais importantes caminhos para o desenvolvimento. Com base nessa análise, aponta as diretrizes buscadas: acesso à saúde de qualidade, à educação, a programas de geração de renda. Enfim, acesso a uma vida digna.

4.4.3 *Comissão Nacional de Erradicação do Trabalho Infantil*[36]

O Brasil ratificou as Convenções n. 138 (idade mínima para admissão ao emprego) e n. 182 (piores formas de trabalho infantil) da OIT. Ambas têm como fundamentos a erradicação do trabalho infantil e a fixação de medidas que garantam o desenvolvimento físico, psíquico e moral dos adolescentes.

Conjuntamente, as Convenções impõem aos países que as ratifiquem a adoção de "uma política nacional que assegure a efetiva abolição do trabalho infantil"[37] e a

---

(35) FNPETI. Conheça o Fórum. *Principais realizações*. Disponível em: <http://www.fnpeti.org.br>.
(36) As informações a respeito da CONAETI foram retiradas do *site* do MTE: <http://www.mte.gov.br>.
(37) OIT — Organização Internacional do Trabalho. Escritório do Brasil. *Convenção n. 138*. Sobre idade mínima para admissão a emprego. Aprovadas em 27 jun. 1973. No Brasil, promulgada pelo Decreto n. 4.134, de 15 fev. 2002. Art. 1º.

"adoção de medidas imediatas e eficazes para assegurar a proibição e eliminação das piores formas de trabalho infantil, em caráter de urgência".[38]

Diante do compromisso assumido pelo Brasil, o Ministério do Trabalho e Emprego, por meio da Portaria n. 365, de 12 de setembro de 2002, criou a Comissão Nacional de Erradicação do Trabalho Infantil (CONAETI).

A CONAETI, inicialmente coordenada pelo MTE, era composta por dezoito entidades representativas dos segmentos do governo, dos trabalhadores, dos empregadores e da sociedade civil. Posteriormente, houve a reformulação de sua composição, pelas seguintes razões expostas pelo próprio MTE:

> O combate ao trabalho infantil no País deve levar em conta, primeiramente, o reconhecimento de que é um problema com várias interfaces, indo desde a garantia de uma escola de qualidade até a integração social mediante ações culturais e esportivas, passando pelas considerações quanto ao gênero e à raça como características desse flagelo. Considerando que a pobreza é um fator determinante para a persistência do trabalho precoce na infância e na adolescência, a articulação com outras políticas públicas voltadas para o combate à pobreza é outra vertente a ser explorada na CONAETI, sem olvidar do fato de que o fenômeno concentra-se nas atividades agropecuárias exploradas sob o regime de economia familiar. Não menos importante é a busca de um crescimento econômico do País comprometido com a questão da criança e do adolescente como fidelidade aos compromissos assumidos pelo Brasil perante a comunidade internacional.[39]

Em 2003, foi alterada a composição da CONAETI. Outros ministérios foram incluídos: Ministério da Cultura; Ministério do Desenvolvimento Agrário; Ministério do Esporte; Ministério da Agricultura, Pecuária e Abastecimento; e Ministério do Desenvolvimento, Indústria e Comércio Exterior. Houve também a criação do Ministério Extraordinário de Segurança Alimentar e Combate à Fome e das Secretarias Especiais dos Direitos Humanos, de Política para Mulheres e de Políticas da Promoção da Igualdade Social. Em 2004, foi criado o Ministério do Desenvolvimento Social e Combate à Fome (MDS), resultado da fusão do Ministério da Assistência Social (MAS) e do Ministério Extraordinário de Segurança Alimentar e Combate à Fome (MESA). Também passaram a fazer parte da composição da CONAETI o Ministério do Planejamento, Orçamento e Gestão (MPOG) e a Secretaria Nacional Antidrogas (SENAD).[40]

Outra alteração de suma importância foi a inclusão da OIT e do UNICEF como como colaboradores permanentes da Comissão.

---
(38) OIT, 2000.
(39) BRASIL. Ministério do Trabalho e Emprego. *Inspeção do Trabalho. Combate ao Trabalho Infantil.* CONAETI (S.d.). Finalidade da CONAETI. Disponível em: <http://www.mte.gov.br/trab_ infantil/finalidade.asp>.
(40) CONAETI, 2009.

Atualmente, a composição da CONAETI envolve órgãos públicos federais, organismos internacionais e representantes dos trabalhadores, dos empregadores e da sociedade civil.

Dentre suas atribuições, destacam-se as seguintes:[41]

a) coordenar, monitorar e avaliar a execução do Plano Nacional de Erradicação do Trabalho Infantil e Proteção do Trabalhador Adolescente,[42] devendo apresentar anualmente, até o mês de dezembro, propostas de modificações;

b) verificar a conformidade das Convenções ns. 138 e 182 da OIT com os diplomas legais vigentes, visando à regulamentação e adequação legislativa de ambas; bem como acompanhar a implementação das medidas adotadas para a aplicação de seus dispositivos.

4.4.4 Os Conselhos Nacional, Estaduais, Municipais e Tutelares e os Fundos dos Direitos da Criança e do Adolescente

O Estatuto da Criança e do Adolescente estipula que "a política de atendimento aos direitos da criança e do adolescente far-se-á através de um conjunto articulado de ações governamentais e não governamentais, da União, dos Estados, do Distrito Federal e dos Municípios".[43]

Como diretrizes da política de atendimento, estabelece sua municipalização; a criação de conselhos municipais, estaduais e nacional dos direitos da criança e do adolescente; a manutenção de fundos nacional, estaduais e municipais vinculados aos respectivos conselhos dos direitos da criança e do adolescente.[44]

---

(41) CONAETI, 2009.
(42) "O Plano Nacional de Prevenção e Erradicação do Trabalho Infantil e Proteção ao Trabalhador Adolescente, fruto do empenho de uma comissão criada especialmente para esse fim — a Comissão Nacional de Erradicação do Trabalho Infantil (CONAETI) — sob a coordenação do Ministério do Trabalho e Emprego, agregou contribuições de organizações governamentais e não governamentais, com destaque especial para a Organização Internacional do Trabalho (OIT), que viabilizou a contratação da consultoria responsável pela organização e acompanhamento dos trabalhos que resultaram no Plano ora apresentado. O Plano tem por finalidade coordenar diversas intervenções e introduzir novas, sempre direcionadas a assegurar a eliminação do trabalho infantil. Para tanto, foi preciso considerar diferentes aspectos tais como raça, gênero, condição econômica, tipo de ocupação, entre outros, e critérios importantes para que se possa compreender como a exploração ilegal do trabalho de crianças e adolescentes ainda encontra meios para se perpetuar no País. A partir de políticas e de ações que preconizam a transversalidade e intersetorialidade, sempre contando com o apoio indispensável da sociedade civil, o Plano Nacional de Prevenção e Erradicação do Trabalho Infantil e Proteção ao Trabalhador Adolescente tem a obstinada ambição de migrar do papel para a realidade em tempo de recuperar a infância e a educação de cerca de 3 milhões de crianças e adolescentes de 5 a 15 anos de idade, para que estes possam, antes de virem a participar do mundo do trabalho, usufruir todos os direitos inerentes a sua condição de jovens brasileiros. E também garantir a proteção legal para outros 2,5 milhões de adolescentes, de 16 e 17 anos de idade, que buscam o acesso ao mercado de trabalho, garantindo-lhes condições de trabalho decentes." Disponível em: <http://www.fnpeti.org.br/publicacoes/parceiros/arquivos-das-publicacoes/plano_nacional.pdf>. p. 7.
(43) Lei n. 8.069/1990 (ECA). Art. 86.
(44) De acordo com o art. 260, § 1º-A do ECA (acrescentado pela Lei n. 12.010/2009): Na definição das prioridades a serem atendidas com os recursos captados pelos Fundos Nacional, Estaduais e Municipais dos Direitos da Criança e do Adolescente, serão consideradas as disposições do Plano Nacional de Promoção, Proteção e Defesa dos Direitos de Crianças e Adolescentes à Convivência Familiar, bem como as regras e princípios relativos à garantia do direito à convivência familiar previstos nesta Lei.

Os conselhos são órgãos deliberativos e controladores das ações em todos os níveis, do qual consta a participação popular paritária, por meio de organizações representativas. São regulados pela legislação municipal, estadual ou da União, observando os preceitos constitucionais e os estipulados pelo ECA.[45]

Assim, o poder-dever de agir em prol dos direitos e deveres das crianças e dos adolescentes saiu do âmbito exclusivamente federal, impondo a responsabilidade aos municípios quanto à elaboração de políticas locais de atendimento, conforme previsto pelo ECA, em seu art. 88.

O ECA também estipula a obrigatoriedade de existência de no mínimo um Conselho Tutelar em cada município.

Segundo definição do Estatuto, o Conselho Tutelar é "órgão permanente e autônomo, não jurisdicional, encarregado pela sociedade de zelar pelo cumprimento dos direitos da criança e do adolescente".[46]

As atribuições dos Conselhos Tutelares estão elencadas no art. 136 do ECA, estando entre elas a de encaminhar ao Ministério Público notícia de fato que constitua infração administrativa ou penal contra os direitos da criança e do adolescente (inciso IV) e a de encaminhar à autoridade judiciária os casos de sua competência (inciso V do art. 136 c/c art. 148, VII, ambos do ECA).

Recursos orçamentários deverão ser destinados aos Conselhos dos Direitos da Criança e do Adolescente, mediante a criação de fundos públicos destinados à promoção de ações em prol da proteção e desenvolvimento das crianças e jovens brasileiros. Cabe enfatizar que essa é uma obrigação das esferas municipais, estaduais e federal.

4.4.5 Programa pela Erradicação do Trabalho Infantil — Projeto PETI[47]

Em 1996, o Governo Federal criou o Programa pela Erradicação do Trabalho Infantil (PETI) buscando elidir as piores formas de trabalho de crianças e adolescentes no País.

Atualmente, o projeto funciona a partir do financiamento de bolsas-escola, do desenvolvimento das jornadas ampliadas de atividades extraescolares para crianças oriundas do trabalho infantil, e da promoção de programas de capacitação e geração de renda para seus pais.

O programa tem como público-alvo famílias com crianças e adolescentes menores de 16 anos envolvidos em situação de trabalho infantil. Seu principal objetivo é "erradicar todas as formas de trabalho de crianças e adolescentes menores de 16 anos e garantir que frequentem a escola e atividades socioeducativas".[48]

---

(45) OLIVA, José Roberto Dantas. Op. cit., p. 152.
(46) Lei n. 8.069/1990 (ECA). Art. 131.
(47) As informações a respeito do PETI foram retiradas dos sites <http://www.mds.gov.br> e <http://www.portaltransparencia.gov.br>.
(48) Disponível em: <http://www.portaltransparencia.gov.br>.

Mediante levantamento feito pelos Estados dos casos de trabalho infantil detectados em seus municípios, Comissões Estaduais de Erradicação do Trabalho Infantil estabelecem critérios para o atendimento. Os pedidos são então submetidos à Comissão Intergestora Bipartite para pactuação. Posteriormente, as necessidades são informadas ao Ministério do Desenvolvimento Social e Combate à Fome (MSD), com a relação das crianças e adolescentes a serem atendidos e as atividades por eles exercidas. O MDS aprova e estabelece as etapas que deverão ser cumpridas pelos municípios para a implantação do programa, dentre as quais está a inserção das crianças e adolescentes na escola.[49]

O PETI destina uma bolsa mensal: "de R$ 25,00 por criança em atividade para a família que retirar a criança de trabalho, em municípios, na área urbana ou rural, com população inferior a 250.000 habitantes; e de R$ 40,00 por criança, em atividade urbana, em capitais, regiões metropolitanas e municípios com população superior a 250.000 habitantes".[50] Sendo que para receber o benefício a família deve assumir o compromisso de que o filho cumpra 85% de frequência na escola e na *jornada ampliada* e seja retirado de atividades laborais e de exploração.[51]

O programa também destina às escolas frequentadas pelas crianças inscritas no programa uma verba para financiar a *jornada ampliada*, ou seja, garantir, no mínimo, além do horário escolar, três horas extras por dia onde sejam desenvolvidas atividades esportivas, complementação dos estudos, atividades lúdicas e culturais, educação ambiental etc. São destinados para tais fins R$ 20,00 por criança ou adolescente inscrito no programa.

Também é previsto pelo PETI o oferecimento de cursos profissionalizantes, assessoria técnica e programas de crédito popular.

Diversos problemas, entretanto, vêm dificultando a ação do PETI. Pode-se elencar como obstáculos: a maioria das escolas, principalmente na zona rural, tem um problema estrutural de qualidade; não é feito o investimento necessário nos monitores que acompanham as crianças na *jornada ampliada*; pouco mais de um décimo dos municípios fiscalizados oferece cursos às famílias com conteúdo coerente com o buscado pelo PETI; há constante atraso no pagamento da bolsa em mais de 75% dos municípios; faltam cursos profissionalizantes, além da falta de oferta educacional aos menores de 7 anos, que acabam por acompanhar os pais ao trabalho, por não terem para onde ir.[52] A própria OIT apresenta problemas na operacionalização do programa:

> O programa tem um caráter emergencial, uma vez que não é acompanhado de políticas mais efetivas voltadas para superar a injusta distribuição de

---

(49) OLIVA, José Roberto Dantas. *Op. cit.*, p. 144.
(50) Disponível em: <http://www.portaltransparencia.gov.br>.
(51) A finalidade da jornada escolar ampliada "é aumentar o tempo de permanência da criança e do adolescente na escola, fomentando um segundo turno de atividades culturais, lúdicas, artísticas e esportivas, complementando o ensino regular, podendo ser realizada nas próprias unidades escolares municipais ou locais diversos. Manual de orientação do PETI, 2003, p. 19. Disponível em: <http://www.pucrs.br/edipucrs/online/trabalhoinfantil/trabalhoinfantil/3.2.2.2.html>.
(52) BETTENCOURT, Babeth. *Ação para manter crianças na escola obtém bons resultados*. 01 de maio de 2003. Disponível em: <http://www.bbc.co.uk/portuguese/noticias/2003/030424_tpeti.shtml> / BBC Brasil/BBC World Service.

renda no País, situação essa responsável pela permanência das condições que impelem as crianças para o trabalho precoce. As idades determinadas para inclusão e desligamento do programa (7 a 14 anos) atuam como limitador da abrangência da população atendida. Há casos de crianças que, ao serem excluídas do programa por completarem 15 anos, retornam ao trabalho nas mesmas condições de ilegalidade anteriores, apesar de a legislação proibir o trabalho para menores de 16 anos.

As políticas públicas nas áreas de educação, saúde, trabalho, justiça, emprego e renda, entre outras, apresentam um grau de articulação ainda incipiente com o PETI, dificultando uma ação intergovernamental mais efetiva no combate ao trabalho infantil. Alguns municípios não estabelecem parcerias estáveis com os governos estaduais e federal, o que inviabiliza ações do PETI em determinadas localidades.[53]

Ainda assim, o programa obteve resultados positivos, como a redução do índice de evasão escolar e de repetência. O trabalho infantil chegou a ser erradicado em *um terço dos municípios beneficiados*, com comprovada redução nos demais.[54]

4.4.6 Fundação ABRINQ pelos Direitos da Criança e do Adolescente[55]

A Fundação Abrinq é uma organização sem fins lucrativos, de utilidade pública federal, que teve início em 1990, cuja finalidade é promover a defesa dos direitos e o exercício da cidadania da criança e do adolescente.

Todo o seu trabalho é pautado pela Convenção Internacional dos Direitos da Criança (ONU, 1989), pela Constituição Federal de 1988 e pelo Estatuto da Criança e do Adolescente (ECA, 1990).

A Fundação é mantida por pessoas, empresas e agências nacionais e internacionais que se interessam pela causa das crianças e dos adolescentes. Os recursos arrecadados pela sociedade são utilizados na divulgação dos direitos das crianças, chamando a atenção da sociedade para os problemas mais urgentes; na articulação política, perante os governos municipais, estaduais e federal para influenciar nas políticas públicas; na viabilização de programas e projetos, realizados em parceria com empresas, governos, organizações sociais nacionais e internacionais; e na reedição e divulgação das melhores experiências, transmitindo conhecimentos e engajando novos parceiros.

Sua atuação dá-se em diversas áreas, como: prevenção e erradicação do trabalho infantil; educação; políticas públicas; saúde; protagonismo juvenil; voluntariado; inclusão digital; prevenção à violência contra crianças e adolescentes; e fortalecimento de organizações sociais de atendimento.

Alguns dos programas e projetos da Fundação que lidam com a prevenção e erradicação do trabalho infantil são: Empresa Amiga da Criança e Projeto Nossas Crianças.

---
(53) OLIVA, José Roberto Dantas. *Op. cit.*, p. 145.
(54) BETTENCOURT, Babeth. *Op. cit.*
(55) As informações a respeito da Fundação Abrinq foram retiradas do *site*: <http://www.fundabrinq.org.br>.

O Projeto Nossas Crianças, de 1993, promove a captação de recursos de empresas e pessoas físicas para serem repassados a instituições de atendimento a crianças e adolescentes necessitados.

O programa Empresa Amiga da Criança, criado em 1995, teve o intuito de promover o combate ao trabalho infantil e a proteção ao trabalho de adolescentes pelas empresas brasileiras. Por meio do patrocínio e da colaboração em projetos voltados para o bem-estar das crianças, qualquer empresa pode encaminhar um pedido à Fundação para se tornar "Amiga da Criança", recebendo um selo de qualidade para ser utilizado em seus produtos, materiais de divulgação etc.

De acordo com a OIT, a Fundação Abrinq "também procura atuar sobre as cadeias produtivas, isto é, acompanhar todas as fases de produção de um determinado item, desde a matéria-prima até o produto final, com o intuito de detectar a existência de exploração do trabalho infantil".[56]

Projetos destinados à educação dos jovens também fazem parte das diretrizes seguidas pela Fundação Abrinq: Programa Biblioteca Viva, Programa Garagem Digital, Programa a Primeira Infância vem Primeiro.

> Direito, importância e necessidade. Essas são as características que compõem, atualmente, a situação da educação infantil no Brasil. Vários estudos atuais apontam que mais da metade do potencial intelectual desenvolvido pela criança já está estabelecido aos 4 anos de idade, sendo a primeira infância, portanto, uma fase decisiva no desenvolvimento. Neste sentido, esta faixa etária requer especial atenção aos aspectos de proteção, saúde e educação. Descuidar dela significa desperdiçar um imenso potencial humano e comprometer as futuras gerações. Para contribuir com o investimento e o cuidado necessário que exige a primeira infância, a Fundação Abrinq desenvolve o programa A Primeira Infância Vem Primeiro. Seu objetivo é contribuir para a efetivação dos direitos à educação, saúde e proteção das crianças de 0 a 6 anos no ambiente da educação infantil.[57]

A Fundação Abrinq adota a postura de que "dá para resolver"; ou seja, a situação desumana em que se encontram milhões de crianças e adolescentes é reversível, desde que a sociedade se mobilize para transformá-los em prioridade.

Interessante ressaltar que a sua atuação não se dá apenas com a captação de doações financeiras, mas também com a ajuda voluntária de profissionais habilitados, como dentistas, arquitetos, enfermeiros, fonoaudiólogos, pediatras e psicólogos. Ademais, a Fundação também realiza parcerias com organizações sociais no intuito de beneficiar o atendimento a crianças e jovens carentes.

---

(56) OLIVA, José Roberto Dantas. *Op. cit.*, p. 146.
(57) FUNDABRINQ. Como atuamos. Novidades. Programa *"A Primeira Infância vem Primeiro"*. Disponível em: <http://www.fundabrinq.org.br>.

[...] com o objetivo de ampliar o atendimento na área da saúde, o Programa Adotei um Sorriso abriu uma nova categoria de voluntário e a partir de março também conta com a atuação de oftalmologistas. Assim como as outras categorias, esses profissionais atenderão, em seus próprios consultórios, uma criança ou adolescente encaminhado por uma organização social parceira do programa. Eles também poderão realizar ações na própria organização, contribuindo para promoção da saúde ocular de todas as crianças e adolescentes por ela atendidos. Se forem necessárias lentes corretivas, a Fundação Abrinq tem parceria com a Fundação Abiótica e o profissional pode encaminhar a receita para que a organização social providencie a solicitação da lente e/ou os óculos para o paciente. As organizações sociais parceiras do Programa Adotei um Sorriso realizam atendimentos a crianças e adolescentes de famílias de baixa renda em creches, abrigos, atividades complementares à escola ou cursos profissionalizantes para adolescentes.[58]

Atualmente, a Fundação Abrinq beneficia milhões de crianças e adolescentes por meio de suas ações, programas e projetos. De acordo com informações de seu próprio *site*, mais de seis milhões de crianças em todo o Brasil já foram beneficiadas por suas ações e parcerias.[59]

4.4.7 Fundo das Nações Unidas para a Infância[60]

O Fundo das Nações Unidas para a Infância (UNICEF) tem por objetivo apoiar a promoção, proteção e garantia igual e universal dos direitos das crianças e adolescentes.

Trabalha em parceria com os governos municipais, estaduais e federal; com outras agências do sistema ONU; com a sociedade civil e com o setor privado. Entre suas atividades, busca identificar violações aos direitos das crianças e adolescentes; pesquisa dados que permitam entender e dimensionar o problema; e mobiliza a sociedade, os governos municipais, estaduais e federal, o setor privado e os meios de comunicação. Também realiza conferências, debates, publicações e apoia projetos concretos de atendimento direto a crianças e adolescentes desenvolvidos por organizações não governamentais ou governamentais que ofereçam soluções locais ao problema em qualquer região do País.

Quanto à prevenção e ao combate ao trabalho infantil, o UNICEF busca desenvolver metodologias e programas capazes de assegurar a inclusão e o sucesso escolar a todas as crianças e adolescentes.

Além dos órgãos e entidades elencados, merece destaque a atuação do Ministério Público do Trabalho no combate ao trabalho infantil e na proteção ao trabalhador adolescente por meio da Coordenadoria Nacional de Combate à Exploração

---

(58) FUNDABRINQ. Como atuamos. Programa *"Adotei um Sorriso"*. Disponível em: <http://www. fundabrinq.org.br>.
(59) FUNDABRINQ. Como atuamos. Disponível em: <http://www.fundabrinq.org.br>.
(60) As informações a respeito do UNICEF foram retiradas do *site*: <http://www.unicef.org>.

do Trabalho de Crianças e Adolescentes (COORDINFÂNCIA), de procedimentos investigatórios, da instauração de inquéritos civis públicos, do ajustamento de termos de conduta, e do ajuizamento de ações civis públicas perante a Justiça Trabalhista.

A Justiça do Trabalho vem dando respostas eficazes diante de questões que envolvem o trabalho infantojuvenil. A Associação Nacional dos Magistrados do Trabalho mantém uma ouvidoria que recebe denúncias sobre a utilização de trabalho infantil.

Com a formação, informação, capacitação e união de todos — governo, sociedade, trabalhadores e empregadores, organismos internacionais — na luta contra o trabalho infantil e pela defesa dos direitos das crianças e dos adolescentes, tornar-se-á possível a *visão de futuro* trazida pelo Plano Nacional de Prevenção e Erradicação do Trabalho Infantil e Proteção ao Adolescente Trabalhador:

> Com base em dados e informações sobre o trabalho infantil, é possível constatar que *todas as crianças, desde a mais tenra idade até os 18 anos, estão frequentando a escola que, por sua vez, é um espaço de informação e desenvolvimento da comunidade atuante e participativo. O quadro docente das escolas é altamente qualificado e bem remunerado, o que estimula seu desempenho e qualidade.*
>
> *A escola em tempo integral é uma realidade, tendo sido implementada incorporando as experiências exitosas da jornada ampliada do PETI. Assim, todas as crianças em situação de risco social e pessoal têm acesso a uma escola pública, gratuita e de qualidade, prevenindo, dessa forma, o trabalho infantil.*
>
> As crianças e adolescentes que apresentam sequelas do trabalho precoce desempenhado no passado contam com o apoio de uma política integral de atenção à sua saúde. Essa política articula ações de promoção, prevenção, atenção e vigilância à saude dessas crianças e adolescentes.
>
> Os povos indígenas, quilombolas e demais famílias e habitantes da zona rural têm suas crianças educadas conforme preconizam suas culturas. Suas estruturas culturais são respeitadas sem que seja prejudicada sua inserção no contexto social comum, o que é possível por meio da implementação da política nacional de educação no campo. Essa política garante a equiparação das oportunidades para as crianças do campo, em relação às crianças da cidade.
>
> Informações sobre geração de renda, economia solidária e oportunidades de aprendizagem se encontram disponíveis em um portal virtual que proporciona o acesso a um banco de dados que serve de observatório nacional do trabalho infantil, subsidiando as políticas locais e incentivando o protagonismo infantojuvenil e o fortalecimento da família na divulgação dessas informações. Os adolescentes e jovens chegam formados profissionalmente ao mercado de trabalho, sendo que essa formação de base pode ser aperfeiçoada posteriormente.

A Lei de Aprendizagem se encontra aprimorada e implementada, bem como é executada com eficiência e rigor. Os Conselhos de Direitos e os Conselhos Tutelares são centros fortes e de referência na formulação de políticas favoráveis às crianças e adolescentes e atuam em conjunto com as demais estruturas especializadas, havendo total integração e comprometimento no desempenho de suas competências.

[...] Contamos com uma sociedade mobilizada, atuante e bem organizada para combater o trabalho infantil e proteger os direitos das crianças e adolescentes. A Constituição Federal e o ECA são conhecidos à íntegra e cumpridos por todos. O setores produtivos de bens e serviços brasileiros estão totalmente comprometidos com o princípio da responsabilidade social em suas empresas, já erradicaram o trabalho infantil em seus processos produtivos e em toda a cadeia produtiva, utilizando com eficácia a Lei da Aprendizagem.

O Brasil é considerado pela comunidade internacional um país modelo na prevenção e erradicação do trabalho infantil, tendo cumprido o compromisso assumido ao ratificar as convenções internacionais sobre a luta contra o trabalho infantil. Conta com um sistema de garantia de direitos exemplarmente ativo, havendo mobilização da sociedade inteira que permite a existência de um controle social rigoroso. Existe ainda legislação que prevê a punição de toda e qualquer exploração do trabalho infantil.

Finalmente, se encontram implementadas políticas macroestruturais que eliminaram as bases que antes permitiriam a existência do trabalho infantil. O desenvolvimento local sustentável é uma realidade integrada nacionalmente.

As crianças brasileiras brincam livres, exercitam suas curiosidades e vivem intensamente sua infância, certas de que são protegidas e de que seu presente é agora, e se faz na liberdade e na inocência de suas ações. (grifos nossos)[61]

Como percebido, trata-se de uma *visão de futuro*, mas que, certamente, pela concertação das políticas públicas postas em marcha, ao lado da conjugação coerente de esforços do Estado e da sociedade civil no País, pode tornar-se realidade nesta segunda década do século XXI.

---

(61) BRASIL. *Plano Nacional de Prevenção e Erradicação do Trabalho Infantil e Proteção ao Trabalhador Adolescente.* Brasília, Ministério do Trabalho e Emprego, Secretaria de Inspeção do Trabalho, 2004. p. 48-49. Disponível em: <http://www.fnpeti.org.br/publicacoes/parceiros/arquivosdaspublicacoes/plano_nacional.pdf>

Conclusão

Esta obra objetivou evidenciar que não é a legislação que deve ser alterada para que seja modificado o quadro de exploração da mão de obra de crianças e adolescentes, e sim, que é a realidade social que deve amoldar-se às regras de proteção ao trabalho infantojuvenil.

O Brasil possui um dos corpos legislativos mais avançados direcionados à tutela dos direitos da criança e do adolescente.

A Constituição de 1988 chegou como baluarte dos direitos de cidadania. Amplia a importância dos direitos sociais — educação, saúde, trabalho, lazer, segurança, previdência social, proteção à maternidade e à infância, e assistência aos desamparados — incluindo-os no rol dos direitos fundamentais sociais dos homens. A Carta Magna confere à família, à sociedade e ao Estado o dever de assegurar direitos às crianças e aos adolescentes, entre eles, uma educação de qualidade e preparação adequada para o futuro ingresso no mercado de trabalho de forma digna.

A Consolidação das Leis do Trabalho estabelece normas de proteção ao trabalho infantojuvenil (observadas as mudanças e atualizações que sofreu ao longo do tempo). Demonstra uma preocupação não só com a segurança física dos adolescentes, como também com a necessidade de adequação do desempenho das atividades profissionais ao processo educacional. Ademais, garante ao trabalhador maior de 16 anos todos os direitos trabalhistas e previdenciários, proibindo qualquer tipo de discriminação.

O Estatuto da Criança e do Adolescente constitui uma das leis fundamentais para a garantia dos direitos dos pequenos cidadãos. Adota o princípio constitucional da proteção integral, reconhecendo crianças e adolescentes como sujeitos de direitos que precisam ser respeitados em sua condição peculiar de pessoas em desenvolvimento e que devem, para isso, obter prioridade absoluta.

A Lei de Diretrizes e Bases da Educação Nacional consolida a preocupação primordial com o bem-estar e com o crescimento do homem. Afirma a importância do estudo como meio de valorização do jovem em sua formação para o trabalho, bem como garante o acesso à escola ao trabalhador. Também estimula a educação de jovens e adultos que não tiveram acesso ou continuidade de estudos no ensino fundamental e médio em idade própria.

No entanto, o que se observa é, em regra, a inaplicabilidade dessas leis, o que inviabiliza a eliminação do trabalho infantil e a exploração do trabalho de adolescentes.

Várias são as causas de inaplicabilidade do ordenamento jurídico, como: o desconhecimento das leis pela população, a mistificação da cultura do trabalho infantil e a miséria.

Quando se fala do desconhecimento das leis pela população, também vale ressaltar o desconhecimento dos impactos no desenvolvimento psíquico e emocional que o desatendimento às normas de proteção causa às crianças e aos adolescentes.

Outro fator que chama a atenção é o equivocado entendimento por parte da população de que "o trabalho infantil é necessário porque a criança está ajudando sua família a sobreviver"; "a criança que trabalha fica mais esperta, amadurece, aprende a lutar pela vida e tem condições de vencer profissionalmente quando adulta"; "o trabalho enobrece a criança, antes trabalhar do que roubar". Ora, apesar de espantoso, ainda há pessoas que ratificam tais afirmativas.

Diversos são os riscos e comprometimentos causados pelo trabalho precoce que desmistificam tal cultura tradicional e leniente. O comprometimento econômico é um deles, pois, além de ser mal remunerado, o trabalho infantil retira postos de trabalho dos adultos, havendo um sistema de exploração e um ciclo vicioso de perpetuação da pobreza. Também se sabe que uma das mais corriqueiras e graves consequências do trabalho precoce é a evasão escolar, havendo a retirada do indivíduo de um sistema de educação e formação que o prepare de maneira adequada para o ingresso no mercado de trabalho. Além dos fatores citados, também há o comprometimento psicossocial e o comprometimento à saúde.

Entretanto, a maior causa do crescimento do trabalho infantojuvenil é a miséria em que vive expressiva parte da população. Essa realidade faz com que crianças e adolescentes busquem em trabalhos, geralmente os de grau máximo de exploração, alternativas para o problema da subsistência. Tal situação, associada à mentalidade acima exposta, em que o trabalho infantojuvenil é visto como remédio à prática de delitos pelas crianças e adolescentes, só aumenta o descaso e a marginalização.

É nítida a dificuldade de se resolver o problema exposto, já que a atuação do Estado é evidentemente precária. Assim, mais do que nunca, faz-se necessário o engajamento da sociedade e do governo em busca da erradicação do trabalho de crianças e da proteção ao trabalho de adolescentes.

Louvável é a iniciativa de criação de propostas de setores organizados na defesa dos direitos infantojuvenis, como apresentado na pesquisa. É com base no enfoque da realidade social e do implemento de atividades concretas que será possível a aplicação das normas de proteção em relação à real condição de vida de nossas crianças e adolescentes.

É preciso continuar a luta, para que o Brasil e o mundo se conscientizem de que a infância e a adolescência são períodos que devem ser dedicados ao lúdico, ao desenvolvimento sociocultural e à educação formal. É nesse sentido que se conclui que a melhor preocupação deve estar voltada para a formação escolar e para todas as ações que convergem para tal direção.

Referências

BARROS, Alice Monteiro de (Coord.). *Curso de direito do trabalho*. Estudos em memória de Célio Goyatá. 3. ed. São Paulo: LTr, 1997.

BARROS, Alice Monteiro de. *Curso de direito do trabalho*. São Paulo: LTr, 2005.

_____. *Curso de direito do trabalho*. 3. ed. São Paulo: LTr, 2007.

BARROSO, Luiz Roberto. *O direito constitucional e a efetividade de suas normas*: limites e possibilidades da Constituição brasileira. 4. ed. Rio de Janeiro: Renovar, 2000.

BERGER, Peter L.; BERGER, Brigitte. Socialização: como ser um membro da sociedade. In: FORACCHI, Marialice M.; MARTINS, José de S. *Sociologia e sociedade*. Rio de Janeiro: Livros Técnicos e Científicos, 1978.

BETTENCOURT, Babeth. Ação para manter crianças na escola obtém bons resultados. 1 maio 2003. Disponível em: <http://www.bbc.co.uk/portuguese/noticias/2003/030424_tpeti.shtml>. / BBC Brasil / BBC World Service> Acesso em: ago. 2009.

BONAVIDES, Paulo. *Curso de direito constitucional*. 7. ed. São Paulo: Malheiros, 1997.

_____. *Curso de direito constitucional*. 20. ed. São Paulo: Malheiros, 2007.

BRANDÃO, Carlos Rodrigues. *O que é educação*. São Paulo: Brasiliense, 1987.

BRASIL. Presidência da República. Casa Civil. Subchefia para Assuntos Jurídicos. *Constituição da República dos Estados Unidos do Brasil, de 16 de julho de 1934*. Disponível em: <http://www.planalto.gov.br/ccivil_03/Constituicao/Constitui%C3%A7ao34.htm> Acesso em: nov. 2009.

BRASIL. Presidência da República. Casa Civil. Subchefia para Assuntos Jurídicos. *Decreto-lei n. 5.452, de 1º maio 1943*. Aprova a Consolidação das Leis do Trabalho. DOU de 9.8.1943. Disponível em: <http://www.planalto.gov.br/ccivil/Decreto-Lei/Del5452.htm> Acesso em: set. 2009.

BRASIL. *Constituição da República Federativa do Brasil, de 5 dez. 1988*. Texto constitucional de 5 out. 1988 com as alterações adotadas pelas Emendas Constitucionais ns. 1/1992 a 64/2010 e Emendas Constitucionais de Revisão ns. 1 a 6/1994. Disponível em: <http://www.planalto.gov.br/ccivil_03/Constituicao/Constituiçao67.htm> Acesso em: fev. 2010.

BRASIL. Ministério do Trabalho e Emprego. *Inspeção do Trabalho*. Combate ao Trabalho Infantil. CONAETI. Finalidade da CONAETI. (s.d.) Disponível em: <http://www.mte.gov.br/trab_infantil/finalidade.asp> Acesso em: nov. 2009.

BRASIL. Presidência da República. Casa Civil. Subchefia para Assuntos Jurídicos. *Lei n. 8.069*, de 13 jul. 1990. Dispõe sobre o Estatuto da Criança e do Adolescente e dá outras providências. Disponível em: <http://www.planalto.gov.br/ccivil/LEIS/L8069.htm> Acesso em: set. 2009.

BRASIL. Presidência da República. Casa Civil. Subchefia para Assuntos Jurídicos. *Lei n. 8.213*, de 24 jul. 1991. Dispõe sobre os Planos de Benefícios da Previdência Social e dá outras providências. Publicado no DOU de 25.7.1991 e Republicado no DOU de 14.8.1998. Disponível em: http://www.planalto.gov.br/ccivil_03/Leis/L8213compilado.htm> Acesso em: set. 2009.

BRASIL. Presidência da República. Casa Civil. Subchefia para Assuntos Jurídicos. *Lei n. 9.394*, de 20 dez. 1996. Publicado no DOU de 23.12.1996. Estabelece as diretrizes e bases da educação nacional. Disponível em: <http://www.planalto.gov.br/ccivil_03/LEIS/l9394.htm> Acesso em: 09 ago. 2009.

BRASIL. Presidência da República. Casa Civil. Subchefia para Assuntos Jurídicos. *Lei n. 9.615*, de 24 mar. 1998. Regulamento. Decreto n. 3.659, de 4.11.2000. Decreto n. 4.201, de 18.4.2002. Institui normas gerais sobre desporto e dá outras providências. Disponível em: <http://www.planalto.gov.br/CCIVIL/Leis/L9615consol.htm> Acesso em: 09 ago. 2009.

BRASIL. Plano Nacional de Prevenção e Erradicação do Trabalho Infantil e Proteção ao Trabalhador Adolescente. Brasília, Ministério do Trabalho e Emprego, Secretaria de Inspeção do Trabalho, 2004, p. 48-49. Disponível em: <http://www.fnpeti.org.br/publicacoes/parceiros/arquivos-daspublicacoes/plano_nacional.pdf> Acesso em: set. 2009.

BRASIL. Presidência da República. Casa Civil. Subchefia para Assuntos Jurídicos. *Lei n. 11.788*, de 25 set. 2008. Dispõe sobre o estágio de estudantes; altera a redação do art. 428 da Consolidação das Leis do Trabalho — CLT, aprovada pelo Decreto-lei n. 5.452, de 1 maio 1943, e a Lei n. 9.394, de 20 dez. 1996; revoga as Leis n. 6.494, de 7 dez. 1977, e 8.859, de 23 mar. 1994, o parágrafo único do art. 82 da Lei n. 9.394, de 20 dez. 1996, e o art. 6º da Medida Provisória n. 2.164-41, de 24 ago. 2001; e dá outras providências. Disponível em: <http://www.planalto.gov.br/ccivil_03/_Ato2007-2010/2008/Lei/L11788.htm> Acesso em: set. 2009.

BRASIL. Presidência da República. Casa Civil. Subchefia para Assuntos Jurídicos. *Decreto n. 6.481*, de 12 jun. 2008. Regulamenta os arts. 3º, alínea *d*, e 4º da Convenção 182 da Organização Internacional do Trabalho (OIT) que trata da proibição das piores formas de trabalho infantil e ação imediata para sua eliminação, aprovada pelo Decreto Legislativo n. 178, de 14 dez. 1999, e promulgada pelo Decreto n.

3.597, de 12 set. 2000, e dá outras providências. Publicado no DOU de 13.6.2008 e retificado no DOU de 23.10.2008. Disponível em: <http://www.planalto.gov.br/ccivil_03/_Ato2007-2010/2008/Decreto/D6481.htm> Acesso em: ago. 2009.

CANOTILHO, José Joaquim Gomes. *Direito constitucional*. 6. ed. Coimbra: Almedina, 1993.

CASTRO, Marinella. Estudo do filho por quase meio milhão. Jornal *Estado de Minas*. Caderno de Economia, p. 10. 18 jan. 2010.

CERVO, Socal Karina. *O direito fundamental ao trabalho na Constituição Federal de 1988*. Dissertação (Mestrado) — Universidade Caxias do Sul, Programa de Pós-Graduação em Direito, 2008. Disponível em: <http://tede.ucs.br> Acesso em: ago. 2009.

COELHO, Bernardo Leôncio Moura. A realidade do trabalho educativo no Brasil. Suplemento Trabalhista. *Revista LTr*, São Paulo, v. 69, n. 9, p. 69-09/1.067, set. 2005.

COLUCCI, Viviane. Os programas de trabalho educativo à luz da doutrina da proteção integral preconizada pelo Estatuto da Criança e do Adolescente. *Revista do Ministério do Trabalho*, v. 9, n. 17, p. 92-104, mar. 1999.

CORNEJO, Bernardo Alfredo Henriquez. Centro Português de Investigação em História e Trabalho Social. *Estudos e Documentos n. 4/5*. Editorial. Disponível em: <http://www.cpihts.com/editorial.htm> Acesso em: 10 out. 2009.

COSTA, Antônio Carlos Gomes da. *O Estatuto da Criança e do Adolescente e o Trabalho infantil no Brasil*: trajetória, situação atual e perspectivas. Brasília-DF: OIT; São Paulo: LTr, 1994.

COUTINHO, Aldacy Rachid. Direito constitucional ao salário mínimo. *Revista LTr*, v. 67, n. 1, p. 23-35, jan. 2003.

DALLARI, Dalmo de Abreu. O trabalho integra a condição humana. *O Estado de S. Paulo*, São Paulo, 10 mar. 1996.

DELGADO, Gabriela Neves. *Direito fundamental ao trabalho digno*. São Paulo: LTr, 2006.

DELGADO, Mauricio Godinho. *Introdução ao direito do trabalho*: relações de trabalho e relações de emprego. São Paulo: LTr, 2001.

_____. *Princípios de direito individual e coletivo do trabalho*. 2. ed. São Paulo: LTr, 2004.

_____. *Capitalismo, trabalho e emprego*: entre o paradigma da destruição e os caminhos da reconstrução. São Paulo: LTr, 2006.

_____. *Curso de direito do trabalho*. 7. ed. São Paulo: LTr, 2008.

_____. *Curso de direito do trabalho*. 8. ed. São Paulo: LTr, 2009.

DELGADO, Mauricio Godinho; PORTO, Lorena Vasconcelos. *O estado de bem-estar social no século XXI*. São Paulo: LTr, 2007.

DELORS, Jacques (Org.). *Educação*: um tesouro a descobrir. Relatório para a UNESCO da Comissão Internacional sobre Educação para o Século XXI. 2. ed. São Paulo: Cortez; Brasília-DF: MEC/UNESCO, 1999.

DURKHEIM, Émile. *Educação e sociologia*. 11. ed. São Paulo: Melhoramentos, 1978.

DUTRA, Maria Zuila Lima. *Meninas domésticas, infâncias destruídas*: legislação e realidade social. São Paulo: LTr, 2007.

ESPÍNOLA, Ruy Samuel. *Conceito de princípios constitucionais*: elementos teóricos para uma formulação dogmática constitucionalmente adequada. São Paulo: Revista dos Tribunais, 1999.

FREIRE, Paulo. *Pedagogia da indignação*. 5. reimp. São Paulo: UNESP, 2000.

FUNDABRINQ. *Como atuamos*. Disponível em: <http://www.fundabrinq.org.br> Acesso em: nov. 2009.

FUNDABRINQ. *Como atuamos*. Novidades. Programa "A Primeira Infância vem Primeiro". Disponível em: <http://www.fundabrinq.org.br> Acesso em: ago. 2009.

FUNDABRINQ. *Como atuamos*. Programa "Adotei um Sorriso". Disponível em: <http://www.fundabrinq.org.br> Acesso em: nov. 2009.

GÓES, José Roberto de; FLORENTINO, Manolo. Crianças escravas, crianças dos escravos. In: PRIORE, Mary Del (org.). *História das crianças no Brasil*. São Paulo: Contexto, 1999.

GRUNSPUN, Haim. *O trabalho de crianças e dos adolescentes*. São Paulo: LTr, 2000.

GUERRA FILHO, Willis Santiago. Direitos fundamentais, processo e princípio da proporcionalidade. In: GUERRA FILHO, Willis Santiago (coord.). *Dos direitos humanos aos direitos fundamentais*. Porto Alegre: Livraria do Advogado, 1997.

GUIMARÃES, Arthur. *O vilão n. 1*: o trabalho infantil. Ensino Fundamental. Educar para crescer. Escola. 01.06.2008. Disponível em: <http://educarparacrescer.abril.com.br/indicadores/materias_298137.shtml> Acesso em: 10 out. 2009.

HARDMAN, Francisco Foot. *História da indústria e do trabalho no Brasil* (das origens aos anos vinte). São Paulo: Global, 1982.

IBGE — Instituto Brasileiro de Geografia e Estatística. Pesquisa Nacional por Amostra de Domicílios — 2008. *Pnad 2008*: Mercado de trabalho avança, rendimento mantém-se em alta, e mais domicílios têm computador com acesso à Internet. Comunicação Social, 18 set. 2009. Disponível em: <http://www.ibge.gov.br/home/presidencia/noticias/noticia_visualiza.php?id_noticia=1455&id_pagia=1> Acesso em: 14 nov. de 2009.

JOÃO PAULO II. *O trabalho humano*. Carta Encíclica de João Paulo II. 10. ed. São Paulo: Paulinas, 1990.

JORNAL ESTADO DE MINAS. *Editorial*. Caderno Opinião. p. 8. 20 jan. 2010.

KRUPPA, Sonia M. Portella. *Sociologia da educação*. São Paulo: Cortez, 1996.

LEITE, Carlos Henrique Bezerra. *Ação civil pública*: nova jurisdição trabalhista metaindividual: legitimação do Ministério Público. São Paulo: LTr, 2001.

_____. *Curso de direito processual do trabalho*. 6. ed. São Paulo: LTr, 2008.

LIBERATI, Wilson Donizeti; DIAS, Fábio Muller Dutra. *Trabalho infantil*. São Paulo: Malheiros, 2006.

MANFREDI, Sílvia Maria. *Educação profissional no Brasil*. Rio de Janeiro: Cortez, 2002.

MARQUES, Maria Elizabeth; NEVES, Magda de Almeida; CARVALHO NETO, Antonio. *Trabalho infantil*: a infância roubada. Belo Horizonte: PUC Minas, Instituto de Relações do Trabalho, 2002.

MARTINS, Adalberto. *A proteção constitucional ao trabalho de crianças e adolescentes*. São Paulo: LTr, 2002.

MEDEIROS, Benizete Ramos de. *Trabalho com dignidade*: educação e qualificação é um caminho? São Paulo: LTr, 2008.

MINHARRO, Erotilde Ribeiro dos Santos. *A criança e o adolescente no direito do trabalho*. São Paulo: LTr, 2003.

MIRANDA, Jorge. *Manual de direito constitucional*. 2. ed. Portugal: Coimbra, 1998. Tomo II.

MORAIS, Antônio Carlos Flores de. *Trabalho do adolescente:* proteção e profissionalização. 2. ed., rev., atual. e ampl. Belo Horizonte: Del Rey, 2002.

MOURA, Esmeralda Blanco Bolsonaro de. Crianças operárias na recém-industrializada. São Paulo. In: PRIORE, Mary Del (org.). *História das crianças no Brasil*. São Paulo: Contexto, 1999.

NASCIMENTO, Nilson de Oliveira. *Manual do trabalho do menor*. São Paulo: LTr, 2003.

OIT — Organização Internacional do Trabalho. Escritório do Brasil. Convenção n. 182 sobre proibição das piores formas de trabalho infantil e ação imediata para sua eliminação. Aprovada em 17.06.1999. No Brasil, promulgada pelo Decreto n. 3.597 de 12.09.2000. Disponível em: <http://www.oitbrasil.org.br/ipec/normas/conv182.php> Acesso em: ago. 2009.

OIT — Organização Internacional do Trabalho. Escritório do Brasil. Convenção n. 138. Sobre idade mínima para admissão a emprego. Aprovada em 27.06.1973. No Brasil promulgada pelo Decreto n. 4.134, de 15.02.2002. Disponível em: <http://www.oitbrasil.org.br/ipec/normas/conv138.php> Acesso em: ago. 2009.

OIT — Organização Internacional do Trabalho. *Piores formas de trabalho infantil*. Um guia para jornalistas. / Supervisão editorial Veet Vivarta; Programa Internacional para Eliminação do Trabalho Infantil (IPEC). — [Brasília]: OIT — Secretaria Internacional do Trabalho, 2007 / Agência de Notícias dos Direitos da Infância — ANDI, 2007. 120 p. Cap. 4: Participação das diferentes instâncias no combate ao trabalho infantil, p. 35-89. Disponível em: <http://www.oitbrasil.org.br/download/guia_jornalistas.pdf> Acesso em: nov. 2009.

OIT — Organização Internacional do Trabalho. Conheça a OIT. Brasil. *Promovendo o trabalho decente*. (s.d.) Disponível em: <http://www.oitbrasil.org.br/inst/brasil/index.php>.

OLEA, Manuel Afonso. *Introdução ao direito do trabalho*. São Paulo: LTr, 1984.

OLIVA, José Roberto Dantas. *O princípio da proteção integral e o trabalho da criança e do adolescente no Brasil:* com as alterações promovidas pela Lei n. 11.180, de 23 de setembro de 2005, que ampliou o limite de idade nos contratos de aprendizagem para 24 anos. São Paulo: LTr, 2006.

OLIVEIRA, José César de. Formação histórica do direito do trabalho. In: BARROS, Alice Monteiro de (coord.). *Curso de direito do trabalho*. Estudos em homenagem a Célio Goyatá. São Paulo: LTr, 1997.

OLIVEIRA, Oris de. *O trabalho da criança e do adolescente*. São Paulo: LTr, 1994.

_____. Trabalho educativo. Legislação do Trabalho. Publicação Mensal de Legislação, Doutrina e Jurisprudência. *Revista LTr*, São Paulo, v. 63, n. 4, p. 459-465, abril 1999.

PALMEIRA SOBRINHO, Zéu. O contrato de estágio e as inovações da Lei n. 11.788/2008. *Revista LTr*, v. 72, n. 10, p. 1.173-1.188, out. 2008.

PEREIRA, Irandi *et al. Trabalho do adolescente*. Mitos e dilemas. São Paulo: Instituto de Estudos Especiais da PUC/SP, maio de 1994.

PEREIRA, Tânia da Silva. *Direito da criança e do adolescente:* uma proposta interdisciplinar. Rio de Janeiro: Renovar, 1996.

PILETTI, Nelson. *Sociologia da educação*. 14. ed. São Paulo: Ática, 1995.

POCHMANN, Márcio; ANTUNES, Ricardo (orgs.). O emprego na globalização: a nova divisão internacional do trabalho e os caminhos que o Brasil escolheu. In: *Mundo do trabalho*. São Paulo: Boitempo Editorial, 2001.

PORTO, Cristina; HUZAK, Iolanda; AZEVEDO, Jô. *Trabalho infantil:* o difícil sonho de ser criança. São Paulo: Ática, 2003.

QUEIRÓZ, José Fleuri. *O mestre na educação.* 3. ed. Brasília: FEB, 1977.

QUINTÃO, André. O combate ao trabalho infantil. Jornal *Estado de Minas.* Caderno Opinião, 15 jun. 2009. p. 7.

RAFAEL, Márcia Cristina. Educação, trabalho e cidadania. *COAD* — informativo semanal n. 52/2003, ano XXXVII.

RAMOS, Fábio Pestana. A história trágico-marítima das crianças nas embarcações portuguesas do século XVI. In: PRIORE, Mary Del (org.). *História das crianças no Brasil.* São Paulo: Contexto, 1999.

RIBEIRO FILHO, Antônio Carlos. *Impacto das condições de vida na saúde de crianças e adolescentes, fiscalização do trabalho, saúde e aprendizagem.* Florianópolis: DRT/SC, 2000.

RUPRECHT, Alfredo J. *Os princípios do direito do trabalho.* São Paulo: LTr, 1995.

SAMPAIO, João Baptista de Arruda. *O trabalho do menor em face da Constituição de 1967.* In: Semana de estudos do problema de menores, X. Estudos sobre problemas de menores. Anais... São Paulo, 1971.

SANTOS, Caio Franco. *Contrato de emprego do adolescente aprendiz.* A aprendizagem de acordo com a Lei n. 10.097/2000. Curitiba: Juruá, 2005.

SANTOS, Glauber Maciel dos. Trabalho infantil no Brasil. In: BRASIL. Ministério do Trabalho e Emprego. *Proteção integral para crianças e adolescentes, fiscalização do trabalho, saúde e aprendizagem.* Florianópolis: DRT/SC, 2000.

SILVA, Antônio Álvares da. *Direito coletivo do trabalho.* Rio de Janeiro: Forense, 1979.

SILVA, De Plácido e. *Vocabulário jurídico.* 17. ed. Rio de Janeiro: Forense, 2000.

SILVA, José Afonso da. *Curso de direito constitucional positivo.* 9. ed. rev. São Paulo: Malheiros, 1992.

SÜSSEKIND, Arnaldo; MARANHÃO, Délio; VIANNA, Segadas; TEIXEIRA, Lima. *Instituições de direito do trabalho.* 19. ed, v. 1. São Paulo: LTr, 2000.

UNICEF. *Declaração universal dos direitos das crianças.* 20 nov. 1959. Disponível em: <http://www.dhnet.org.br/direitos/sip/onu/c_a/lex41.htm> Acesso em: nov. 2009.

VERONESE, Josiane Rose Petry. *Temas de direito da criança e do adolescente.* São Paulo: LTr, 1997.

VIANNA, Segadas. A valorização do trabalho humano. In: SÜSSEKIND, Arnaldo; MARANHÃO, Délio; VIANNA, Segadas; TEIXEIRA, Lima. *Instituições de direito do trabalho.* 19. ed. São Paulo: LTr, 2000. v. 1.

VIEIRA, Isabela. Ecodebate. 19/09/2008. PNAD: *Trabalho infantil diminui, mas aumenta jornada*. Trabalho prejudica o estudo das crianças. Disponível em: <http://www.ecodebate.com.br/2008/09/19/pnad-trabalho-infantil-diminui-mas-aumenta-jornada-trabalho-prejudica-o-estudo-das-criancas> Acesso em: 10 out. 2009.

WONG, Robert. *O sucesso está no equilíbrio*. São Paulo: Campos, 2008.

Anexos

ANEXO A

CONVENÇÃO SOBRE OS DIREITOS DA CRIANÇA — ONU[1]

PREÂMBULO

Os Estados-Partes da presente Convenção,

Considerando que, de acordo com os princípios proclamados na Carta das Nações Unidas, a liberdade, a justiça e a paz no mundo se fundamentam no reconhecimento da dignidade inerente e dos direitos iguais e inalienáveis de todos os membros da família humana;

Tendo em conta que os povos das Nações Unidas reafirmaram na carta sua fé nos direitos fundamentais do homem e na dignidade e no valor da pessoa humana e que decidiram promover o progresso social e a elevação do nível de vida com mais liberdade;

Reconhecendo que as Nações Unidas proclamaram e acordaram na Declaração Universal dos Direitos Humanos e nos Pactos Internacionais de Direitos Humanos que toda pessoa possui todos os direitos e liberdades neles enunciados, sem distinção de qualquer natureza, seja de raça, cor, sexo, idioma, crença, opinião política ou de outra índole, origem nacional ou social, posição econômica, nascimento ou qualquer outra condição;

Recordando que na Declaração Universal dos Direitos Humanos as Nações Unidas proclamaram que a infância tem direito a cuidados e assistência especiais;

Convencidos de que a família, como grupo fundamental da sociedade e ambiente natural para o crescimento e bem-estar de todos os seus membros, e em particular das crianças, deve receber a proteção e assistência necessárias a fim de poder assumir plenamente suas responsabilidades dentro da comunidade;

Reconhecendo que a criança, para o pleno e harmonioso desenvolvimento de sua personalidade, deve crescer no seio da família, em um ambiente de felicidade, amor e compreensão;

Considerando que a criança deve estar plenamente preparada para uma vida independente na sociedade e deve ser educada de acordo com os ideais proclamados na Carta das Nações Unidas, especialmente com espírito de paz, dignidade, tolerância, liberdade, igualdade e solidariedade;

Tendo em conta que a necessidade de proporcionar à criança uma proteção especial foi enunciada na Declaração de Genebra de 1924 sobre os Direitos da Criança e na Declaração dos Direitos da Criança adotada pela Assembleia Geral em 20 de novembro de 1959, e reconhecida na Declaração Universal dos Direitos Humanos, no Pacto Internacional de Direitos Civis e Políticos (em particular nos Artigos 23 e 24), no Pacto Internacional de Direitos Econômicos, Sociais e Culturais (em particular no Artigo 10) e nos estatutos e instrumentos pertinentes das Agências Especializadas e das organizações internacionais que se interessam pelo bem-estar da criança;

Tendo em conta que, conforme assinalado na Declaração dos Direitos da Criança, "a criança, em virtude de sua falta de maturidade física e mental, necessita proteção e cuidados especiais, inclusive a devida proteção legal, tanto antes quanto após seu nascimento";

Lembrado o estabelecido na Declaração sobre os Princípios Sociais e Jurídicos Relativos à Proteção e ao Bem-Estar das Crianças, especialmente com Referência à Adoção e à Colocação em Lares de Adoção, nos Planos Nacional e Internacional; as Regras Mínimas das Nações Unidas para a Administração da Justiça Juvenil (Regras de Pequim); e a Declaração sobre a Proteção da Mulher e da Criança em Situações de Emergência ou de Conflito Armado;

Reconhecendo que em todos os países do mundo existem crianças vivendo sob condições excepcionalmente difíceis e que essas crianças necessitam consideração especial;

---

[1] Disponível em: <http://www.onu-brasil.org.br>.

Tomando em devida conta a importância das tradições e dos valores culturais de cada povo para a proteção e o desenvolvimento harmonioso da criança;

Reconhecendo a importância da cooperação internacional para a melhoria das condições de vida das crianças em todos os países, especialmente nos países em desenvolvimento;

Acordam o seguinte:

PARTE I

ARTIGO 1

Para efeitos da presente Convenção considera-se como criança todo ser humano com menos de dezoito anos de idade, a não ser que, em conformidade com a lei aplicável à criança, a maioridade seja alcançada antes.

ARTIGO 2

1. Os Estados-Partes respeitarão os direitos enunciados na presente Convenção e assegurarão sua aplicação a cada criança sujeita à sua jurisdição, sem distinção alguma, independentemente de raça, cor, sexo, idioma, crença, opinião política ou de outra índole, origem nacional, étnica ou social, posição econômica, deficiências físicas, nascimento ou qualquer outra condição da criança, de seus pais ou de seus representantes legais.

2. Os Estados-Partes tomarão todas as medidas apropriadas para assegurar a proteção da criança contra toda forma de discriminação ou castigo por causa da condição, das atividades, das opiniões manifestadas ou das crenças de seus pais, representantes legais ou familiares.

ARTIGO 3

1. Todas as ações relativas às crianças, levadas a efeito por autoridades administrativas ou órgãos legislativos, devem considerar, primordialmente, o interesse maior da criança.

2. Os Estados-Partes se comprometem a assegurar à criança a proteção e o cuidado que sejam necessários para seu bem-estar, levando em consideração os direitos e deveres de seus pais, tutores ou outras pessoas responsáveis por ela perante a lei e, com essa finalidade, tomarão todas as medidas legislativas e administrativas adequadas.

3. Os Estados-Partes se certificarão de que as instituições, os serviços e os estabelecimentos encarregados do cuidado ou da proteção das crianças cumpram com os padrões estabelecidos pelas autoridades competentes, especialmente no que diz respeito à segurança e à saúde das crianças, ao número e à competência de seu pessoal e à existência de supervisão adequada.

ARTIGO 4

Os Estados-Partes adotarão todas as medidas administrativas, legislativas e de outra índole com vistas à implementação dos direitos reconhecidos na presente Convenção. Com relação aos direitos econômicos, sociais e culturais, os Estados-Partes adotarão essas medidas utilizando ao máximo os recursos disponíveis e, quando necessário, dentro de um quadro de cooperação internacional.

ARTIGO 5

Os Estados-Partes respeitarão as responsabilidades, os direitos e os deveres dos pais ou, onde for o caso, dos membros da família ampliada ou da comunidade, conforme determinem os costumes locais, dos tutores ou de outras pessoas legalmente responsáveis, de proporcionar à criança instrução e orientação adequadas e acordes com a evolução de sua capacidade no exercício dos direitos reconhecidos na presente Convenção.

ARTIGO 6

1. Os Estados-Partes reconhecem que toda criança tem o direito inerente à vida.

2. Os Estados-Partes assegurarão ao máximo a sobrevivência e o desenvolvimento da criança.

ARTIGO 7

1. A criança será registrada imediatamente após seu nascimento e terá direito, desde o momento em que nasce, a um nome, a uma nacionalidade e, na medida do possível, a conhecer seus pais e a ser cuidada por eles.

2. Os Estados-Partes zelarão pela aplicação desses direitos de acordo com sua legislação nacional e com as obrigações que tenham assumido em virtude dos instrumentos internacionais pertinentes, sobretudo se, de outro modo, a criança se tornaria apátrida.

ARTIGO 8

1. Os Estados-Partes se comprometem a respeitar o direito da criança de preservar sua identidade, inclusive a nacionalidade, o nome e as relações familiares, de acordo com a lei, sem interferências ilícitas.

2. Quando uma criança se vir privada ilegalmente de algum ou de todos os elementos que configuram sua identidade, os Estados-Partes deverão prestar assistência e proteção adequadas com vistas a restabelecer rapidamente sua identidade.

ARTIGO 9

1. Os Estados-Partes deverão zelar para que a criança não seja separada dos pais contra a vontade dos mesmos, exceto quando, sujeita à revisão judicial, as autoridades competentes determinarem, em conformidade com a lei e os procedimentos legais cabíveis, que tal separação é necessária ao interesse maior da criança. Tal determinação pode ser necessária em casos específicos, por exemplo, nos casos em que a criança sofre maus-tratos ou descuido por parte de seus pais ou quando estes vivem separados e uma decisão deve ser tomada a respeito do local da residência da criança.

2. Caso seja adotado qualquer procedimento em conformidade com o estipulado no parágrafo 1 do presente Artigo, todas as Partes interessadas terão a oportunidade de participar e de manifestar suas opiniões.

3. Os Estados-Partes respeitarão o direito da criança que esteja separada de um ou de ambos os pais de manter regularmente relações pessoais e contato direto com ambos, a menos que isso seja contrário ao interesse maior da criança.

4. Quando essa separação ocorrer em virtude de uma medida adotada por um Estado-Parte, tal como detenção, prisão, exílio, deportação ou morte (inclusive falecimento decorrente de qualquer causa enquanto a pessoa estiver sob a custódia do Estado) de um dos pais da criança, ou de ambos, ou da própria criança, o Estado-Parte, quando solicitado, proporcionará aos pais, à criança ou, se for o caso, a outro familiar, informações básicas a respeito do paradeiro do familiar ou familiares ausentes, a não ser que tal procedimento seja prejudicial ao bem-estar da criança. Os Estados-Partes se certificarão, além disso, de que a apresentação de tal petição não acarrete, por si só, consequências adversas para a pessoa ou pessoas interessadas.

ARTIGO 10

1. De acordo com a obrigação dos Estados-Partes estipulada no parágrafo 1 do Artigo 9, toda solicitação apresentada por uma criança, ou por seus pais, para ingressar ou sair de um Estado-Parte com vistas à reunião da família, deverá ser atendida pelos Estados-Partes de forma positiva, humanitária e rápida. Os Estados-Partes assegurarão, ainda, que a apresentação de tal solicitação não acarretará consequências adversas para os solicitantes ou para seus familiares.

2. A criança cujos pais residam em Estados diferentes terá o direito de manter, periodicamente, relações pessoais e contato direto com ambos, exceto em circunstâncias especiais. Para tanto, e de acordo com a obrigação assumida pelos Estados-Partes em virtude do parágrafo 2 do Artigo 9, os Estados-Partes respeitarão o direito da criança e de seus pais de sair de qualquer país, inclusive do próprio, e de ingressar no seu próprio país. O direito de sair de qualquer país estará sujeito, apenas, às restrições determinadas pela lei que sejam necessárias para proteger a segurança nacional, a ordem pública, a saúde ou a moral públicas ou os direitos e as liberdades de outras pessoas e que estejam acordes com os demais direitos reconhecidos pela presente Convenção.

ARTIGO 11

1. Os Estados-Partes adotarão medidas a fim de lutar contra a transferência ilegal de crianças para o exterior e a retenção ilícita das mesmas fora do país.

2. Para tanto, aos Estados-Partes promoverão a conclusão de acordos bilaterais ou multilaterais ou a adesão a acordos já existentes.

ARTIGO 12

1. Os Estados-Partes assegurarão à criança que estiver capacitada a formular seus próprios juízos o direito de expressar suas opiniões livremente sobre todos os assuntos relacionados com a criança, levando-se devidamente em consideração essas opiniões, em função da idade e maturidade da criança.

2. Com tal propósito, se proporcionará à criança, em particular, a oportunidade de ser ouvida em todo processo judicial ou administrativo que afete a mesma, quer diretamente quer por intermédio de um representante ou órgão apropriado, em conformidade com as regras processuais da legislação nacional.

ARTIGO 13

1. A criança terá direito à liberdade de expressão. Esse direito incluirá a liberdade de procurar, receber e divulgar informações e idéias de todo tipo, independentemente de fronteiras, de forma oral, escrita ou impressa, por meio das artes ou por qualquer outro meio escolhido pela criança.

2. O exercício de tal direito poderá estar sujeito a determinadas restrições, que serão unicamente as previstas pela lei e consideradas necessárias:

a) para o respeito dos direitos ou da reputação dos demais, ou

b) para a proteção da segurança nacional ou da ordem pública, ou para proteger a saúde e a moral públicas.

ARTIGO 14

1. Os Estados-Partes respeitarão o direito da criança à liberdade de pensamento, de consciência e de crença.

2. Os Estados-Partes respeitarão os direitos e deveres dos pais e, se for o caso, dos representantes legais, de orientar a criança com relação ao exercício de seus direitos de maneira acorde com a evolução de sua capacidade.

3. A liberdade de professar a própria religião ou as próprias crenças estará sujeita, unicamente, às limitações prescritas pela lei e necessárias para proteger a segurança, a ordem, a moral, a saúde pública ou os direitos e liberdades fundamentais dos demais.

ARTIGO 15

1. Os Estados-Partes reconhecem os direitos da criança à liberdade de associação e à liberdade de realizar reuniões pacíficas.

2. Não serão impostas restrições ao exercício desses direitos, a não ser as estabelecidas em conformidade com a lei e que sejam necessárias numa sociedade democrática, no interesse da segurança nacional ou pública, da ordem pública, da proteção à saúde e à moral públicas ou da proteção aos direitos e liberdades dos demais.

ARTIGO 16

1. Nenhuma criança será objeto de interferências arbitrárias ou ilegais em sua vida particular, sua família, seu domicílio ou sua correspondência, nem de atentados ilegais a sua honra e a sua reputação.

2. A criança tem direito à proteção da lei contra essas interferências ou atentados.

ARTIGO 17

Os Estados-Partes reconhecem a função importante desempenhada pelos meios de comunicação e zelarão para que a criança tenha acesso a informações e materiais procedentes de diversas fontes nacionais e internacionais, especialmente informações e materiais que visem a promover seu bem-estar social, espiritual e moral e sua saúde física e mental. Para tanto, os Estados-Partes:

a) incentivarão os meios de comunicação a difundir informações e materiais de interesse social e cultural para a criança, de acordo com o espírito do Artigo 29;

b) promoverão a cooperação internacional na produção, no intercâmbio e na divulgação dessas informações e desses materiais procedentes de diversas fontes culturais, nacionais e internacionais;

c) incentivarão a produção e difusão de livros para crianças;

d) incentivarão os meios de comunicação no sentido de, particularmente, considerar as necessidades linguísticas da criança que pertença a um grupo minoritário ou que seja indígena;

e) promoverão a elaboração de diretrizes apropriadas a fim de proteger a criança contra toda informação e material prejudiciais ao seu bem-estar, tendo em conta as disposições dos Artigos 13 e 18.

ARTIGO 18

1. Os Estados-Partes envidarão os seus melhores esforços a fim de assegurar o reconhecimento do princípio de que ambos os pais têm obrigações comuns com relação à educação e ao desenvolvimento da criança. Caberá aos pais ou, quando for o caso, aos representantes legais, a responsabilidade primordial pela educação e pelo desenvolvimento da criança. Sua preocupação fundamental visará ao interesse maior da criança.

2. A fim de garantir e promover os direitos enunciados na presente Convenção, os Estados-Partes prestarão assistência adequada aos pais e aos representantes legais para o desempenho de suas funções no que tange à educação da criança e assegurarão a criação de instituições, instalações e serviços para o cuidado das crianças.

3. Os Estados-Partes adotarão todas as medidas apropriadas a fim de que as crianças cujos pais trabalhem tenham direito a beneficiar-se dos serviços de assistência social e creches a que fazem jus.

ARTIGO 19

1. Os Estados-Partes adotarão todas as medidas legislativas, administrativas, sociais e educacionais apropriadas para proteger a criança contra todas as formas de violência física ou mental, abuso ou tratamento negligente, maus-tratos ou exploração, inclusive abuso sexual, enquanto a criança estiver sob a custódia dos pais, do representante legal ou de qualquer outra pessoa responsável por ela.

2. Essas medidas de proteção deveriam incluir, conforme apropriado, procedimentos eficazes para a elaboração de programas sociais capazes de proporcionar uma assistência adequada à criança e às pessoas encarregadas de seu cuidado, bem como para outras formas de prevenção, para a identificação, notificação, transferência a uma instituição, investigação, tratamento e acompanhamento posterior dos casos acima mencionados de maus-tratos à criança e, conforme o caso, para a intervenção judiciária.

ARTIGO 20

1. As crianças privadas temporária ou permanentemente do seu meio familiar, ou cujo interesse maior exija que não permaneçam nesse meio, terão direito à proteção e assistência especiais do Estado.

2. Os Estados-Partes garantirão, de acordo com suas leis nacionais, cuidados alternativos para essas crianças.

3. Esses cuidados poderiam incluir, *inter alia,* a colocação em lares de adoção, a *kafalah* do direito islâmico, a adoção ou, caso necessário, a colocação em instituições adequadas de proteção para as crianças. Ao serem consideradas as soluções, deve-se dar especial atenção à origem étnica, religiosa, cultural e linguística da criança, bem como à conveniência da continuidade de sua educação.

ARTIGO 21

Os Estados-Partes que reconhecem ou permitem o sistema de adoção atentarão para o fato de que a consideração primordial seja o interesse maior da criança. Dessa forma, atentarão para que:

a) a adoção da criança seja autorizada apenas pelas autoridades competentes, as quais determinarão, consoante as leis e os procedimentos cabíveis e com base em todas as informações pertinentes e fidedignas, que a adoção é admissível em vista da situação jurídica da criança com relação a seus pais, parentes e representantes legais e que, caso solicitado, as pessoas interessadas tenham dado, com conhecimento de causa, seu consentimento à adoção, com base no assessoramento que possa ser necessário;

b) a adoção efetuada em outro país possa ser considerada como outro meio de cuidar da criança, no caso em que a mesma não possa ser colocada em um lar de adoção ou entregue a uma família adotiva ou não logre atendimento adequado em seu país de origem;

c) a criança adotada em outro país goze de salvaguardas e normas equivalentes às existentes em seu país de origem com relação à adoção;

d) todas as medidas apropriadas sejam adotadas, a fim de garantir que, em caso de adoção em outro país, a colocação não permita benefícios financeiros indevidos aos que dela participarem;

e) quando necessário, promover os objetivos do presente Artigo mediante ajustes ou acordos bilaterais ou multilaterais, e envidarão esforços, nesse contexto, com vistas a assegurar que a colocação da criança em outro país seja levada a cabo por intermédio das autoridades ou organismos competentes.

ARTIGO 22

1. Os Estados-Partes adotarão medidas pertinentes para assegurar que a criança que tente obter a condição de refugiada, ou que seja considerada como refugiada de acordo com o direito e os procedimentos internacionais ou internos aplicáveis, receba, tanto no caso de estar sozinha como acompanhada por seus pais ou por qualquer outra pessoa, a proteção e a assistência humanitária adequadas a fim de que possa usufruir dos direitos enunciados na presente Convenção e em outros instrumentos internacionais de direitos humanos ou de caráter humanitário dos quais os citados Estados sejam parte.

2. Para tanto, os Estados-Partes cooperarão, da maneira como julgarem apropriada, com todos os esforços das Nações Unidas e demais organizações intergovernamentais competentes, ou organizações não governamentais que cooperem com as Nações Unidas, no sentido de proteger e ajudar a criança refugiada, e de localizar seus pais ou outros membros de sua família a fim de obter informações necessárias que permitam sua reunião com a família. Quando não for possível localizar nenhum dos pais ou membros da família, será concedida à criança a mesma proteção outorgada a qualquer outra criança privada permanente ou temporariamente de seu ambiente familiar, seja qual for o motivo, conforme o estabelecido na presente Convenção.

ARTIGO 23

1. Os Estados-Partes reconhecem que a criança portadora de deficiências físicas ou mentais deverá desfrutar de uma vida plena e decente em condições que garantam sua dignidade, favoreçam sua autonomia e facilitem sua participação ativa na comunidade.

2. Os Estados-Partes reconhecem o direito da criança deficiente de receber cuidados especiais e, de acordo com os recursos disponíveis e sempre que a criança ou seus responsáveis reúnam as condições requeridas, estimularão e assegurarão a prestação da assistência solicitada, que seja adequada ao estado da criança e às circunstâncias de seus pais ou das pessoas encarregadas de seus cuidados.

3. Atendendo às necessidades especiais da criança deficiente, a assistência prestada, conforme disposto no parágrafo 2 do presente Artigo, será gratuita sempre que possível, levando-se em consideração a situação econômica dos pais ou das pessoas que cuidem da criança, e visará a assegurar à criança deficiente o acesso efetivo à educação, à capacitação, aos serviços de saúde, aos serviços de reabilitação, à preparação para o emprego e às oportunidades de lazer, de maneira que a criança atinja a mais completa integração social possível e o maior desenvolvimento individual factível, inclusive seu desenvolvimento cultural e espiritual.

4. Os Estados-Partes promoverão, com espírito de cooperação internacional, um intercâmbio adequado de informações nos campos da assistência médica preventiva e do tratamento médico, psicológico e funcional das crianças deficientes, inclusive a divulgação de informações a respeito dos métodos de reabilitação e dos serviços de ensino e formação profissional, bem como o acesso a essa informação, a fim de que os Estados-Partes possam aprimorar sua capacidade e seus conhecimentos e ampliar sua experiência nesses campos. Nesse sentido, serão levadas especialmente em conta as necessidades dos países em desenvolvimento.

ARTIGO 24

1. Os Estados-Partes reconhecem o direito da criança de gozar do melhor padrão possível de saúde e dos serviços destinados ao tratamento das doenças e à recuperação da saúde. Os Estados-Partes envidarão esforços no sentido de assegurar que nenhuma criança se veja privada de seu direito de usufruir desses serviços sanitários.

2. Os Estados-Partes garantirão a plena aplicação desse direito e, em especial, adotarão as medidas apropriadas com vistas a:

a) reduzir a mortalidade infantil;

b) assegurar a prestação de assistência médica e cuidados sanitários necessários a todas as crianças, dando ênfase aos cuidados básicos de saúde;

c) combater as doenças e a desnutrição dentro do contexto dos cuidados básicos de saúde mediante, *inter alia*, a aplicação de tecnologia disponível e o fornecimento de alimentos nutritivos e de água potável, tendo em vista os perigos e riscos da poluição ambiental;

d) assegurar às mães adequada assistência pré-natal e pós-natal;

e) assegurar que todos os setores da sociedade, e em especial os pais e as crianças, conheçam os princípios básicos de saúde e nutrição das crianças, as vantagens da amamentação, da higiene e do saneamento ambiental e das medidas de prevenção de acidentes, e tenham acesso à educação pertinente e recebam apoio para a aplicação desses conhecimentos;

f) desenvolver a assistência médica preventiva, a orientação aos pais e a educação e serviços de planejamento familiar.

3. Os Estados-Partes adotarão todas as medidas eficazes e adequadas para abolir práticas tradicionais que sejam prejudiciais à saúde da criança.

4. Os Estados-Partes se comprometem a promover e incentivar a cooperação internacional com vistas a lograr, progressivamente, a plena efetivação do direito reconhecido no presente Artigo. Nesse sentido, será dada atenção especial às necessidades dos países em desenvolvimento.

ARTIGO 25

Os Estados-Partes reconhecem o direito de uma criança que tenha sido internada em um estabelecimento pelas autoridades competentes para fins de atendimento, proteção ou tratamento de saúde física ou mental a um exame periódico de avaliação do tratamento ao qual está sendo submetida e de todos os demais aspectos relativos à sua internação.

ARTIGO 26

1. Os Estados-Partes reconhecerão a todas as crianças o direito de usufruir da previdência social, inclusive do seguro social, e adotarão as medidas necessárias para lograr a plena consecução desse direito, em conformidade com sua legislação nacional.

2. Os benefícios deverão ser concedidos, quando pertinentes, levando-se em consideração os recursos e a situação da criança e das pessoas responsáveis pelo seu sustento, bem como qualquer outra consideração cabível no caso de uma solicitação de benefícios feita pela criança ou em seu nome.

ARTIGO 27

1. Os Estados-Partes reconhecem o direito de toda criança a um nível de vida adequado ao seu desenvolvimento físico, mental, espiritual, moral e social.

2. Cabe aos pais, ou a outras pessoas encarregadas, a responsabilidade primordial de propiciar, de acordo com suas possibilidades e meios financeiros, as condições de vida necessárias ao desenvolvimento da criança.

3. Os Estados-Partes, de acordo com as condições nacionais e dentro de suas possibilidades, adotarão medidas apropriadas a fim de ajudar os pais e outras pessoas responsáveis pela criança a tornar efetivo esse direito e, caso necessário, proporcionarão assistência material e programas de apoio, especialmente no que diz respeito à nutrição, ao vestuário e à habitação.

4. Os Estados-Partes tomarão todas as medidas adequadas para assegurar o pagamento da pensão alimentícia por parte dos pais ou de outras pessoas financeiramente responsáveis pela criança, quer residam no Estado-Parte quer no exterior. Nesse sentido, quando a pessoa que detém a responsabilidade financeira pela criança residir em Estado diferente daquele onde mora a criança, os Estados-Partes promoverão a adesão a acordos internacionais ou a conclusão de tais acordos, bem como a adoção de outras medidas apropriadas.

ARTIGO 28

1. Os Estados-Partes reconhecem o direito da criança à educação e, a fim de que ela possa exercer progressivamente e em igualdade de condições esse direito, deverão especialmente:

a) tornar o ensino primário obrigatório e disponível gratuitamente para todos;

b) estimular o desenvolvimento do ensino secundário em suas diferentes formas, inclusive o ensino geral e profissionalizante, tornando-o disponível e acessível a todas as crianças, e adotar medidas apropriadas tais como a implantação do ensino gratuito e a concessão de assistência financeira em caso de necessidade;

c) tornar o ensino superior acessível a todos com base na capacidade e por todos os meios adequados;

d) tornar a informação e a orientação educacionais e profissionais disponíveis e acessíveis a todas as crianças;

e) adotar medidas para estimular a frequência regular às escolas e a redução do índice de evasão escolar.

2. Os Estados-Partes adotarão todas as medidas necessárias para assegurar que a disciplina escolar seja ministrada de maneira compatível com a dignidade humana da criança e em conformidade com a presente Convenção.

3. Os Estados-Partes promoverão e estimularão a cooperação internacional em questões relativas à educação, especialmente visando a contribuir para a eliminação da ignorância e do analfabetismo no mundo e facilitar o acesso aos conhecimentos científicos e técnicos e aos métodos modernos de ensino. A esse respeito, será dada atenção especial às necessidades dos países em desenvolvimento.

ARTIGO 29

1. Os Estados-Partes reconhecem que a educação da criança deverá estar orientada no sentido de:

a) desenvolver a personalidade, as aptidões e a capacidade mental e física da criança em todo o seu potencial;

b) imbuir na criança o respeito aos direitos humanos e às liberdades fundamentais, bem como aos princípios consagrados na Carta das Nações Unidas;

c) imbuir na criança o respeito aos seus pais, à sua própria identidade cultural, ao seu idioma e seus valores, aos valores nacionais do país em que reside, aos do eventual país de origem, e aos das civilizações diferentes da sua;

d) preparar a criança para assumir uma vida responsável numa sociedade livre, com espírito de compreensão, paz, tolerância, igualdade de sexos e amizade entre todos os povos, grupos étnicos, nacionais e religiosos e pessoas de origem indígena;

e) imbuir na criança o respeito ao meio ambiente.

2. Nada do disposto no presente Artigo ou no Artigo 28 será interpretado de modo a restringir a liberdade dos indivíduos ou das entidades de criar e dirigir instituições de ensino, desde que sejam respeitados os princípios enunciados no parágrafo 1 do presente Artigo e que a educação ministrada em tais instituições esteja acorde com os padrões mínimos estabelecidos pelo Estado.

ARTIGO 30

Nos Estados-Partes onde existam minorias étnicas, religiosas ou linguísticas, ou pessoas de origem indígena, não será negado a uma criança que pertença a tais minorias ou que seja indígena o direito de, em comunidade com os demais membros de seu grupo, ter sua própria cultura, professar e praticar sua própria religião ou utilizar seu próprio idioma.

ARTIGO 31

1. Os Estados-Partes reconhecem o direito da criança ao descanso e ao lazer, ao divertimento e às atividades recreativas próprias da idade, bem como à livre participação na vida cultural e artística.

2. Os Estados-Partes respeitarão e promoverão o direito da criança de participar plenamente da vida cultural e artística e encorajarão a criação de oportunidades adequadas, em condições de igualdade, para que participem da vida cultural, artística, recreativa e de lazer.

ARTIGO 32

1. Os Estados-Partes reconhecem o direito da criança de estar protegida contra a exploração econômica e contra o desempenho de qualquer trabalho que possa ser perigoso ou interferir em sua educação, ou que seja nocivo para sua saúde ou para seu desenvolvimento físico, mental, espiritual, moral ou social.

2. Os Estados-Partes adotarão medidas legislativas, administrativas, sociais e educacionais com vistas a assegurar a aplicação do presente Artigo. Com tal propósito, e levando em consideração as disposições pertinentes de outros instrumentos internacionais, os Estados-Partes, deverão, em particular:

a) estabelecer uma idade ou idades mínimas para a admissão em empregos;

b) estabelecer regulamentação apropriada relativa a horários e condições de emprego;

c) estabelecer penalidades ou outras sanções apropriadas a fim de assegurar o cumprimento efetivo do presente Artigo.

ARTIGO 33

Os Estados-Partes adotarão todas as medidas apropriadas, inclusive medidas legislativas, administrativas, sociais e educacionais, para proteger a criança contra o uso ilícito de drogas e substâncias psicotrópicas descritas nos tratados internacionais pertinentes e para impedir que crianças sejam utilizadas na produção e no tráfico ilícito dessas substâncias.

ARTIGO 34

Os Estados-Partes se comprometem a proteger a criança contra todas as formas de exploração e abuso sexual. Nesse sentido, os Estados-Partes tomarão, em especial, todas as medidas de caráter nacional, bilateral e multilateral que sejam necessárias para impedir:

a) o incentivo ou a coação para que uma criança se dedique a qualquer atividade sexual ilegal;

b) a exploração da criança na prostituição ou outras práticas sexuais ilegais;

c) a exploração da criança em espetáculos ou materiais pornográficos.

ARTIGO 35

Os Estados-Partes tomarão todas as medidas de caráter nacional, bilateral e multilateral que sejam necessárias para impedir o sequestro, a venda ou o tráfico de crianças para qualquer fim ou sob qualquer forma.

ARTIGO 36

Os Estados-Partes protegerão a criança contra todas as demais formas de exploração que sejam prejudiciais para qualquer aspecto de seu bem-estar.

ARTIGO 37

Os Estados-Partes zelarão para que:

a) nenhuma criança seja submetida a tortura nem a outros tratamentos ou penas cruéis, desumanos ou degradantes. Não será imposta a pena de morte nem a prisão perpétua sem possibilidade de livramento por delitos cometidos por menores de dezoito anos de idade;

b) nenhuma criança seja privada de sua liberdade de forma ilegal ou arbitrária. A detenção, a reclusão ou a prisão de uma criança será efetuada em conformidade com a lei e apenas como último recurso, e durante o mais breve período de tempo que for apropriado;

c) toda criança privada da liberdade seja tratada com a humanidade e o respeito que merece a dignidade inerente à pessoa humana, e levando-se em consideração as necessidades de uma pessoa de sua idade. Em especial, toda criança privada de sua liberdade ficará separada dos adultos, a não ser que tal fato seja considerado contrário aos melhores interesses da criança, e terá direito a manter contato com sua família por meio de correspondência ou de visitas, salvo em circunstâncias excepcionais;

d) toda criança privada de sua liberdade tenha direito a rápido acesso a assistência jurídica e a qualquer outra assistência adequada, bem como direito a impugnar a legalidade da privação de sua liberdade perante um tribunal ou outra autoridade competente, independente e imparcial e a uma rápida decisão a respeito de tal ação.

ARTIGO 38

1. Os Estados-Partes se comprometem a respeitar e a fazer com que sejam respeitadas as normas do direito humanitário internacional aplicáveis em casos de conflito armado no que digam respeito às crianças.

2. Os Estados-Partes adotarão todas as medidas possíveis a fim de assegurar que todas as pessoas que ainda não tenham completado quinze anos de idade não participem diretamente de hostilidades.

3. Os Estados-Partes abster-se-ão de recrutar pessoas que não tenham completado quinze anos de idade para servir em suas forças armadas. Caso recrutem pessoas que tenham completado quinze anos mas que tenham menos de dezoito anos, deverão procurar dar prioridade aos de mais idade.

4. Em conformidade com suas obrigações de acordo com o direito humanitário internacional para proteção da população civil durante os conflitos armados, os Estados-Partes adotarão todas as medidas necessárias a fim de assegurar a proteção e o cuidado das crianças afetadas por um conflito armado.

ARTIGO 39

Os Estados-Partes adotarão todas as medidas apropriadas para estimular a recuperação física e psicológica e a reintegração social de toda criança vítima de qualquer forma de abandono, exploração ou abuso; tortura ou outros tratamentos ou penas cruéis, desumanos ou degradantes; ou conflitos armados. Essa recuperação e reintegração serão efetuadas em ambiente que estimule a saúde, o respeito próprio e a dignidade da criança.

ARTIGO 40

1. Os Estados-Partes reconhecem o direito de toda criança a quem se alegue ter infringido as leis penais ou a quem se acuse ou declare culpada de ter infringido as leis penais de ser tratada de modo a promover e estimular seu sentido de dignidade e de valor e a fortalecer o respeito da criança pelos direitos humanos e pelas liberdades fundamentais de terceiros, levando em consideração a idade da criança e a importância de se estimular sua reintegração e seu desempenho construtivo na sociedade.

2. Nesse sentido, e de acordo com as disposições pertinentes dos instrumentos internacionais, os Estados-Partes assegurarão, em particular:

a) que não se alegue que nenhuma criança tenha infringido as leis penais, nem se acuse ou declare culpada nenhuma criança de ter infringido essas leis, por atos ou omissões que não eram proibidos pela legislação nacional ou pelo direito internacional no momento em que foram cometidos;

b) que toda criança de quem se alegue ter infringido as leis penais ou a quem se acuse de ter infringido essas leis goze, pelo menos, das seguintes garantias:

i) ser considerada inocente enquanto não for comprovada sua culpabilidade conforme a lei;

ii) ser informada sem demora e diretamente ou, quando for o caso, por intermédio de seus pais ou de seus representantes legais, das acusações que pesam contra ela, e dispor de assistência jurídica ou outro tipo de assistência apropriada para a preparação e apresentação de sua defesa;

iii) ter a causa decidida sem demora por autoridade ou órgão judicial competente, independente e imparcial, em audiência justa conforme a lei, com assistência jurídica ou outra assistência e, a não ser que seja considerado contrário aos melhores interesses da criança, levando em consideração especialmente sua idade ou situação e a de seus pais ou representantes legais;

iv) não ser obrigada a testemunhar ou a se declarar culpada, e poder interrogar ou fazer com que sejam interrogadas as testemunhas de acusação bem como poder obter a participação e o interrogatório de testemunhas em sua defesa, em igualdade de condições;

v) se for decidido que infringiu as leis penais, ter essa decisão e qualquer medida imposta em decorrência da mesma submetidas a revisão por autoridade ou órgão judicial superior competente, independente e imparcial, de acordo com a lei;

vi) contar com a assistência gratuita de um intérprete caso a criança não compreenda ou fale o idioma utilizado;

vii) ter plenamente respeitada sua vida privada durante todas as fases do processo.

3. Os Estados-Partes buscarão promover o estabelecimento de leis, procedimentos, autoridades e instituições específicas para as crianças de quem se alegue ter infringido as leis penais ou que sejam acusadas ou declaradas culpadas de tê-las infringido, e em particular:

a) o estabelecimento de uma idade mínima antes da qual se presumirá que a criança não tem capacidade para infringir as leis penais;

b) a adoção sempre que conveniente e desejável, de medidas para tratar dessas crianças sem recorrer a procedimentos judiciais, contando que sejam respeitados plenamente os direitos humanos e as garantias legais.

4. Diversas medidas, tais como ordens de guarda, orientação e supervisão, aconselhamento, liberdade vigiada, colocação em lares de adoção, programas de educação e formação profissional, bem como outras alternativas à internação em instituições, deverão estar disponíveis para garantir que as crianças sejam tratadas de modo apropriado ao seu bem-estar e de forma proporcional às circunstâncias e ao tipo do delito.

ARTIGO 41

Nada do estipulado na presente Convenção afetará disposições que sejam mais convenientes para a realização dos direitos da criança e que podem constar:

a) das leis de um Estado-Parte;

b) das normas de direito internacional vigentes para esse Estado.

PARTE II

ARTIGO 42

Os Estados-Partes se comprometem a dar aos adultos e às crianças amplo conhecimento dos princípios e disposições da Convenção, mediante a utilização de meios apropriados e eficazes.

ARTIGO 43

1. A fim de examinar os progressos realizados no cumprimento das obrigações contraídas pelos Estados-Partes na presente Convenção, deverá ser estabelecido um Comitê para os Direitos da Criança que desempenhará as funções a seguir determinadas.

2. O comitê estará integrado por dez especialistas de reconhecida integridade moral e competência nas áreas cobertas pela presente Convenção. Os membros do comitê serão eleitos pelos Estados-Partes dentre seus nacionais e exercerão suas funções a título pessoal, tomando-se em devida conta a distribuição geográfica equitativa bem como os principais sistemas jurídicos.

3. Os membros do Comitê serão escolhidos, em votação secreta, de uma lista de pessoas indicadas pelos Estados-Partes. Cada Estado-Parte poderá indicar uma pessoa dentre os cidadãos de seu país.

4. A eleição inicial para o Comitê será realizada, no mais tardar, seis meses após a entrada em vigor da presente Convenção e, posteriormente, a cada dois anos. No mínimo quatro meses antes da data marcada para cada eleição, o Secretário-Geral das Nações Unidas enviará uma carta aos Estados-Partes convidando-os a apresentar suas candidaturas num prazo de dois meses. O Secretário-Geral elaborará posteriormente uma lista da qual farão parte, em ordem alfabética, todos os candidatos indicados e os Estados-Partes que os designaram, e submeterá a mesma aos Estados-Partes presentes à Convenção.

5. As eleições serão realizadas em reuniões dos Estados-Partes convocadas pelo Secretário-Geral na Sede das Nações Unidas. Nessas reuniões, para as quais o quorum será de dois terços dos Estados-Partes, os candidatos eleitos para o Comitê serão aqueles que obtiverem o maior número de votos e a maioria absoluta de votos dos representantes dos Estados-Partes presentes e votantes.

6. Os membros do Comitê serão eleitos para um mandato de quatro anos. Poderão ser reeleitos caso sejam apresentadas novamente suas candidaturas. O mandato de cinco dos membros eleitos na primeira eleição expirará ao término de dois anos; imediatamente após ter sido realizada a primeira eleição, o Presidente da reunião na qual a mesma se efetuou escolherá por sorteio os nomes desses cinco membros.

7. Caso um membro do Comitê venha a falecer ou renuncie ou declare que por qualquer outro motivo não poderá continuar desempenhando suas funções, o Estado-Parte que indicou esse membro designará outro especialista, dentre seus cidadãos, para que exerça o mandato até seu término, sujeito à aprovação do Comitê.

8. O Comitê estabelecerá suas próprias regras de procedimento.

9. O Comitê elegerá a Mesa para um período de dois anos.

10. As reuniões do Comitê serão celebradas normalmente na Sede das Nações Unidas ou em qualquer outro lugar que o Comitê julgar conveniente. O Comitê se reunirá normalmente todos os anos. A duração das reuniões do Comitê será determinada e revista, se for o caso, em uma reunião dos Estados-Partes da presente Convenção, sujeita à aprovação da Assembleia Geral.

11. O Secretário-Geral das Nações Unidas fornecerá o pessoal e os serviços necessários para o desempenho eficaz das funções do Comitê de acordo com a presente Convenção.

12. Com prévia aprovação da Assembleia Geral, os membros do Comitê estabelecido de acordo com a presente Convenção receberão emolumentos provenientes dos recursos das Nações Unidas, segundo os termos e condições determinados pela assembleia.

ARTIGO 44

1. Os Estados-Partes se comprometem a apresentar ao Comitê, por intermédio do Secretário-Geral das Nações Unidas, relatórios sobre as medidas que tenham adotado com vistas a tornar efetivos os direitos reconhecidos na Convenção e sobre os progressos alcançados no desempenho desses direitos:

a) num prazo de dois anos a partir da data em que entrou em vigor para cada Estado-Parte a presente Convenção;

b) a partir de então, a cada cinco anos.

2. Os relatórios preparados em função do presente Artigo deverão indicar as circunstâncias e as dificuldades, caso existam, que afetam o grau de cumprimento das obrigações derivadas da presente Convenção. Deverão, também, conter informações suficientes para que o Comitê compreenda, com exatidão, a implementação da Convenção no país em questão.

3. Um Estado-Parte que tenha apresentado um relatório inicial ao Comitê não precisará repetir, nos relatórios posteriores a serem apresentados conforme o estipulado no subitem b) do parágrafo 1 do presente Artigo, a informação básica fornecida anteriormente.

4. O Comitê poderá solicitar aos Estados-Partes maiores informações sobre a implementação da Convenção.

5. A cada dois anos, o Comitê submeterá relatórios sobre suas atividades à Assembleia Geral das Nações Unidas, por intermédio do Conselho Econômico e Social.

6. Os Estados-Partes tornarão seus relatórios amplamente disponíveis ao público em seus respectivos países.

ARTIGO 45

A fim de incentivar a efetiva implementação da Convenção e estimular a cooperação internacional nas esferas regulamentadas pela Convenção:

a) os organismos especializados, o Fundo das Nações Unidas para a Infância e outros órgãos das Nações Unidas terão o direito de estar representados quando for analisada a implementação das disposições da presente Convenção que estejam compreendidas no âmbito de seus mandatos. O Comitê poderá convidar as agências especializadas, o Fundo das Nações Unidas para a Infância e outros órgãos competentes que considere apropriados a fornecer assessoramento especializado sobre a implementação da Convenção em matérias correspondentes a seus respectivos mandatos. O Comitê poderá convidar as agências especializadas, o Fundo das Nações Unidas para Infância e outros órgãos das Nações Unidas a apresentarem relatórios sobre a implementação das disposições da presente Convenção compreendidas no âmbito de suas atividades;

b) conforme julgar conveniente, o Comitê transmitirá às agências especializadas, ao Fundo das Nações Unidas para a Infância e a outros órgãos competentes quaisquer relatórios dos Estados-Partes que contenham um pedido de assessoramento ou de assistência técnica, ou nos quais se indique essa necessidade, juntamente com as observações e sugestões do Comitê, se as houver, sobre esses pedidos ou indicações;

c) o Comitê poderá recomendar à Assembleia Geral que solicite ao Secretário-Geral que efetue, em seu nome, estudos sobre questões concretas relativas aos direitos da criança;

d) o Comitê poderá formular sugestões e recomendações gerais com base nas informações recebidas nos termos dos Artigos 44 e 45 da presente Convenção. Essas sugestões e recomendações gerais deverão ser transmitidas aos Estados-Partes e encaminhadas à Assembleia geral, juntamente com os comentários eventualmente apresentados pelos Estados-Partes.

PARTE III

ARTIGO 46

A presente Convenção está aberta à assinatura de todos os Estados.

ARTIGO 47

A presente Convenção está sujeita à ratificação. Os instrumentos de ratificação serão depositados junto ao Secretário-Geral das Nações Unidas.

ARTIGO 48

A presente convenção permanecerá aberta à adesão de qualquer Estado. Os instrumentos de adesão serão depositados junto ao Secretário-Geral das Nações Unidas.

Artigo 49

1. A presente Convenção entrará em vigor no trigésimo dia após a data em que tenha sido depositado o vigésimo instrumento de ratificação ou de adesão junto ao Secretário-Geral das Nações Unidas.

2. Para cada Estado que venha a ratificar a Convenção ou a aderir a ela após ter sido depositado o vigésimo instrumento de ratificação ou de adesão, a Convenção entrará em vigor no trigésimo dia após o depósito, por parte do Estado, de seu instrumento de ratificação ou de adesão.

ARTIGO 50

1. Qualquer Estado-Parte poderá propor uma emenda e registrá-la com o Secretário-Geral das Nações Unidas. O Secretário-Geral comunicará a emenda proposta aos Estados-Partes, com a solicitação de que estes o notifiquem caso apóiem a convocação de uma Conferência de Estados-Partes com o propósito de analisar as propostas e submetê-las à votação. Se, num prazo de quatro meses a partir da data dessa notificação, pelo menos um terço dos Estados-Partes se declarar favorável a tal Conferência, o Secretário-Geral convocará Conferência, sob os auspícios das Nações Unidas. Qualquer emenda adotada pela maioria de Estados-Partes presentes e votantes na Conferência será submetida pelo Secretário-Geral à Assembleia Geral para sua aprovação.

2. Uma emenda adotada em conformidade com o parágrafo 1 do presente Artigo entrará em vigor quando aprovada pela Assembleia Geral das Nações Unidas e aceita por uma maioria de dois terços de Estados-Partes.

3. Quando uma emenda entrar em vigor, ela será obrigatória para os Estados-Partes que as tenham aceito, enquanto os demais Estados-Partes permanecerão obrigados pelas disposições da presente Convenção e pelas emendas anteriormente aceitas por eles.

ARTIGO 51

1. O Secretário-Geral das Nações Unidas receberá e comunicará a todos os Estados-Partes o texto das reservas feitas pelos Estados no momento da ratificação ou da adesão.

2. Não será permitida nenhuma reserva incompatível com o objetivo e o propósito da presente Convenção.

3. Quaisquer reservas poderão ser retiradas a qualquer momento mediante uma notificação nesse sentido dirigida ao Secretário-Geral das Nações Unidas, que informará a todos os Estados. Essa notificação entrará em vigor a partir da data de recebimento da mesma pelo Secretário-Geral.

ARTIGO 52

Um Estado-Parte poderá denunciar a presente Convenção mediante notificação feita por escrito ao Secretário-Geral das Nações Unidas. A denúncia entrará em vigor um ano após a data em que a notificação tenha sido recebida pelo Secretário-Geral.

ARTIGO 53

Designa-se para depositário da presente Convenção o Secretário-Geral das Nações Unidas.

ARTIGO 54

O original da presente Convenção, cujos textos em árabe chinês, espanhol, francês, inglês e russo são igualmente autênticos, será depositado em poder do Secretário-Geral das Nações Unidas.

Em fé do que, os plenipotenciários abaixo assinados, devidamente autorizados por seus respectivos Governos, assinaram a presente Convenção.

ANEXO B

CONVENÇÃO Nº 182

CONVENÇÃO SOBRE PROIBIÇÃO DAS PIORES FORMAS DE TRABALHO INFANTIL E AÇÃO IMEDIATA PARA SUA ELIMINAÇÃO

A Conferência Geral da Organização Internacional do Trabalho, Convocada em Genebra pelo Conselho de Administração da Secretaria Internacional do Trabalho e reunida em 1º de junho de 1999, em sua 87ª Reunião,

Considerando a necessidade de adotar novos instrumentos para proibição e eliminação das piores formas de trabalho infantil, como a principal prioridade de ação nacional e internacional, que inclui cooperação e assistência internacionais, para complementar a Convenção e a Recomendação sobre Idade Mínima para Admissão a Emprego, 1973, que continuam sendo instrumentos fundamentais sobre trabalho infantil;

Considerando que a efetiva eliminação das piores formas de trabalho infantil requer ação imediata e global, que leve em conta a importância da educação fundamental e gratuita e a necessidade de retirar a criança de todos esses trabalhos, promover sua reabilitação e integração social e, ao mesmo tempo, atender as necessidades de suas famílias;

Tendo em vista a resolução sobre a eliminação do trabalho infantil adotada pela Conferência Internacional do Trabalho, em sua 83ª Reunião, em 1996;

Reconhecendo que o trabalho infantil é devido, em grande parte, à pobreza e que a solução a longo prazo reside no crescimento econômico sustentado, que conduz ao progresso social, sobretudo ao alívio da pobreza e à educação universal;

Tendo em vista a Convenção sobre os Direitos da Criança, adotada pela Assembleia das Nações Unidas, em 20 de novembro de 1989;

Tendo em vista a Declaração da OIT sobre Princípios e Direitos Fundamentais no Trabalho e seu Seguimento, adotada pela Conferência Internacional do Trabalho em sua 86ª Reunião, em 1998;

Tendo em vista que algumas das piores formas de trabalho infantil são objeto de outros instrumentos internacionais, particularmente a Convenção sobre Trabalho Forçado, 1930, e a Convenção Suplementar das Nações Unidas sobre Abolição da Escravidão, do Tráfico de Escravos e de Instituições e Práticas Similares à Escravidão, 1956;

Tendo-se decidido pela adoção de diversas proposições relativas a trabalho infantil, matéria que constitui a quarta questão da ordem do dia da Reunião, e Após determinar que essas proposições se revestissem da forma de convenção internacional, adota, neste décimo sétimo dia de junho do ano de mil novecentos e noventa e nove, a seguinte Convenção que poderá ser citada como Convenção sobre as Piores Formas de Trabalho Infantil, 1999.

Artigo 1º

Todo Estado-membro que ratificar a presente Convenção deverá adotar medidas imediatas e eficazes que garantam a proibição e a eliminação das piores formas de trabalho infantil em regime de urgência.

Artigo 2º

Para os efeitos desta Convenção, o termo criança aplicar-se-á a toda pessoa menor de 18 anos.

Artigo 3º

Para os fins desta Convenção, a expressão as piores formas de trabalho infantil compreende: (a) todas as formas de escravidão ou práticas análogas à escravidão, como venda e tráfico de crianças, sujeição por dívida, servidão, trabalho forçado ou compulsório, inclusive recrutamento forçado ou compulsório de crianças para serem utilizadas em conflitos armados;

(b) utilização, demanda e oferta de criança para fins de prostituição, produção de material pornográfico ou espetáculos pornográficos;

(c) utilização, demanda e oferta de criança para atividades ilícitas, particularmente para a produção e tráfico de drogas conforme definidos nos tratados internacionais pertinentes;

(d) trabalhos que, por sua natureza ou pelas circunstâncias em que são executados, são susceptíveis de prejudicar a saúde, a segurança e a moral da criança.

Artigo 4º

1 — Os tipos de trabalho a que se refere o Artigo 3º (d) serão definidos pela legislação nacional ou pela autoridade competente, após consulta com as organizações de empregadores e de trabalhadores interessadas, levando em consideração as normas internacionais pertinentes, particularmente os parágrafos 3ª e 4ª da Recomendação sobre as Piores Formas de Trabalho Infantil, 1999.

2 — A autoridade competente, após consulta com as organizações de empregadores e trabalhadores interessadas, identificará onde ocorrem os tipos de trabalho assim definidos.

3 — A relação dos tipos de trabalho definidos nos termos do parágrafo 1º deste artigo deverá ser periodicamente examinada e, se necessário, revista em consulta com as organizações de empregadores e de trabalhadores interessadas.

Artigo 5º

Todo Estado-membro, após consulta com organizações de empregadores e de trabalhadores, criará ou adotará mecanismos apropriados para monitorar a aplicação das disposições que dão cumprimento à presente Convenção.

Artigo 6º

1 — Todo Estado-membro elaborará e desenvolverá programas de ação para eliminar, como prioridade, as piores formas de trabalho infantil.

2 — Esses programas de ação serão elaborados e implementados em consulta com relevantes instituições governamentais e organizações de empregadores e de trabalhadores, levando em consideração, se conveniente, opiniões de outros grupos interessados.

Artigo 7º

1 — Todo Estado-membro adotará todas as medidas necessárias para assegurar a efetiva aplicação e cumprimento das disposições que dão efeito a esta Convenção, inclusive a instituição e aplicação de sanções penais ou, conforme o caso, de outras sanções.

2 — Todo Estado-membro, tendo em vista a importância da educação para a eliminação do trabalho infantil, adotará medidas efetivas, para, num determinado prazo:

(a) impedir a ocupação de crianças nas piores formas de trabalho infantil;

(b) dispensar a necessária e apropriada assistência direta para retirar crianças das piores formas de trabalho infantil e assegurar sua reabilitação e integração social;

(c) garantir o acesso de toda criança retirada das piores formas de trabalho infantil à educação fundamental gratuita e, quando possível e conveniente, à formação profissional;

(d) identificar e alcançar crianças particularmente expostas a riscos e

(e) levar em consideração a situação especial de meninas.

3 — Todo Estado-membro designará a autoridade competente responsável pela aplicação das disposições que dão cumprimento a esta Convenção.

Artigo 8º

Os Estados-membros tomarão as devidas providências para se ajudarem mutuamente na aplicação das disposições desta Convenção por meio de maior cooperação e/ou assistência internacional, inclusive o apoio ao desenvolvimento social e econômico, a programas de erradicação da pobreza e à educação universal.

Artigo 9º

As ratificações formais desta Convenção serão comunicadas, para registro, ao Diretor-Geral da Secretaria Internacional do Trabalho.

Artigo 10

1 — Esta Convenção obrigará unicamente os Estados-membros da Organização Internacional do Trabalho cujas ratificações tiverem sido registradas pelo Diretor-Geral da Secretaria Internacional do Trabalho.

2 — A presente Convenção entrará em vigor doze meses após a data de registro, pelo Diretor-Geral, das ratificações de dois Estados-membros.

3 — A partir daí, esta Convenção entrará em vigor, para todo Estado-membro, doze meses após a data do registro de sua ratificação.

Artigo 11

1 — O Estado-membro que ratificar esta Convenção poderá denunciá-la ao final de um período de dez anos a contar da data em que a Convenção entrou em vigor pela primeira vez, por meio de comunicação, para registro, ao Diretor-Geral da Secretaria Internacional do Trabalho. A denúncia só terá efeito um ano após a data de seu registro.

2 — Todo Estado-membro que tiver ratificado esta Convenção e que, no prazo de um ano, após expirado o período de dez anos referido no parágrafo anterior, não tiver exercido o direito de denúncia disposto neste artigo, ficará obrigado a um novo período de dez anos e, daí por diante, poderá denunciar esta Convenção ao final de cada período de dez anos, nos termos deste artigo.

Artigo 12

1 — O Diretor-Geral da Secretaria Internacional do Trabalho dará ciência, aos Estados-membros da Organização Internacional do Trabalho, do registro de todas as ratificações, declarações e atos de denúncia que lhe forem comunicados pelos Estados-membros da Organização.

2 — Ao notificar os Estados-membros da Organização sobre o registro da segunda ratificação que lhe foi comunicada, o Diretor-Geral lhes chamará a atenção para a data em que a Convenção entrará em vigor.

Artigo 13

O Diretor-Geral da Secretaria Internacional do Trabalho comunicará ao Secretário-Geral das Nações Unidas, para registro, nos termos do Artigo 102 da Carta das Nações Unidas, informações circunstanciadas sobre todas as ratificações, declarações e atos de denúncia por ele registrados, conforme o disposto nos artigos anteriores.

Artigo 14

O Conselho de Administração da Secretaria Internacional do Trabalho, quando julgar necessário, apresentará à Conferência Geral relatório sobre a aplicação desta Convenção e examinará a conveniência de incluir na ordem do dia da Conferência a questão de sua revisão total ou parcial.

Artigo 15

1 — Caso a Conferência venha a adotar uma nova Convenção que total ou parcialmente reveja a presente Convenção, a menos que a nova Convenção disponha de outro modo:

(a) a ratificação da nova Convenção revista por um Estado-membro implicará *ipso jure* a denúncia imediata desta Convenção, não obstante as disposições do artigo 11 acima, se e quando a nova Convenção revista entrar em vigor;

(b) esta Convenção deixará de estar sujeita a ratificação pelos Estados-membros a partir do momento da entrada em vigor da Convenção revista.

2 — Esta Convenção permanecerá, porém, em vigor, na sua forma atual e conteúdo, para os Estados-membros que a ratificaram mas não ratificarem a Convenção revista.

Artigo 16

As versões em inglês e francês do texto desta Convenção são igualmente oficiais.

Recomendação 190

RECOMENDAÇÃO SOBRE A PROIBIÇÃO E AÇÃO IMEDIATA PARA A ELIMINAÇÃO DAS PIORES FORMAS DE TRABALHO INFANTIL

A Conferência Geral da Organização Internacional do Trabalho:

Convocada em Genebra pelo Conselho de Administração do Secretariado da Organização Internacional do Trabalho e reunida em sua 87ª Sessão, em 1 de junho de 1999, Tendo adotado a Convenção sobre as Piores Formas de Trabalho Infantil, de 1999;

Tendo-se decidido pela adoção de diversas proposições relativas a trabalho infantil, questão que constitui o quarto item da ordem do dia da reunião; e

Após determinar que essas proposições se revestissem na forma de recomendação que complemente a Convenção sobre as Piores Formas de Trabalho Infantil, 1999, e adota, neste décimo sétimo dia de junho do ano de mil novecentos e noventa e nove, a seguinte recomendação que poderá ser citada como a Recomendação sobre as Piores Formas de Trabalho Infantil, 1999.

1. As disposições desta Recomendação suplementam as disposições da Convenção sobre as Piores Formas de Trabalho Infantil, 1999 (doravante simplesmente "a Convenção") e juntamente com elas deveriam ser aplicadas.

I. Programas de Ação

2. Os programas de ação mencionados no Artigo 6º da Convenção deveriam ser elaborados e executados em caráter de urgência, em consulta com as instituições governamentais competentes e as organizações de empregadores e de trabalhadores, tomando em consideração o que pensam as crianças diretamente afetadas pelas piores formas de trabalho infantil, suas famílias e, se for o caso, outros grupos interessados nos objetivos da Convenção e desta Recomendação. Esses programas deveriam visar, entre outras coisas:

(a) identificar e denunciar as piores formas de trabalho infantil;
(b) impedir a ocupação de crianças nas piores formas de trabalho infantil ou afastá-las dessas formas de trabalho, protegendo-as contra represálias e assegurando sua reabilitação e integração social por meio de medidas que levem em conta suas necessidades educacionais, físicas e psicológicas;
(c) dispensar especial atenção:
   (i) às crianças menores;
   (ii) às meninas;
   (iii) ao problema do trabalho oculto, nos quais as meninas estão particularmente expostas a riscos; e
   (iv) a outros grupos de crianças com vulnerabilidades ou necessidades especiais;
(d) identificar comunidades em que haja crianças particularmente expostas a riscos, entrar em contato direto com essas comunidades e trabalhar com elas; e
(e) informar, sensibilizar e mobilizar a opinião pública e grupos interessados, inclusive as crianças e suas famílias.

II. Trabalho perigoso

3. Ao determinar os tipos de trabalhos a que se refere o Artigo 3º (d) da Convenção, e ao identificar sua localização, dever-se-ia, entre outras coisas, levar em conta:

(a) os trabalhos que expõem as crianças a abusos físico, psicológico ou sexual;
(b) os trabalhos subterrâneos, debaixo d'água, em alturas perigosas ou em espaços confinados;
(c) os trabalhos com máquinas, equipamentos e instrumentos perigosos ou que envolvam manejo ou transporte manual de cargas pesadas;
(d) os trabalhos em ambiente insalubre que possam, por exemplo, expor as crianças a substâncias, agentes ou processamentos perigosos, ou a temperaturas ou a níveis de barulho ou vibrações prejudiciais a sua saúde; e
(e) os trabalhos em condições particularmente difíceis, como trabalho por longas horas ou noturno, ou trabalhos em que a criança é injustificadamente confinada às dependências do empregador.

4. No que concerne aos tipos de trabalho referidos no Artigo 3º (d) da Convenção assim como no Parágrafo 3º supra, leis e regulamentos nacionais ou a autoridade competente, mediante consulta com as organizações de trabalhadores e de empregadores interessadas, poderão autorizar o emprego ou trabalho a partir da idade de 16 anos, contanto que a saúde, a segurança e a moral das crianças estejam plenamente protegidas, e tenham essas crianças recebido adequada instrução específica ou treinamento profissional no pertinente ramo de atividade.

III. Aplicação

5. (1) Informações detalhadas e dados estatísticos sobre a natureza e extensão do trabalho infantil deveriam ser compilados e atualizados para servir de base para o estabelecimento de prioridades da ação nacional com vista à abolição do trabalho infantil, em particular, à proibição e eliminação de suas piores formas em caráter de urgência. (2) Estas informações e dados estatísticos deveriam, na medida do possível, incluir dados desagregados por sexo, faixa etária, ocupação, ramo de atividade econômica, condição no emprego, frequência escolar e localização geográfica. Dever-se-ia levar em consideração a importância de um eficiente sistema de registro de nascimentos que inclua a emissão de certidões de nascimento. (3) Dever-se-iam compilar e atualizar dados pertinentes com relação a violações de disposições nacionais que visem a proibição e a eliminação das piores formas de trabalho infantil.

6. A compilação e a análise de informações e dados, a que se refere o Parágrafo 5º supra, deveriam ser feitos com o devido respeito pelo direito à privacidade.

7. As informações compiladas nos termos do Parágrafo 5º acima deveriam ser transmitidas regularmente ao Secretariado da Organização Internacional do Trabalho.

8. Os países-membros, após consulta com organizações de empregadores e de trabalhadores, deveriam estabelecer ou designar mecanismos nacionais apropriados para acompanhar a aplicação de disposições nacionais com vista à proibição e à eliminação das piores formas de trabalho infantil.

9. Os países-membros deveriam velar para que as autoridades competentes, que têm a seu encargo a aplicação de disposições nacionais sobre a proibição e eliminação das piores formas de trabalho infantil, cooperem umas com as outras e coordenem suas atividades.

10. Leis e regulamentos nacionais ou a autoridade competente deveriam designar as pessoas responsáveis no caso de descumprimento de disposições nacionais com vista à proibição e eliminação das piores formas de trabalho infantil.

11. Os países-membros deveriam, desde que compatível com a legislação nacional, cooperar, em caráter de urgência, com esforços internacionais com vista à proibição e eliminação das piores formas de trabalho infantil, mediante:

(a) a compilação e o intercâmbio de informações referentes a infrações penais, inclusive as que envolvem redes internacionais;
(b) a identificação e o enquadramento legal de pessoas implicadas na venda e no tráfico de crianças, ou na utilização, procura ou oferta de crianças para fins de atividades ilícitas, de prostituição, de produção de material pornográfico ou de exibições pornográficas;
(c) o registro dos autores desses delitos.

12. Os países-membros deveriam dispor para que sejam criminalizadas as seguintes piores formas de trabalho infantil:

(a) todas as formas de escravidão ou práticas análogas à escravidão, como venda e tráfico de crianças, sujeição por dívida e servidão, o trabalho forçado ou compulsório, inclusive recrutamento forçado ou compulsório de crianças para serem utilizadas em conflitos armados;
(b) utilização, procura e oferta de crianças para a prostituição, para a produção de material pornográfico ou para espetáculos pornográficos;
(c) utilização, procura e oferta de crianças para atividades ilícitas, particularmente para produção e tráfico de drogas conforme definidos nos tratados internacionais pertinentes, ou para atividades que envolvem o porte ou uso ilegais de armas de fogo ou outras armas.

13. Os países-membros deveriam velar para que sanções sejam impostas, inclusive de natureza penal, conforme o caso, a violações de disposições nacionais sobre a proibição e eliminação de qualquer dos tipos de trabalho referidos no Artigo 3(d) da Convenção.

14. Quando conviesse, os países-membros deveriam também prover, em caráter de urgência, outros instrumentos penais, civis ou administrativos, para assegurar a efetiva aplicação de disposições nacionais sobre a proibição e eliminação das piores formas de trabalho infantil, tais como supervisão especial de empresas que tenham utilizado as piores formas de trabalho infantil e, em caso de violação continuada, considerar a revogação temporária ou definitiva do alvará de funcionamento.

15. Outras medidas, com vista à proibição e eliminação das piores formas de trabalho infantil, poderiam ser incluídas:

(a) informar, sensibilizar e mobilizar a opinião pública, em particular, os líderes políticos nacionais e locais, os parlamentares e as autoridades judiciárias;
(b) envolver e treinar organizações de empregadores e de trabalhadores e organizações civis;
(c) promover adequado treinamento de funcionários públicos interessados, especialmente inspetores e funcionários responsáveis pela aplicação da lei e outros profissionais interessados;
(d) incentivar que todo país-membro processe seus cidadãos que infringirem suas disposições nacionais relativas a proibição e imediata eliminação das piores formas de trabalho infantil, mesmo quando essas infrações forem cometidas em outro país;
(e) simplificar os procedimentos legais e administrativos e assegurar que sejam apropriados e rápidos;
(f) incentivar o desenvolvimento de políticas que atendem os objetivos da Convenção;
(g) acompanhar e divulgar as melhores práticas relativas à eliminação do trabalho infantil e divulgá-las;
(h) divulgar disposições legais ou outras referentes ao trabalho infantil nas diferentes línguas ou dialetos;
(i) estabelecer processos especiais de queixa e disposições para proteger, contra discriminação e represálias, pessoas que denunciem legitimamente qualquer violação de disposições da Convenção, e criar serviços telefônicos de assistência ou centros de contato ou ouvidores;

(j) adotar medidas apropriadas para melhorar a infra-estrutura educativa, e o treinamento de professores para atender às necessidades de meninos e meninas;

(k) levar em conta, se possível, nos programas nacionais de ação:

(i) a necessidade de criação de emprego e de treinamento profissional de pais e adultos nas famílias de crianças que trabalhem nas condições cobertas pela Convenção;

(ii) a necessidade de sensibilizar os pais para o problema de crianças que trabalhem nessas condições.

16. Os esforços nacionais deveriam ser complementados por estreita cooperação e/ou assistência internacional entre os países-membros com vista à proibição e efetiva eliminação das piores formas de trabalho infantil e, conforme o caso, esta cooperação poderia desenvolver-se e ser exercida em consulta com organizações de empregadores e trabalhadores. Essa cooperação e/ou assistência internacional deveria incluir:

(a) mobilização de recursos para programas nacionais ou internacionais;
(b) assistência jurídica mútua;
(c) assistência técnica, inclusive intercâmbio de informações;
(d) apoio ao desenvolvimento social e econômico, a programas de erradicação da pobreza e à educação universal.

ANEXO C

Decreto 6.481, de 12 de junho de 2008 — Lista das piores formas de trabalho infantil (TIP)

DECRETO N. 6.481, DE 12 DE JUNHO DE 2008.

Regulamenta os arts. 3º, alínea "d", e 4º da Convenção 182 da Organização Internacional do Trabalho (OIT) que trata da proibição das piores formas de trabalho infantil e ação imediata para sua eliminação, aprovada pelo Decreto Legislativo n. 178, de 14 de dezembro de 1999, e promulgada pelo Decreto n. 3.597, de 12 de setembro de 2000, e dá outras providências.

O PRESIDENTE DA REPÚBLICA, no uso das atribuições que lhe confere o art. 84, inciso IV, da Constituição, e tendo em vista o disposto nos arts. 3º, alínea *d*, e 4º da Convenção 182 da Organização Internacional do Trabalho (OIT), *DECRETA*:

Art. 1º Fica aprovada a Lista das Piores Formas de Trabalho Infantil (Lista TIP), na forma do Anexo, de acordo com o disposto nos arts. 3º, *d*, e 4º da Convenção 182 da Organização Internacional do Trabalho — OIT, aprovada pelo Decreto Legislativo n. 178, de 14 de dezembro de 1999 e promulgada pelo Decreto n. 3.597, de 12 de setembro de 2000.

Art. 2º Fica proibido o trabalho do menor de dezoito anos nas atividades descritas na Lista TIP, salvo nas hipóteses previstas neste Decreto.

§ 1º A proibição prevista no *caput* poderá ser elidida:

I — na hipótese de ser o emprego ou trabalho, a partir da idade de dezesseis anos, autorizado pelo Ministério do Trabalho e Emprego, após consulta às organizações de empregadores e de trabalhadores interessadas, desde que fiquem plenamente garantidas a saúde, a segurança e a moral dos adolescentes; e

II — na hipótese de aceitação de parecer técnico circunstanciado, assinado por profissional legalmente habilitado em segurança e saúde no trabalho, que ateste a não exposição a riscos que possam comprometer a saúde, a segurança e a moral dos adolescentes, depositado na unidade descentralizada do Ministério do Trabalho e Emprego da circunscrição onde ocorrerem as referidas atividades.

§ 2º As controvérsias sobre a efetiva proteção dos adolescentes envolvidos em atividades constantes do parecer técnico referido no § 1º, inciso II, serão objeto de análise por órgão competente do Ministério do Trabalho e Emprego, que tomará as providências legais cabíveis.

§ 3º A classificação de atividades, locais e trabalhos prejudiciais à saúde, à segurança e à moral, nos termos da Lista TIP, não é extensiva aos trabalhadores maiores de dezoito anos.

Art. 3º Os trabalhos técnicos ou administrativos serão permitidos, desde que fora das áreas de risco à saúde, à segurança e à moral, ao menor de dezoito e maior de dezesseis anos e ao maior de quatorze e menor de dezesseis, na condição de aprendiz.

Art. 4º Para fins de aplicação das alíneas *a*, *b* e *c* do art. 3º da Convenção n. 182, da OIT, integram as piores formas de trabalho infantil:

I — todas as formas de escravidão ou práticas análogas, tais como venda ou tráfico, cativeiro ou sujeição por dívida, servidão, trabalho forçado ou obrigatório;

II — a utilização, demanda, oferta, tráfico ou aliciamento para fins de exploração sexual comercial, produção de pornografia ou atuações pornográficas;

III — a utilização, recrutamento e oferta de adolescente para outras atividades ilícitas, particularmente para a produção e tráfico de drogas; e

IV — o recrutamento forçado ou compulsório de adolescente para ser utilizado em conflitos armados.

Art. 5º A Lista TIP será periodicamente examinada e, se necessário, revista em consulta com as organizações de empregadores e de trabalhadores interessadas.

Parágrafo único. Compete ao Ministério do Trabalho e Emprego organizar os processos de exame e consulta a que se refere o *caput*.

Art. 6º Este Decreto entra em vigor noventa dias após a data de sua publicação.

Brasília, 12 de junho de 2008; 187º da Independência e 120º da República.

LUIZ INÁCIO LULA DA SILVA

(DOU 13.06.2008; ret. 23.10.2008)

LISTA DAS PIORES FORMAS DE TRABALHO INFANTIL (LISTA TIP)

I. TRABALHOS PREJUDICIAIS À SAÚDE E À SEGURANÇA

Atividade: Agricultura, pecuária, silvicultura e exploração florestal

Item	Descrição dos Trabalhos	Prováveis Riscos Ocupacionais	Prováveis Repercussões à Saúde
1	Na direção e operação de tratores, máquinas agrícolas e esmeris, quando motorizados e em movimento	Acidentes com máquinas, instrumentos ou ferramentas perigosas	Afecções musculoesqueléticas (bursites, tendinites, dorsalgias, sinovites, tenossinovites), mutilações, esmagamentos, fraturas
2	No processo produtivo do fumo, algodão, sisal, cana-de-açúcar e abacaxi	Esforço físico e posturas viciosas; exposição a poeiras orgânicas e seus contaminantes, como fungos e agrotóxicos; contato com substâncias tóxicas da própria planta; acidentes com animais peçonhentos; exposição, sem proteção adequada, à radiação solar, calor, umidade, chuva e frio; acidentes com instrumentos perfurocortantes	Afecções musculoesqueléticas (bursites, tendinites, dorsalgias, sinovites, tenossinovites); pneumoconioses; intoxicações exógenas; cânceres; bissinoses; hantaviroses; urticárias; envenenamentos; intermações; queimaduras na pele; envelhecimento precoce; câncer de pele; desidratação; doenças respiratórias; ceratoses actínicas; ferimentos e mutilações; apagamento de digitais
3	Na colheita de cítricos, pimenta malagueta e semelhantes	Esforço físico, levantamento e transporte manual de peso; posturas viciosas; exposição, sem proteção adequada, à radiação solar, calor, umidade, chuva e frio; contato com ácido da casca; acidentes com instrumentos perfurocortantes	Afecções musculoesqueléticas (bursites, tendinites, dorsalgias, sinovites, tenossinovites); intermações; queimaduras na pele; envelhecimento precoce; câncer de pele; desidratação; doenças respiratórias; ceratoses actínicas; apagamento de digitais; ferimentos; mutilações
4	No beneficiamento do fumo, sisal, castanha de caju e cana-de-açúcar	Esforço físico, levantamento e transporte de peso; exposição a poeiras orgânicas, ácidos e substâncias tóxicas	Fadiga física; afecções musculoesqueléticas (bursites, tendinites, dorsalgias, sinovites, tenossinovites); intoxicações agudas e crônicas; rinite; bronquite; vômitos; dermatites ocupacionais; apagamento das digitais

Item	Descrição dos Trabalhos	Prováveis Riscos Ocupacionais	Prováveis Repercussões à Saúde
5	Na pulverização, manuseio e aplicação de agrotóxicos, adjuvantes, e produtos afins, incluindo limpeza de equipamentos, descontaminação, disposição e retorno de recipientes vazios	Exposição a substâncias químicas, tais como pesticidas e fertilizantes, absorvidos por via oral, cutânea e respiratória	Intoxicações agudas e crônicas; poli-neuropatias; dermatites de contato; dermatites alérgicas; osteomalácias do adulto induzidas por drogas; cânceres; arritmias cardíacas; leucemias e episódios depressivos
6	Em locais de armazenamento ou de beneficiamento em que haja livre desprendimento de poeiras de cereais e de vegetais	Exposição a poeiras e seus contaminantes	Bissinoses; asma; bronquite; rinite alérgica; enfisema; pneumonia e irritação das vias aéreas superiores
7	Em estábulos, cavalariças, currais, estrebarias ou pocilgas, sem condições adequadas de higienização	Acidentes com animais e contato permanente com vírus, bactérias, parasitas, bacilos e fungos	Afecções musculoesqueléticas (bursites, tendinites, dorsalgias, sinovites, tenossinovites); contusões; tuberculose; carbúnculo; brucelose; leptospirose; tétano; psitacose; dengue; hepatites virais; dermatofitoses; candidíases; leishmanioses cutâneas e cutâneo-mucosas e blastomicoses
8	No interior ou junto a silos de estocagem de forragem ou grãos com atmosferas tóxicas, explosivas ou com deficiência de oxigênio	Exposição a poeiras e seus contaminantes; queda de nível; explosões; baixa pressão parcial de oxigênio	Asfixia; dificuldade respiratória; asma ocupacional; pneumonia; bronquite; rinite; traumatismos; contusões e queimaduras
9	Com sinalizador na aplicação aérea de produtos ou defensivos agrícolas	Exposição a substâncias químicas, tais como pesticidas e fertilizantes, absorvidos por via oral, cutânea e respiratória	Intoxicações exógenas agudas e crônicas; polineuropatias; dermatites; rinite; bronquite; leucemias; arritmia cardíaca; cânceres; leucemias; neurastenia e episódios depressivos
10	Na extração e corte de madeira	Acidentes com queda de árvores, serra de corte, máquinas e ofidismo	Afecções musculoesqueléticas (bursites, tendinites, dorsalgias, sinovites, tenossinovites); esmagamentos; amputações; lacerações; mutilações; contusões; fraturas; envenenamento e blastomicose
11	Em manguezais e lamaçais	Exposição à umidade; cortes; perfurações; ofidismo e contato com excrementos	Rinite; resfriados; bronquite; envenenamentos; intoxicações exógenas; dermatites; leptospirose; hepatites virais; dermatofitoses e candidíases

Atividade: Pesca

Item	Descrição dos Trabalhos	Prováveis Riscos Ocupacionais	Prováveis Repercussões à Saúde
12	Na cata de iscas aquáticas	Trabalho noturno; exposição à radiação solar, umidade, frio e a animais carnívoros ou peçonhentos; afogamento	Transtorno do ciclo vigília-sono; queimaduras na pele; envelhecimento precoce; hipotermia; lesões; envenenamentos; perfuração da membrana do tímpano; perda da consciência; labirintite e otite média não supurativa e apneia prolongada

13	Na cata de mariscos	Exposição à radiação solar, chuva, frio; posturas inadequadas e movimentos repetitivos; acidentes com instrumentos perfurocortantes; horário flutuante, como as marés; águas profundas	Queimaduras na pele; envelhecimento precoce; câncer de pele; desidratação; doenças respiratórias; ceratoses actínicas; hipertemia; fadiga física; dores musculares nos membros e coluna vertebral; ferimentos; fadiga; distúrbios do sono; afogamento
14	Que exijam mergulho, com ou sem equipamento	Apneia prolongada e aumento do nitrogênio circulante	Afogamento; perfuração da membrana do tímpano; perda de consciência; barotrauma; embolia gasosa; síndrome de Raynaud; acrocianose; otite barotraumática; sinusite barotraumática; labirintite e otite média não supurativa
15	Em condições hiperbáricas	Exposição a condições hiperbáricas, sem períodos de compressão e descompressão	Morte; perda da consciência; perfuração da membrana do tímpano; intoxicação por gases (oxigênio ou nitrogênio); barotrauma; embolia gasosa; síndrome de Raynaud; acrocianose; otite barotraumática; sinusite barotraumática; labirintite; otite média não supurativa; osteonecrose asséptica e mal dos caixões (doença descompressiva)

Atividade: Indústria extrativa

Item	Descrição dos Trabalhos	Prováveis Riscos Ocupacionais	Prováveis Repercussões à Saúde
16	Em cantarias e no preparo de cascalho	Esforço físico; posturas viciosas; acidentes com instrumentos perfurocortantes; exposição a poeiras minerais, inclusive sílica	Afecções musculoesqueléticas (bursites, tendinites, dorsalgias, sinovites, tenossinovites); DORT/LER; ferimentos e mutilações; rinite; asma; pneumoconioses; tuberculose
17	De extração de pedras, areia e argila (retirada, corte e separação de pedras; uso de instrumentos contusocortantes, transporte e arrumação de pedras)	Exposição à radiação solar, chuva; exposição à sílica; levantamento e transporte de peso excessivo; posturas inadequadas e movimentos repetitivos; acidentes com instrumentos perfurocortantes; condições sanitárias precárias; corpos estranhos	Queimaduras na pele; envelhecimento precoce; câncer de pele; desidratação; doenças respiratórias; hipertemia; fadiga física; dores musculares nos membros e coluna vertebral; lesões e deformidades osteomusculares; comprometimento do desenvolvimento psicomotor; ferimentos; mutilações; parasitoses múltiplas e gastroenterites; ferimentos nos olhos (córnea e esclera)
18	De extração de mármores, granitos, pedras preciosas, semipreciosas e outros minerais	Levantamento e transporte de peso excessivo; acidentes com instrumentos contudentes e perfurocortantes; exposição a poeiras inorgânicas; acidentes com eletricidade e explosivos; gases asfixiantes	Fadiga física; afecções musculoesqueléticas (bursites, tendinites, dorsalgias, sinovites, tenossinovites); esmagamentos; traumatismos; ferimentos; mutilações; queimaduras; silicose; bronquite; bronquiolite; rinite; tuberculose; asma ocupacional; enfisema; fibrose pulmonar; choque elétrico; queimaduras e mutilações; asfixia

Item	Descrição dos Trabalhos	Prováveis Riscos Ocupacionais	Prováveis Repercussões à Saúde
19	Em escavações, subterrâneos, pedreiras, garimpos, minas em subsolo e a céu aberto	Esforços físicos intensos; soterramento; exposição a poeiras inorgânicas e a metais pesados;	Afecções musculoesqueléticas (bursites, tendinites, dorsalgias, sinovites, tenossinovites); asfixia; anóxia; hipóxia; esmagamentos; queimaduras; fraturas; silicoses; tuberculose; asma ocupacional; bronquites; enfisema pulmonar; cânceres; lesões oculares; contusões; ferimentos; alterações mentais; fadiga e estresse
20	Em locais onde haja livre desprendimento de poeiras minerais	Exposição a poeiras inorgânicas	Pneumoconioses associadas com tuberculose; asma ocupacional; rinite; silicose; bronquite e bronquiolite
21	Em salinas	Esforços físicos intensos; levantamento e transporte manual de peso; movimentos repetitivos; exposição, sem proteção adequada, à radiação solar, chuva e frio	Fadiga física; stress; afecções musculoesqueléticas (bursites, tendinites, dorsalgias, sinovites, tenossinovites); DORT/LER; intermações; queimaduras na pele; envelhecimento precoce; câncer de pele; desidratação; doenças respiratórias; ceratoses actínicas

Atividade: Indústria de transformação

Item	Descrição dos Trabalhos	Prováveis Riscos Ocupacionais	Prováveis Repercussões à Saúde
22	De lixa nas fábricas de chapéu ou feltro	Acidentes com máquinas e instrumentos perigosos; exposição à poeira	Ferimentos; lacerações; mutilações; asma e bronquite
23	De jateamento em geral, exceto em processos enclausurados	Exposição à poeira mineral	Silicose; asma; bronquite; bronquiolite; stress e alterações mentais
24	De douração, prateação, niquelação, galvanoplastia, anodização de alumínio, banhos metálicos ou com desprendimento de fumos metálicos	Exposição a fumos metálicos (cádmio, alumínio, níquel, cromo etc), névoas, vapores e soluções ácidas e cáusticas; exposição a altas temperaturas; umidade	Intoxicações agudas e crônicas; asma ocupacional; rinite; faringite; sinusite; bronquite; pneumonia; edema pulmonar; estomatite ulcerativa crônica; dermatite de contato; neoplasia maligna dos brônquios e pulmões; ulceração ou necrose do septo nasal; queimaduras
25	Na operação industrial de reciclagem de papel, plástico e metal	Exposição a riscos biológicos (bactérias, vírus, fungos e parasitas), como contaminantes do material a ser reciclado, geralmente advindo de coleta de lixo	Dermatoses ocupacionais; dermatites de contato; asma; bronquite; viroses; parasitoses; cânceres
26	No preparo de plumas e crinas	Exposição ao mercúrio e querosene, além de poeira orgânica	Transtornos da personalidade e de comportamento; episódios depressivos; neurastenia; ataxia cerebelosa; encefalopatia; transtorno extrapiramidal do movimento; gengivite crônica; estomatite ulcerativa e arritmias cardíacas
27	Na industrialização do fumo	Exposição à nicotina	Intoxicações exógenas; tonturas e vômitos

28	Na industrialização de cana-de-açúcar	Exposição a poeiras orgânicas	Bagaçose; asma; bronquite e pneumonite
29	Em fundições em geral	Exposição a poeiras inorgânicas, a fumos metálicos (ferro, bronze, alumínio, chumbo, manganês e outros); exposição a altas temperaturas; esforços físicos intensos	Intoxicações; siderose; saturnismo; beriliose; estanhose; bronquite crônica; bronquite asmática; bronquite obstrutiva; sinusite; cânceres; ulceração ou necrose do septo nasal; desidratação e intermação; afecções musculoesqueléticas (bursites, tendinites, dorsalgias, sinovites, tenossinovites)
30	Em tecelagem	Exposição à poeira de fios e fibras mistas e sintéticas; exposição a corantes; postura inadequadas e esforços repetitivos	Bissinose; bronquite crônica; bronquite asmática; bronquite obstrutiva; sinusite; fadiga física; DORT/LER
31	No beneficiamento de mármores, granitos, pedras preciosas, semipreciosas e outros bens minerais	Esforços físicos intensos; acidentes com máquinas perigosas e instrumentos perfurocortantes; exposição a poeiras inorgânicas; acidentes com eletricidade	Afecções musculoesqueléticas (bursites, tendinites, dorsalgias, sinovites, tenossinovites); traumatismos; ferimentos; mutilações; silicose; bronquite; bronquiolite; rinite; tuberculose; asma ocupacional; enfisema; fibrose pulmonar; choque elétrico
32	Na produção de carvão vegetal	Exposição à radiação solar, chuva; contato com amianto; picadas de insetos e animais peçonhentos; levantamento e transporte de peso excessivo; posturas inadequadas e movimentos repetitivos; acidentes com instrumentos perfurocortantes; queda de toras; exposição à vibração, explosões e desabamentos; combustão espontânea do carvão; monotonia; estresse da tensão da vigília do forno; fumaça contendo subprodutos da pirólise e combustão incompleta: ácido pirolenhoso, alcatrão, metanol, acetona, acetato, monóxido de carbono, dióxido de carbono e metano	Queimaduras na pele; envelhecimento precoce; câncer de pele; desidratação; doenças respiratórias; hipertermia; reações na pele ou generalizadas; fadiga física; dores musculares nos membros e coluna vertebral; lesões e deformidades osteomusculares; comprometimento do desenvolvimento psicomotor; DORT/LER; ferimentos; mutilações; traumatismos; lesões osteomusculares; síndromes vasculares; queimaduras; sofrimento psíquico; intoxicações agudas e crônicas
33	Em contato com resíduos de animais deteriorados, glândulas, vísceras, sangue, ossos, couros, pelos ou dejetos de animais	Exposição a vírus, bactérias, bacilos, fungos e parasitas	Tuberculose; carbúnculo; brucelose; hepatites virais; tétano; psitacose; ornitose; dermatoses ocupacionais e dermatites de contato
34	Na produção, processamento e manuseio de explosivos, inflamáveis líquidos, gasosos ou liquefeitos	Exposição a vapores e gases tóxicos; risco de incêndios e explosões	Queimaduras; intoxicações; rinite; asma ocupacional; dermatoses ocupacionais e dermatites de contato
35	Na fabricação de fogos de artifícios	Exposição a incêndios, explosões, corantes de chamas (cloreto de potássio, antimônio trisulfito) e poeiras	Queimaduras; intoxicações; enfisema crônico e difuso; bronquite e asma ocupacional

36	De direção e operação de máquinas e equipamentos elétricos de grande porte	Esforços físicos intensos e acidentes com sistemas; circuitos e condutores de energia elétrica	Afecções musculoesqueléticas (bursites, tendinites, dorsalgias, sinovites, tenossinovites); mutilações; esmagamentos; fraturas; queimaduras; perda temporária da consciência; carbonização; parada cardiorrespiratória
37	Em curtumes, industrialização de couros e fabricação de peles e peliças	Esforços físicos intensos; exposição a corantes, alvejantes, álcalis, desengordurantes, ácidos, alumínio, branqueadores, vírus, bactérias, bacilos, fungos e calor	Afecções musculoesquelética (bursites, tendinites, dorsalgias, sinovites, tenossinovites); tuberculose; carbúnculo; brucelose; antrax; cânceres; rinite crônica; conjuntivite; pneumonite; dermatites de contato; dermatose ocupacional e queimaduras
38	Em matadouros ou abatedouros em geral	Esforços físicos intensos; riscos de acidentes com animais e ferramentas perfurocortantes e exposição a agentes biológicos	Afecções musculoesqueléticas (bursites, tendinites, dorsalgias, sinovites, tenossinovites); contusões; ferimentos; tuberculose; carbúnculo; brucelose e psitacose; antrax
39	Em processamento ou empacotamento mecanizado de carnes	Acidentes com máquinas, ferramentas e instrumentos perfurocortantes; esforços repetitivos e riscos biológicos	Afecções musculoesqueléticas (bursites, tendinites, dorsalgias, sinovites, tenossinovites); contusão; amputação; corte; DORT/LER; tuberculose; carbúnculo; brucelose; psitacose
40	Na fabricação de farinha de mandioca	Esforços físicos intensos; acidentes com instrumentos perfurocortantes; posições inadequadas; movimentos repetitivos; altas temperaturas e poeiras	Afecções musculoesqueléticas (bursites, tendinites, dorsalgias, sinovites, tenossinovites); contusão; amputações; cortes; queimaduras; DORT/LER; cifose; escoliose; afecções respiratórias e dermatoses ocupacionais
41	Em indústrias cerâmicas	Levantamento e transporte de peso; posturas inadequadas e movimentos repetitivos; exposição ao calor e à umidade; exposição à poeira; acidentes com máquinas e quedas	Fadiga física; dores musculares nos membros e coluna vertebral; lesões e deformidades osteomusculares; comprometimento do desenvolvimento psicomotor; desidratação; intermação; doenças respiratórias, com risco de silicose; fraturas; mutilações; choques elétricos
42	Em olarias nas áreas de fornos ou com exposição à umidade excessiva	Levantamento e transporte de peso; posturas inadequadas e movimentos repetitivos; exposição ao calor e à umidade; exposição à poeira; acidentes com máquinas e quedas	Fadiga física; dores musculares nos membros e coluna vertebral; lesões e deformidades osteomusculares; comprometimento do desenvolvimento psicomotor; desidratação; intermação; doenças respiratórias, com risco de silicose; fraturas; mutilações; choques elétricos
43	Na fabricação de botões e outros artefatos de nácar, chifre ou osso	Acidentes com máquinas e ferramentas perfurocortantes; esforços repetitivos e vibrações, poeiras e ruídos	Contusões; perfurações; cortes; dorsalgia; cervicalgia; síndrome cervicobraquial; tendinites; bursites; DORT/LER; alterações temporária do limiar auditivo; hipoacusia e perda da audição

44	Na fabricação de cimento ou cal	Esforços físicos intensos; exposição a poeiras (sílica); altas temperaturas; efeitos abrasivos sobre a pele	Afecções musculoesqueléticas (bursites, tendinites, dorsalgias, sinovites, tenossinovites); silicose; asma ocupacional; bronquite; dermatites; dermatoses ocupacionais; intermação; ferimentos; mutilações; fadiga e estresse
45	Na fabricação de colchões	Exposição a solventes orgânicos, pigmentos de chumbo, cádmio e manganês e poeiras	Encefalopatias tóxicas agudas e crônicas; hipertensão arterial; arritmias cardíacas; insuficiência renal; hipotireoidismo; anemias; dermatoses ocupacionais e irritação da pele e mucosas
46	Na fabricação de cortiças, cristais, esmaltes, estopas, gesso, louças, vidros ou vernizes	Esforços físicos intensos; exposição a poeiras (sílica), metais pesados, altas temperaturas, corantes e pigmentos metálicos (chumbo, cromo e outros) e calor	Afecções musculoesqueléticas (bursites, tendinites, dorsalgias, sinovites, tenossinovites); queimaduras; catarata; silicose; asma ocupacional; bronquite; enfisema; intoxicação; dermatoses ocupacionais; intermação
47	Na fabricação de porcelanas	Exposição a poeiras minerais e ao calor; posições inadequadas	Pneumoconioses e dermatites; fadiga física e intermação; afecções musculoesqueléticas (bursites, tendinites, dorsalgias, sinovites, tenossinovites); DORT/LER
48	Na fabricação de artefatos de borracha	Esforços físicos intensos; exposição a produtos químicos, antioxidantes, plastificantes, dentre outros, e ao calor	Afecções musculoesqueléticas (bursites, tendinites, dorsalgias, sinovites, tenossinovites); câncer de bexiga e pulmão; asma ocupacional; bronquite; enfisema; intoxicação; dermatoses ocupacionais; intermação e intoxicações; queimaduras
49	Em destilarias de álcool	Exposição a vapores de etanol, metanol e outros riscos químicos; risco de incêndios e explosões	Cânceres; dermatoses ocupacionais; dermatites de contato; intermação; asma ocupacional; bronquites; queimaduras
50	Na fabricação de bebidas alcoólicas	Exposição a vapores de etanol e a poeira de cereais; exposição a bebidas alcoólicas, ao calor, à formação de atmosferas explosivas; incêndios e outros acidentes	Queimaduras; asfixia; tonturas; intoxicação; irritação das vias aéreas superiores; irritação da pele e mucosas; cefaleia e embriaguez
51	No interior de resfriadores, casas de máquinas, ou junto de aquecedores, fornos ou alto-fornos	Exposição a temperaturas extremas, frio e calor	Frio; hipotermia com diminuição da capacidade física e mental; calor, hipertermia; fadiga; desidratação; desequilíbrio hidroeletrolítico e estresse
52	Em serralherias	Exposição a poeiras metálicas tóxicas, (chumbo, arsênico cádmio), monóxido de carbono, estilhaços de metal, calor e acidentes com máquinas e equipamentos	Neoplasia maligna dos brônquios e pulmões; bronquite; pneumonite; edema pulmonar agudo; enfisema intersticial; queimaduras; cortes; amputações; traumatismos; conjuntivite; catarata e intoxicações

Item	Descrição dos Trabalhos	Prováveis Riscos Ocupacionais	Prováveis Repercussões à Saúde
53	Em indústrias de móveis	Esforços físicos intensos; exposição à poeira de madeiras, solventes orgânicos, tintas e vernizes; riscos de acidentes com máquinas, serras e ferramentas perigosas	Afecções musculoesqueléticas (bursites, tendinites, dorsalgias, sinovites, tenossinovites); neoplasia maligna dos brônquios e pulmões; bronquite; pneumonite; edema pulmonar agudo; enfisema intersticial; asma ocupacional; cortes; amputações; traumatismos; dermatose ocupacional; anemias; conjuntivite
54	No beneficiamento de madeira	Esforços físicos intensos; exposição à poeira de madeiras; risco de acidentes com máquinas, serras, equipamentos e ferramentas perigosas	Afecções musculoesqueléticas (bursites, tendinites, dorsalgias, sinovites, tenossinovites); asma ocupacional; bronquite; pneumonite; edema pulmonar agudo; enfisema intersticial; asma ocupacional; dermatose ocupacional; esmagamentos; ferimentos; amputações; mutilações; fadiga; stress e DORT/LER
55	Com exposição a vibrações localizadas ou de corpo inteiro	Vibrações localizadas ou generalizadas	Síndrome cervicobraquial; dor articular; moléstia de Dupuytren; capsulite adesiva do ombro; bursites; epicondilite lateral; osteocondrose do adulto; doença de Kohler; hérnia de disco; artroses e aumento da pressão arterial
56	De desmonte ou demolição de navios e embarcações em geral	Esforços físicos intensos; exposição a fumos metálicos (ferro, bronze, alumínio, chumbo e outros); uso de ferramentas pesadas; altas temperaturas	Afecções músculo-esqueléticas (bursites, tendinites, dorsalgias, sinovites, tenossinovites); asfixia; perda da consciência; fibrilação ventricular; queimaduras; fraturas; contusões; internação; perfuração da membrana do tímpano

Atividade: Produção e distribuição de eletricidade, gás e água

Item	Descrição dos Trabalhos	Prováveis Riscos Ocupacionais	Prováveis Repercussões à Saúde
57	Em sistemas de geração, transmissão e distribuição de energia elétrica	Exposição à energia de alta tensão; choque elétrico e queda de nível	Eletrochoque; fibrilação ventricular; parada cardiorrespiratória; traumatismos; escoriações fraturas

Atividade: Construção

Item	Descrição dos Trabalhos	Prováveis Riscos Ocupacionais	Prováveis Repercussões à Saúde
58	Construção civil e pesada, incluindo construção, restauração, reforma e demolição	Esforços físicos intensos; risco de acidentes por queda de nível, com máquinas, equipamentos e ferramentas; exposição à poeira de tintas, cimento, pigmentos metálicos e solventes; posições inadequadas; calor; vibrações e movimentos repetitivos	Afecções musculoesqueléticas (bursites, tendinites, dorsalgias, sinovites, tenossinovites); mutilações; fraturas; esmagamentos; traumatismos; afecções respiratórias; dermatites de contato; internação; síndrome cervicobraquial; dores articulares; intoxicações; polineuropatia periférica; doenças do sistema hematopoiético; leucocitose; episódios depressivos; neurastenia; dermatoses ocupacionais; DORT/LER; cortes; contusões; traumatismos

Atividade: Comércio (reparação de veículos automotores, objetos pessoais e domésticos)

Item	Descrição dos Trabalhos	Prováveis Riscos Ocupacionais	Prováveis Repercussões à Saúde
59	Em borracharias ou locais onde sejam feitos recapeamento ou recauchutagem de pneus	Esforços físicos intensos; exposição a produtos químicos, antioxidantes, plastificantes, entre outros, e calor	Afecções musculoesqueléticas (bursites, tendinites, dorsalgias, sinovites, tenossinovites); queimaduras; câncer de bexiga e pulmão; asma ocupacional; bronquite; enfisema; intoxicação; dermatoses ocupacionais; internação e intoxicações

Atividade: Transporte e armazenagem

Item	Descrição dos Trabalhos	Prováveis Riscos Ocupacionais	Prováveis Repercussões à Saúde
60	No transporte e armazenagem de álcool, explosivos, inflamáveis líquidos, gasosos e liquefeitos	Exposição a vapores tóxicos; risco de incêndio e explosões	Intoxicações; queimaduras; rinite e dermatites de contato
61	Em porão ou convés de navio	Esforços físicos intensos; risco de queda de nível; isolamento, calor e outros riscos inerentes às cargas transportadas	Afecções musculoesqueléticas (bursites, tendinites, dorsalgias, sinovites, tenossinovites); lesões; fraturas; contusões; traumatismos; fobia e transtorno do ciclo vigília-sono
62	Em transporte de pessoas ou animais de pequeno porte	Acidentes de trânsito	Ferimentos; contusões; fraturas; traumatismos e mutilações

Atividade: Saúde e serviços sociais

Item	Descrição dos Trabalhos	Prováveis Riscos Ocupacionais	Prováveis Repercussões à Saúde
63	No manuseio ou aplicação de produtos químicos, incluindo limpeza de equipamentos, descontaminação, disposição e retorno de recipientes vazios	Exposição a quimioterápicos e outras substâncias químicas de uso terapêutico	Intoxicações agudas e crônicas; polineuropatia; dermatites de contato; dermatite alérgica; osteomalácia do adulto induzida por drogas; cânceres; arritmia cardíaca; leucemias; neurastenia e episódios depressivos
64	Em contato com animais portadores de doenças infectocontagiosas e em postos de vacinação de animais	Exposição a vírus, bactérias, parasitas e bacilos	Tuberculose; carbúnculo; brucelose; psitacose; raiva; asma; rinite; conjuntivite; pneumonia; dermatite de contato e dermatose ocupacional
65	Em hospitais, serviços de emergência, enfermarias, ambulatórios, postos de vacinação e outros estabelecimentos destinados ao cuidado da saúde humana, em que se tenha contato direto com os pacientes ou se manuseie objetos de uso dos pacientes não previamente esterilizados	Exposição a vírus, bactérias, parasitas e bacilos; stress psíquico e sofrimento; acidentes com material biológico	Tuberculose; AIDS; hepatite; meningite; carbúnculo; toxoplasmose; viroses; parasitoses; zoonose; pneumonias; candidíases; dermatoses; episódios depressivos e sofrimento mental
66	Em laboratórios destinados ao preparo de soro, de vacinas e de outros produtos similares	Exposição a vírus, bactérias, parasitas, bacilos e contato com animais de laboratório	Envenenamentos; cortes; lacerações; hepatite; AIDS; tuberculose; carbúnculo; brucelose; psitacose; raiva; asma; rinite crônica; conjuntivite; zoonoses; ansiedade e sofrimento mental

Atividade: Serviços coletivos, sociais, pessoais e outros

Item	Descrição dos Trabalhos	Prováveis Riscos Ocupacionais	Prováveis Repercussões à Saúde
67	Em lavanderias industriais	Exposição a solventes, cloro, sabões, detergentes, calor e movimentos repetitivos	Polineurites; dermatoses ocupacionais; blefarites; conjuntivites; intermação; fadiga e queimaduras
68	Em tinturarias e estamparias	Exposição a solventes, corantes, pigmentos metálicos, calor e umidade	Hipotireoidismo; anemias; polineuropatias; encefalopatias; hipertensão arterial; arritmia cardíaca; insuficiência renal; infertilidade masculina; queimaduras; intermação e depressão do Sistema Nervoso Central
69	Em esgotos	Esforços físicos intensos; exposição a produtos químicos utilizados nos processos de tratamento de esgoto, tais como cloro, ozônio, sulfeto de hidrogênio e outros; riscos biológicos; espaços confinados e riscos de explosões	Afecções musculoesqueléticas (bursites, tendinites, dorsalgias, sinovites, tenossinovites); escolioses; disfunção olfativa; alcoolismo; asma; bronquite; lesões oculares; dermatites; dermatoses; asfixia; salmoneloses; leptospirose e disfunções olfativas
70	Na coleta, seleção e beneficiamento de lixo	Esforços físicos intensos; exposição aos riscos físicos, químicos e biológicos; exposição a poeiras tóxicas, calor; movimentos repetitivos; posições antiergonômicas	Afecções musculoesqueléticas (bursites, tendinites, dorsalgias, sinovites, tenossinovites); ferimentos; lacerações; intermações; resfriados; DORT/LER; deformidades da coluna vertebral; infecções respiratórias; piodermites; desidratação; dermatoses ocupacionais; dermatites de contato; alcoolismo e disfunções olfativas
71	Em cemitérios	Esforços físicos intensos; calor; riscos biológicos (bactérias, fungos, ratos e outros animais, inclusive peçonhentos); risco de acidentes e estresse psíquico	Afecções musculoesqueléticas (bursites, tendinites, dorsalgias, sinovites, tenossinovites); ferimentos; contusões; dermatoses ocupacionais; ansiedade; alcoolismo; desidratação; câncer de pele; neurose profissional e ansiedade
72	Em serviços externos, que impliquem em manuseio e porte de valores que coloquem em risco a sua segurança (Office-boys, mensageiros, contínuos)	Acidentes de trânsito e exposição à violência	Traumatismos; ferimentos; ansiedade e estresse
73	Em ruas e outros logradouros públicos (comércio ambulante, guardador de carros, guardas mirins, guias turísticos, transporte de pessoas ou animais, entre outros)	Exposição à violência, drogas, assédio sexual e tráfico de pessoas; exposição à radiação solar, chuva e frio; acidentes de trânsito; atropelamento	Ferimentos e comprometimento do desenvolvimento afetivo; dependência química; doenças sexualmente transmissíveis; atividade sexual precoce; gravidez indesejada; queimaduras na pele; envelhecimento precoce; câncer de pele; desidratação; doenças respiratórias; hipertemia; traumatismos; ferimentos

Item	Descrição dos Trabalhos	Prováveis Riscos Ocupacionais	Prováveis Repercussões à Saúde
74	Em artesanato	Levantamento e transporte de peso; manutenção de posturas inadequadas; movimentos repetitivos; acidentes com instrumentos perfurocortantes; corpos estranhos; jornadas excessivas	Fadiga física; dores musculares nos membros e coluna vertebral; lesões e deformidades ostemusculares; comprometimento do desenvolvimento psicomotor; DORT/LER; ferimentos; mutilações; ferimentos nos olhos; fadiga; estresse; distúrbios do sono
75	De cuidado e vigilância de crianças, de pessoas idosas ou doentes	Esforços físicos intensos; violência física, psicológica e abuso sexual; longas jornadas; trabalho noturno; isolamento; posições antiergonômicas; exposição a riscos biológicos	Afecções musculoesqueléticas (bursites, tendinites, dorsalgias, sinovites, tenossinovites); DORT/LER; ansiedade; alterações na vida familiar; síndrome do esgotamento profissional; neurose profissional; fadiga física; transtornos do ciclo vigília-sono; depressão e doenças transmissíveis

Atividade: Serviço doméstico

Item	Descrição dos Trabalhos	Prováveis Riscos Ocupacionais	Prováveis Repercussões à Saúde
76	Domésticos	Esforços físicos intensos; isolamento; abuso físico, psicológico e sexual; longas jornadas de trabalho; trabalho noturno; calor; exposição ao fogo, posições antiergonômicas e movimentos repetitivos; tracionamento da coluna vertebral; sobrecarga muscular e queda de nível	Afecções musculoesqueléticas (bursites, tendinites, dorsalgias, sinovites, tenossinovites); contusões; fraturas; ferimentos; queimaduras; ansiedade; alterações na vida familiar; transtornos do ciclo vigília-sono; DORT/LER; deformidades da coluna vertebral (lombalgias, lombociatalgias, escolioses, cifoses, lordoses); síndrome do esgotamento profissional e neurose profissional; traumatismos; tonturas e fobias

Atividade: Todas

Item	Descrição dos Trabalhos	Prováveis Riscos Ocupacionais	Prováveis Repercussões à Saúde
77	De manutenção, limpeza, lavagem ou lubrificação de veículos, tratores, motores, componentes, máquinas ou equipamentos, em que se utilizem solventes orgânicos ou inorgânicos, óleo diesel, desengraxantes ácidos ou básicos ou outros produtos derivados de óleos minerais	Exposição a solventes orgânicos, neurotóxicos, desengraxantes, névoas ácidas e alcalinas	Dermatoses ocupacionais; encefalopatias; queimaduras; leucocitoses; elaiconiose; episódios depressivos; tremores; transtornos da personalidade e neurastenia
78	Com utilização de instrumentos ou ferramentas perfurocortantes, sem proteção adequada capaz de controlar o risco	Perfurações e cortes	Ferimentos e mutilações

79	Em câmaras frigoríficas	Exposição a baixas temperaturas e a variações súbitas	Hipotermia; eritema pérnio; geladura (*Frostbite*) com necrose de tecidos; bronquite; rinite; pneumonias
80	Com levantamento, transporte, carga ou descarga manual de pesos, quando realizados raramente, superiores a 20 quilos, para o gênero masculino e superiores a 15 quilos para o gênero feminino; e superiores a 11 quilos para o gênero masculino e superiores a 7 quilos para o gênero feminino, quando realizados frequentemente	Esforço físico intenso; tracionamento da coluna vertebral; sobrecarga muscular	Afecções musculoesqueléticas (bursites, tendinites, dorsalgias, sinovites, tenossinovites); lombalgias; lombociatalgias; escolioses; cifoses; lordoses; maturação precoce das epífises
81	Ao ar livre, sem proteção adequada contra exposição à radiação solar, chuva, frio	Exposição, sem proteção adequada, à radiação solar, chuva e frio	Intermações; queimaduras na pele; envelhecimento precoce; câncer de pele; desidratação; doenças respiratórias; ceratoses actínicas; hipertermia; dermatoses; dermatites; conjuntivite; queratite; pneumonite; fadiga; intermação
82	Em alturas superiores a 2,0 (dois) metros	Queda de nível	Fraturas; contusões; traumatismos; tonturas; fobias
83	Com exposição a ruído contínuo ou intermitente acima do nível previsto na legislação pertinente em vigor, ou a ruído de impacto	Exposição a níveis elevados de pressão sonora	Alteração temporária do limiar auditivo; hipoacusia; perda da audição; hipertensão arterial; ruptura traumática do tímpano; alterações emocionais; alterações mentais e estresse
84	Com exposição ou manuseio de arsênico e seus compostos, asbestos, benzeno, carvão mineral, fósforo e seus compostos, hidrocarbonetos, outros compostos de carbono, metais pesados (cádmio, chumbo, cromo e mercúrio) e seus compostos, silicatos, ácido oxálico, nítrico, sulfúrico, bromídrico, fosfórico, pícrico, álcalis cáusticos ou substâncias nocivas à saúde conforme classificação da Organização Mundial da Saúde (OMS)	Exposição aos compostos químicos acima dos limites de tolerância	Neoplasia maligna dos brônquios e pulmões; angiosarcoma do fígado; polineuropatias; encefalopatias; neoplasia maligna do estômago, laringe e pleura; mesoteliomas; asbestoses; arritmia cardiaca; leucemias; síndromes mielodisplásicas; transtornos mentais; cor pulmonale; silicose e síndrome de Caplan
85	Em espaços confinados	Isolamento; contato com poeiras, gases tóxicos e outros contaminantes	Transtorno do ciclo vigília-sono; rinite; bronquite; irritabilidade e estresse
86	De afiação de ferramentas e instrumentos metálicos em afiadora, rebolo ou esmeril, sem proteção coletiva contra partículas volantes	Acidentes com material cortante e com exposição a partículas metálicas cortantes desprendidas da afiadora	Ferimentos e mutilações

87	De direção, operação, de veículos, máquinas ou equipamentos, quando motorizados e em movimento (máquinas de laminação, forja e de corte de metais, máquinas de padaria, como misturadores e cilindros de massa, máquinas de fatiar, máquinas em trabalhos com madeira, serras circulares, serras de fita e guilhotinas, esmeris, moinhos, cortadores e misturadores, equipamentos em fábricas de papel, guindastes ou outros similares)	Esforços físicos; acidentes com ferramentas e com sistemas condutores de energia elétrica	Afecções musculoesqueléticas (bursites, tendinites, dorsalgias, sinovites, tenossinovites); mutilações; esmagamentos; fraturas; queimaduras e parada cardiorrespiratória
88	Com exposição a radiações ionizante e não ionizantes (microondas, ultravioleta ou laser)	Exposição a radiações não ionizante e ionizante (raios X, gama, alfa e beta) em processos industriais, terapêuticos ou propedêuticos (em saúde humana ou animal) ou em prospecção; processamento, estocagem e transporte de materiais radioativos	Carcinomas basocelular e espinocelular; neoplasia maligna da cavidade nasal, brônquios, pulmões, ossos e cartilagens articulares; sarcomas ósseos; leucemias; síndrome mielodisplásicas; anemia aplástica; hemorragias; agranulocitose; polineuropatia; blefarite; conjuntivite; catarata; gastroenterite; afecções da pele e do tecido conjuntivo relacionadas com a radiação, osteonecrose e infertilidade masculina
89	De manutenção e reparo de máquinas e equipamentos elétricos, quando energizados	Esforços físicos intensos; exposição a acidentes com sistemas, circuitos e condutores de energia elétrica e acidentes com equipamentos e ferramentas contusocortantes	Afecções musculoesqueléticas (bursites, tendinites, dorsalgias, sinovites, tenossinovites); mutilações; esmagamentos; fraturas; queimaduras; perda temporária da consciência; carbonização; parada cardiorrespiratória

II. Trabalhos Prejudiciais à Moraliade

Item	Descrição dos Trabalhos
1	Aqueles prestados de qualquer modo em prostíbulos, boates, bares, cabarés, danceterias, casas de massagem, saunas, motéis, salas ou lugares de espetáculos obscenos, salas de jogos de azar e estabelecimentos análogos
2	De produção, composição, distribuição, impressão ou comércio de objetos sexuais, livros, revistas, fitas de vídeo ou cinema e CDs pornográficos, de escritos, cartazes, desenhos, gravuras, pinturas, emblemas, imagens e quaisquer outros objetos pornográficos que possam prejudicar a formação moral
3	De venda, a varejo, de bebidas alcoólicas
4	Com exposição a abusos físicos, psicológicos ou sexuais